Ausführliches Verzeichniß der

Guttentag'schen Sammlung

Deutscher Reichs- und Preußischer Gesetze

Text-Ausgaben mit Anmerkungen — Taschenformat,

welches alle wichtigeren Gesetze in absolut zuverlässigen Gesetzestexten und in mustergiltiger Weise erläutert enthält, befindet sich hinter dem Sachregister.

Guttentag'sche Sammlung
Nr. 25. Preußischer Gesetze. Nr. 25.
Text-Ausgaben mit Anmerkungen.

Preußische Kommunalbeamtengesetzgebung.

Text-Ausgabe
mit Anmerkungen und Sachregister.

Von

Dr. Franz Kremski,
Regierungs-Assessor a. D. und Magistrats-Assessor zu Berlin.

Berlin 1901.
J. Guttentag, Verlagsbuchhandlung,
G. m. b. H.

A.

Vorwort.

Die Anregung zur Abfassung der nachstehenden Arbeit verdanke ich dem Berliner städtischen Kämmerer, Herrn Stadtrath Maaß, Königlichem Regierungsrathe a. D., welcher es für die städtische Verwaltung als sehr wünschenswerth und zeitersparend bezeichnete, wenn die wichtigsten, das städtische Beamtenrecht betreffenden Bestimmungen in einem handlichen Bändchen zusammengefaßt werden würden. Für das Staatsbeamtenrecht ist eine solche Zusammenstellung bekanntlich vom Königlichen Kanzleirath Herrn Pfafferoth als zweites Bändchen der Guttentag'schen Sammlung Preußischer Gesetze erschienen und hat sich als Vademekum der königlichen Beamten so eingebürgert, daß es bereits in dritter Auflage vorliegt. Nach dem Muster dieses Buches habe ich das meinige verfaßt, unter Berücksichtigung der eigenthümlichen Struktur des Kommunalbeamtenrechtes, welches weit zersplitterter und unübersichtlicher als das Staatsbeamtenrecht ist, und von der Gesetzgebung bislang noch stiefmütterlicher als dieses behandelt wurde. Jeder Kenner der Materie weiß, daß dabei recht erhebliche Schwierigkeiten zu überwinden waren.

Vor Allem handelte es sich um die Begrenzung des Stoffes. Obwohl ich anfänglich nur beabsichtigt hatte, das Recht der städtischen Kommunalbeamten zu behandeln, entschloß ich mich auf Wunsch der Verlagsbuchhandlung auch das Recht der Beamten der anderen Kommunalverbände mit in die Bearbeitung einzubeziehen, namentlich da durch das neue Kommunalbeamtengesetz der erste und in der That vollkommen geglückte gesetzgeberische Versuch gemacht worden ist, das Kommunalbeamtenrecht zu vereinheitlichen. Ferner handelte es sich um die Frage, ob nur das Recht der besoldeten oder auch das der unbesoldeten Kommunalbeamten in Betracht gezogen werden sollte. Nach reiflicher Ueberlegung entschloß ich mich, nur das Recht der besoldeten Beamten darzustellen, da dieses für die Kommunalverwaltungen von ganz besonderer Wichtigkeit ist und weil leider bezüglich der Frage, welche ehrenamtlich wirkende Funktionäre den Kommunalbeamten zuzuzählen sind, immer noch dieselbe bedauerliche Unsicherheit herrscht, wie sie vor Inkrafttreten des Kommunalbeamtengesetzes hinsichtlich der besoldeten Beamten bestand.

So ist z. B. für Berlin erst durch Magistratsbeschluß nach eingeholtem Syndikatsgutachten festgesetzt worden, welche im städtischen Dienst befindlichen unbesoldeten Beamten als Beamte im Sinne der Städteordnung anzusehen sind, und welche nicht.

Um also festen Boden unter den Füßen zu haben, erschien eine strikte Anlehnung an die Vorschriften des Kommunalbeamtengesetzes geboten. Nach § 1 des Gesetzes betreffend die Anstellung und Versorgung der Kommunalbeamten vom 30. Juli 1899, nicht ganz zutreffend aber kurz „Kommunalbeamtengesetz" genannt, gilt nämlich im Sinne dieses Gesetzes nur der als Kommunalbeamter:

> „wer als Beamter für den Dienst eines Kommunalverbandes gegen Besoldung angestellt ist."

Dem Kommunalbeamtengesetze, welches ich als zweiten Theil unter der Rubrik „Art der Anstellung," wegen der zur Begründung der kommunalen Beamteneigenschaft nunmehr erforderlichen Aushändigung der Anstellungsurkunde aufführte, habe ich einen „Allgemeinen Theil" voraufgehen lassen, in welchem nacheinander die noch gültigen Bestimmungen des Preußischen Allgemeinen Landrechts, die Allgemeinen Bedingungen der Anstellung sowie die Bestimmungen über den Diensteid, die besonderen Rechte und Pflichten der Kommunalbeamten, die Schadensersatzansprüche gegen letztere, und die Sicherung der Akten nach dem Tode von Kommunalbeamten behandelt sind. Die benützten Quellen sind gehörigen Orts angegeben. Das kürzlich erschienene „Preußische Kommunalbeamtenrecht" von Kautz und Appelius konnte wegen begonnener Drucklegung leider nur für einzelne Theile der Arbeit verwendet werden. Dem Kommunalbeamtengesetze nebst Ausführungsanweisung folgt zunächst das für die Kommunen sehr wichtige Anstellungsrecht der Militäranwärter, welches den Uebergang bildet zu dem Spezialbeamtenrechte der einzelnen Kommunalverbände. In Abweichung von dem Kommunalbeamtengesetze, welches das städtische Beamtenrecht zuerst vorwegnimmt, habe ich aufsteigend von den kleineren zu den größeren Kommunalverbänden der Reihe nach das Beamtenrecht der Landgemeinden, Rheinischen Landbürgermeistereien, Westfälischen Aemter, Zweckverbände, Amtsverbände, Stadtgemeinden, Kreis- und Provinzialverbände sowie im Anschluß an letztere das der Bezirksverbände Cassel und Wiesbaden, des Lauenburgischen Landeskommunalverbandes und zuletzt das Recht der Gemeindeforstbeamten behandelt, im Uebrigen vollständig der Anordnung des Kommunalbeamtengesetzes folgend. Angefügt sind ferner die Vorschriften über die Pensionirung, das Gnadenquartal und die Sterbemonate. Die Schlußkapitel bilden die disziplinar- und strafrechtlichen Vorschriften. Nach dem Vorgange Pfafferoths ist das Defekten- und Konfliktsverfahren nicht mit aufgenommen, da bei dem seltenen Vorkommen einschlägiger Fälle der Gebrauch von Kommentaren doch nicht zu umgehen ist.

Die einzelnen Gesetzesbestimmungen wurden auf

ihre Gültigkeit geprüft und es sind nur diejenigen mit aufgenommen worden, die nach meiner Ansicht gegenwärtig noch in Kraft sind. Die Kompilation ist hauptsächlich für die Bedürfnisse der Praxis bestimmt und soll dem vielgeplagten Verwaltungsbeamten, dem oft nur sehr schwer die erforderliche Zeit zu Gebote steht, sich in einer ganzen Reihe von Büchern über die anzuwendenden Bestimmungen zu orientiren, Erleichterung verschaffen. Es ist mir gar wohl bewußt, daß es bei der ungeheueren Zersplitterung des Materials geradezu unmöglich ist, auch nur einigermaßen vollständig zu sein. Ich mußte mich daher auf die Zusammenstellung der hauptsächlichsten Bestimmungen beschränken. Da die Herausgabe eines Kommentars nicht bezweckt war, so beschränken sich die Anmerkungen auf die zum Verständniß des Gesetzestextes unentbehrlichsten Erläuterungen.

Der Verfasser.

B.

Inhaltsverzeichniß.

bb. Pfändungsvorrechte.

I. Im Civilprozeßverfahren.

II. Im Verwaltungszwangsverfahren.

III. Anstellung der Militäranwärter.

IV. Beamte der Landgemeinden.

VIII. Beamte der Amtsverbände.

IX. Beamte der Stadtgemeinden.

A. Magistratsmitglieder (Bürgermeister und Beigeordnete).

XI. Beamte der Provinzialverbände, der Hessen-Nassauischen Bezirksverbände und des Lauenburgischen Landeskommunalverbandes.

A. Die Provinzen des Preußischen Staates außer Posen.

B. Besondere Bestimmungen für die Provinz Posen.

C. Besondere Bestimmungen für die Beamten der Bezirksverbände Cassel und Wiesbaden.

C.

Chronologisches Verzeichniß der abgedruckten Gesetze, Verordnungen und sonstigen Bestimmungen.

1794, 5. Februar Allgemeines Landrecht I, 6 §§ 45—49 u. 58 S. 66; I, 13 §§ 41—44 S. 39; §§ 41—42 S. 66; § 45 S. 40; II, 10 §§ 1—3 S. 1; §§ 68—73 S. 2; §§ 74—79 S. 3; §§ 80—86 S. 4; §§ 87—93 S. 5; §§ 90—91 S. 66; § 92 S. 5 u. 38; §§ 94—98 S. 6; § 102 S. 6; § 104 S. 7.

1811, 18. Febr. Schwedisches Patent, S. 240.

1816, 24. Dez. Verordnung betr. die Verwaltung der Gemeindeforsten für Sachsen, Westfalen und Rheinprovinz § 3 S. 323; § 6 S. 323.

1822, 11. Juli Gesetz über die Gemeindebesteuerung der Beamten §§ 1—2 S. 33; § 3 S. 34; § 10 S. 34.

1828, 20. Dez. Posensche Kreisordnung, siehe Gesetz v. 19. Mai 1889.

1835, 25. Mai Instruktion für die Stadtmagistrate § 20 Nr. 9 S. 50.

1835, 21. Nov. Kabinetsordre S. 52.

1837, 9. April Ministerialreskript S. 40.

1837, 4. Juli Ministerialreskript S. 41.

1840, 6. August Hannoversches Landesverfassungsgesetz § 59 Abs. 3 S. 266; § 175 S. 268, 347; § 176 S. 268, 347.

1845, 17. Januar Preußische Gewerbeordnung § 19 S. 58.

D.

Verzeichniß der Abkürzungen.

A. = Altländische (Östliche) Provinzialordnung v. $\frac{\text{29. Juni 1875}}{\text{22. März 1881}}$ (G.S. S. 181).

A.E. = Allerhöchster Erlaß.

A.G.z.B.G.B. = Ausführungsgesetz zum Bürgerlichen Gesetzbuche v. 20. September 1899 (G.S. S. 177).

A.L.R. = Allgemeines Landrecht v. 5. Februar 1794.

A.V. = Ausführungsverordnung.

A.z.Ausf.d.L.G.O. = Anweisung zur Ausführung der Landgemeindeordnung.

B.G.B. = Bürgerliches Gesetzbuch v. 18. August 1896 (R.G.Bl. S. 195 ff.).

Bek.d.H.M.d.J. = Bekanntmachung des Hannoverschen Ministeriums des Innern.

C.P.O. = Civilprozeßordnung, neue Fassung (R.G.Bl. 1898 S. 410).

Disz.G. = Disziplinargesetz v. 21. Juli 1852 (G.S. S. 465).

E.G.z.B.G.B. = Einführungsgesetz zum Bürgerlichen Gesetzbuche v. 18. August 1896 (R.G.Bl. S. 604).

Erg.St.G. = Ergänzungssteuergesetz v. 14. Juli 1893 (G.S. S. 134).

E.St.G. = Einkommensteuergesetz v. 24. Juni 1891 (G.S. S. 175).

F.F.P.G. = Feld- und Forstpolizeigesetz v. 1. April 1880 (G.S. S. 230).

F.M.R. = Finanzministerialreskript.

Fr.G.V.G. = Frankfurter Gemeindeverfassungsgesetz v. 25. März 1867 (G.S. S. 401).

Ges. (G.) = Gesetz.

G.St.G. = Gewerbesteuergesetz v. 24. Juni 1891 (G.S. S. 205).

H. = Hannoversche Provinzialordnung v. 7. Mai 1884 (G.S. S. 243).

H.Ges. = Hannoversches Gesetz.

H.Kr.O. = Hannoversche Kreisordnung v. 6. Mai 1884 (G.S. S. 181).

H.L.G.O. = Hannoversche Landgemeindeordnung v. 28. April 1859 (H.Ges.S. S. 393).

H.L.V.G. = Hannoversches Landesverfassungsgesetz v. 6. August 1840 (H.Ges.S. S. 141).

H.M.B. = Hannoversche Ministerialbekanntmachung.

H.-N. = Hessen-Nassauische Provinzialordnung v. 8. Juni 1885 (G.S. S. 247).

H.-N.Kr.O. = Hessen-Nassauische Kreisordnung v. 7. Juni 1885 (G.S. S. 193).

H.-N.L.G.O. = Hessen-Nassauische Landgemeindeordnung v. 4. August 1897 (G.S. S. 301).

H.-N.P.O. = Hessen-Nassauische Provinzialordnung v. 8. Juni 1885 (G.S. S. 247).

H.-N.St.O. = Hessen-Nassauische Städteordnung v. 4. August 1897 (G.S. S. 254).
H.St.O. = Hannoversche Städteordnung v. 24. Juni 1858 (H.Ges.S. S. 141).
H.St.D.G. = Hannoversches Staatsdienergesetz v. 24. Juni 1858 (H.Ges.S. S. 119).
J.f.d.St.M. = Instruktion für die Stadtmagistrate v. 25. Mai 1835 (v. Kamptz Annal. S. 733).
K.A.G. = Kommunalabgabengesetz v. 14. Juli 1893 (G.S. S. 152).
K.B.G. = Kommunalbeamtengesetz v. 30. Juli 1899 (G.S. S. 141).
K.O. = Kabinetsordre.
Kr.O. = Kreisordnung.
L.G. = Lauenburgisches Gesetz.
L.V. = Lauenburgische Verordnung.
L.V.G. = Landesverwaltungsgesetz v. 30. Juli 1883 (G.S. S. 195).
M.d.J. = Minister des Innern.
M.J. = Ministerialinstruktion.
M.Pens.G. = Militärpensionsgesetz v. $\frac{\text{27. Juni 1871}}{\text{22. Mai 1893}}$ $\frac{\text{(R.G.Bl. S. 275)}}{\text{(R.G.Bl. S. 171)}}$.
M.R. = Ministerialreskript.
N.C.C. = Novum Corpus Constitutionum Borussico-Brandenburgensium.
Ö.Kr.O. = Kreisordnung für die östlichen Provinzen v. $\frac{\text{13. Dezember 1872}}{\text{19. März 1881}}$ (G.S. 1881 S. 180.)

Ö.L.G.O. = Landgemeindeordnung für die östlichen Provinzen v. 3. Juli 1891 (G.S. S. 233).

Ö.St.O. = Städteordnung für die östlichen Provinzen v. 30. Mai 1853 (G.S. S. 261).

O.Tr. = Obertribunal.

Pens.G. = Pensionsgesetz v. $\frac{\text{27. März 1872}}{\text{31. März 1882}}$ bez. 30. April 1884 (G.S. 1872 S. 268, 1882 S. 133, 1884 S. 126).

Pos.L.V.G. = Landesverwaltungsgesetz für die Provinz Posen v. 19. Mai 1889 (G.S. S. 8).

Pr.Fr.G.G. = Preußisches Gesetz über die freiwillige Gerichtsbarkeit v. 21. September 1899 (G.S. S. 253).

Pr.G.O. = Preußische Gewerbeordnung v. 17. Januar 1845 (G.S. S. 41).

Pr.O. = Provinzialordnung.

Pr.St.G. = Preußisches Stempelgesetz v. 31. Juli 1895 (G.S. S. 413).

Pr.V.U. = Preußische Verfassungsurkunde v. 31. Januar 1850 (G.S. S. 17).

Publ. = Publikandum.

Rh. = Rheinische Provinzialordnung v. 1. Juni 1887 (G.S. S. 252).

Rh.Kr.O. = Rheinische Kreisordnung v. 30. Mai 1887 (G.S. S. 209).

Rh.L.G.O. = Rheinische Landgemeindeordnung v. 23. Juli 1845 (G.S. S. 523).

Rh.St.O. = Rheinische Städteordnung v. 15. Mai 1856 (G.S. S. 406).

R.G.O. = Reichsgewerbeordnung v. 21. Juni 1869 (R.G.Bl. S. 245).

R.M.G. = Reichsmilitärgesetz $\frac{\text{v. 2. Mai 1874 (R.G.Bl. S. 45).}}{\text{v. 6. Mai 1880 (R.G.Bl. S. 103).}}$

R.St.G. = Reichsstempelgesetz v. 27. April 1894 (R.G.Bl. S. 381).

R.St.G.B. = Reichsstrafgesetzbuch v. 15. Mai 1871 (R.G.Bl. 1876 S. 39).

R.V.U. = Reichsverfassungsurkunde v. 16. April 1871 (R.G.Bl. S. 63).

Schl.H. = Schleswig-Holsteinische Provinzialordnung v. 27. Mai 1888 (G.S. S. 194).

Schl.-H.Kr.O. = Schleswig-Holsteinische Kreisordnung v. 26. Mai 1888 (G.S. S. 139).

Schl.-H.L.G.O. = Schleswig-Holsteinische Landgemeindeordnung v. 10. Juli 1892 (G.S. S. 154).

Schl.-H.St.O. = Schleswig-Holsteinische Städteordnung v. 14. April 1869 (G.S. S. 589).

St.O.f.N.-V.-P.u.R. = Städteordnung für Neuvorpommern und Rügen v. 31. Mai 1853 (G.S. S. 291).

St.P.O. = Strafprozeßordnung v. 1. Februar 1877 (R.G.Bl. S. 253).

Str.Arch. = Striethorst Archiv.

V. = Verordnung.

V.d.M.d.J. = Verfügung des Ministers des Innern.

W. = Westfälische Provinzialordnung v. 1. August 1886 (G.S. S. 256).

W.Kr.O. = Westfälische Kreisordnung v. 31. Juli 1886 (G.S. S. 217).

W.L.G.O. = Westfälische Landgemeindeordnung v. 19. März 1856 (G.S. S. 265).

W.St.O. = Westfälische Städteordnung v. 19. März 1856 (G.S. S. 237).

Z.G. = Zuständigkeitsgesetz v. 1. August 1883 (G.S. S. 237).

E.

Kommunalbeamtengesetzgebung.

I. Allgemeiner Theil.

1.

Noch gültige Bestimmungen des Preußischen Allgemeinen Landrechts v. 5. II. 1794.

Gelten für die ganze Monarchie.

(Kochs Kommentar, 8. Auflage, Bd. IV. 1886.)

Zweiter Theil.

Zehnter Titel.

Von den Rechten und Pflichten der Diener des Staats.

Allgemeine Grundsätze.

1. Militär- und Civilbediente sind vorzüglich bestimmt, die Sicherheit, die gute Ordnung, und den Wohlstand des Staats unterhalten und befördern zu helfen.

2. Sie sind, außer den allgemeinen Unterthanenpflichten, dem Oberhaupte des Staats besondere Treue und Gehorsam schuldig.

3. Ein jeder ist nach der Beschaffenheit seines Amtes, und nach dem Inhalte seiner Instruktion,

dem Staat noch zu besonderen Diensten durch Eid und Pflicht zugethan.

II. Civilbeamte.

68. Alle Beamte des Staats, welche zum Militärstande nicht gehören, sind unter der allgemeinen Benennung von Civilbedienten begriffen.

69. Dergleichen Beamte stehen entweder in unmittelbaren Diensten des Staats, oder gewisser demselben untergeordneter ..... Gemeinen.

Bestellung derselben.

70. Es soll Niemandem ein Amt aufgetragen werden, der sich dazu nicht hinlänglich qualificirt, und Proben seiner Geschicklichkeit abgelegt hat.

71. Wem die Besetzung der verschiedenen Arten von Civilbedienungen zukomme, wer zu dergleichen Bedienungen gelangen könne, und was für Vorbereitungen und Prüfungen dazu vorhergehen müssen, ist, nach Verschiedenheit der Fächer und Stufen solcher Bedienungen, durch spezielle Gesetze und Instructionen bestimmt.

72. Wer sich durch Bestechungen oder andere unerlaubte Wege in ein Amt eindrängt, soll desselben sofort wieder entsetzt werden.

73. Alle Verträge und Versprechungen, wodurch Jemandem gegen Zuwendung eines Amtes, Privatvortheile zugesagt oder wirklich eingeräumt worden, sind null und nichtig.

Ersetzt durch §. 138 B.G.B. Ein Rechtsgeschäft, das gegen die guten Sitten verstößt, ist nichtig.

74. Auch Verabredungen zwischen einem abgehenden Beamten und dessen Nachfolger, wodurch dem Ersteren von den Einkünften des Amtes etwas vorbehalten werden soll, sind nur so weit gültig, als sie von der vorgesetzten Behörde ausdrücklich genehmigt worden.

75. Wer wissentlich eine Bedienung einer dazu nicht tauglichen Person anvertraut, muß dem Staat, ... für allen durch die Unwissenheit und Untauglichkeit eines solchen Bedienten entstandenen Nachtheil gerecht werden.

76. Niemand soll sich eigenmächtig die Verwaltung eines Amtes anmaßen, wozu er von der vorgesetzten Behörde nicht angewiesen worden.

77. Wer dieses thut, und vermöge eines solchen Amtes Handlungen vornimmt, zu welchen er nach den Gesetzen überhaupt nicht qualificirt ist, dessen Handlungen sind unkräftig.

78. Mangelt es ihm nicht an den erforderlichen Eigenschaften zu Handlungen dieser Art überhaupt: so können zwar seine Handlungen, zum Nachtheil der Parteien, in der Regel, und wo nicht besondere Gesetze ein Anderes vorschreiben, für nichtig nicht angesehen werden.

79 ersetzt durch § 132 des Reichsstrafgesetzbuchs (R.G.Bl. 1876 S. 25). Wer unbefugt sich mit Ausübung eines öffentlichen Amtes befaßt oder eine Handlung vornimmt, welche nur kraft eines öffentlichen Amtes vorgenommen werden darf, wird mit Gefängniß bis zu Einem Jahre oder mit Geldstrafe bis zu dreihundert Mark bestraft.

80. Alles, was der unbefugte Anmaßer bei Gelegenheit der von ihm unternommenen Amtshandlungen empfangen hat, muß er zurückgeben. (Ersetzt durch §. 182 B.G.B.)

81. Niemand soll **bei Vermeidung der im § 132 R.St.G.B. angedrohten Strafe** sich ein Amt anmaßen, welches ihm nicht auf eine der eingeführten Ordnung gemäße Art übergeben worden. (Vergl. § 79.)

82. Allen Schaden, welcher aus solchen ungebührlichen Anmaßungen für den Staat.... entsteht, muß er ersetzen.

83. Wer einem Kassenbedienten die Kasse übergiebt, ehe und bevor die Amtskaution desselben berichtigt worden, ist für allen daraus entstandenen Schaden verhaftet.

84. Titel und Rang, welche mit einem Amt verbunden sind, werden, nebst den davon abhangenden Vorrechten, schon durch die darüber ausgefertigte Bestallung verliehen. (R.B.G. §. 1 Seite 71.)

Rechte und Pflichten derselben in Ansehung ihres Amtes.

85. Die Rechte und Pflichten der Civilbedienten, in Beziehung auf das ihnen anvertraute Amt, werden, durch die darüber ergangenen besonderen Gesetze, und durch ihre Amtsinstruktionen bestimmt.

86. Niemand soll sein Amt zur Beleidigung oder Bevortheilung Anderer mißbrauchen.

87. Was ein Beamter vermöge seines Amtes und nach den Vorschriften desselben unternimmt, kann gegen ihn als eine Privatbeleidigung nicht gerügt werden.

88. Wer ein Amt übernimmt, muß auf die pflichtmäßige Führung desselben die genaueste Aufmerksamkeit wenden.

89. Jedes dabei begangene Versehen, welches bei gehöriger Aufmerksamkeit, und nach den Kenntnissen, die bei der Verwaltung des Amtes erfordert werden, hätte vermieden werden können und sollen, muß er vertreten.*)

*) §§. 88, 89 gelten nur für die Haftung der Beamten dem betreffenden Kommunalverbande gegenüber, für die Haftung Dritten gegenüber gelten §§. 839, 831 B.G.B. (S. 63).

90. Vorgesetzte, welche durch vorschriftsmäßige Aufmerksamkeit die Amtsvergehungen ihrer Untergebenen hätten hindern können, sind für den aus Vernachlässigung dessen entstehenden Schaden, ... dem Staate . . . . verhaftet.

91. Doch findet in beiden Fällen (§§ 89, 90) die Vertretung nur alsdann statt, wenn kein anderes gesetzmäßiges Mittel, wodurch den nachtheiligen Folgen eines solchen Versehens abgeholfen werden könnte, mehr übrig ist.

92. Kein Beamter darf den zur Ausübung seines Amtes ihm angewiesenen Wohnort ohne Vorwissen und Genehmigung seiner Vorgesetzten verlassen.

93. In wie fern, zu bloßen Reisen und Entfernungen auf eine Zeitlang, die Erlaubniß der unmittelbaren oder höheren Vorgesetzten erforderlich sei, ist nach den einer jeden Klasse von Beamten vorgeschriebenen besonderen Gesetzen und Amtsinstructionen zu bestimmen. (Anhang §. 124 fällt weg.)

Niederlegung, Entsetzung und Verabschiedung.

94. Bei derjenigen Instanz, von welcher die Besetzung eines Amtes abhängt, muß auch die Entlassung davon gesucht werden.

95. Die Entlassung soll nur alsdann, wenn daraus ein erheblicher Nachtheil für das gemeine Beste zu besorgen ist, versagt werden.

96. Einem Beamten, dem aus diesem Grunde die Entlassung versagt wird, steht dagegen die Berufung auf die unmittelbare landesherrliche Entscheidung offen.

97. In keinem Falle aber darf der abgehende Beamte seinen Posten eher verlassen, als bis wegen Wiederbesetzung oder einstweiliger Verwaltung desselben Verfügung getroffen ist.

98. Kein Vorgesetzter oder Departements-Chef kann einen Civilbedienten, wider seinen Willen, einseitig entsetzen oder verabschieden. (Disziplinargesetz vom 21. Juli 1852, siehe Disziplinarverhältnisse [XVI].)

102. Amtsverbindungen, deren Dauer durch die Natur des Geschäftes, oder durch ausdrücklichen Vorbehalt, auf eine gewisse Zeit eingeschränkt ist, erlöschen mit dem Ablaufe dieser Zeit von selbst. (§. 97.)

Rechte der Civilbedienten in ihren Privatangelegenheiten.

104. Civilbediente werden in ihren Privatangelegenheiten nach eben den Gesetzen und Rechten, wie andere Bürger des Staats, beurtheilt.

Anmerkung. Die Bestimmungen der §§. 114—145 Th. II Tit. 10 A.L.R. „Von Kollegiis der Beamten" waren schon zu landrechtlicher Zeit größtentheils veraltet und unpraktisch geworden. Insbesondere sind die Bestimmungen über die „Vertretungsverbindlichkeit" der Beamtenkollegien §§ 127—145 l. c. durch die Bestimmungen des Bürgerlichen Gesetzbuches als ersetzt zu erachten (Siehe S. 63 ff.).

2.
Allgemeine Bedingungen der Anstellung und Diensteid.

A. Allgemeine Bedingungen der Anstellung.

a) Verfassungsurkunde für den Preußischen Staat.

Vom 31. Januar 1850. (G.S. S. 17.)

Art. 4. ...... Die öffentlichen Aemter sind, unter Einhaltung der von den Gesetzen festgestellten Bedingungen, für alle dazu Befähigten gleich zugänglich.

b) Verfassungsurkunde für das Deutsche Reich.

Vom 16. April 1871. (B.G.Bl. S. 63.)

Art. 3. Für ganz Deutschland besteht ein gemeinsames Indigenat mit der Wirkung, daß der An=

gehörige (Unterthan, Staatsbürger) eines jeden Bundesstaates in jedem anderen Bundesstaate als Inländer zu behandeln und demgemäß ...... zu öffentlichen Aemtern ...... wie der Einheimische zuzulassen ...... ist.

Zusatz zu b.

Reichsgesetz über die Erwerbung und den Verlust der Bundes- und Staatsangehörigkeit.

Vom 1. Juni 1870. (B.G.Bl. S. 355.)

9. Eine von der Regierung oder von einer Central oder höheren Verwaltungsbehörde eines Bundesstaates vollzogene oder bestätigte Bestallung für einen in den ... mittelbaren Staatsdienst oder in den ... Schul- oder Kommunaldienst aufgenommenen Ausländer oder Angehörigen eines anderen Bundesstaates vertritt die Stelle der Naturalisations-Urkunde, beziehungsweise Aufnahme-Urkunde, sofern nicht ein entgegenstehender Vorbehalt in der Bestallung ausgedrückt wird.

c) Reichsgesetz, betreffend die Gleichberechtigung der Konfessionen in bürgerlicher und staatsbürgerlicher Beziehung.

Vom 3. Juli 1869. (B.G.Bl. S. 292.)

Einziger Artikel.

Alle noch bestehenden, aus der Verschiedenheit des religiösen Bekenntnisses hergeleiteten Beschränkungen der bürgerlichen und staatsbürgerlichen Rechte werden hierdurch aufgehoben. Insbesondere soll die Befähigung ..... zur Bekleidung öffentlicher Aemter vom religiösen Bekenntniß unabhängig sein.

d) Verfassungsurkunde für den Preußischen Staat.

Vom 31. Januar 1850. (G.S. S. 17.)

Art. **47.** Der König[1]) besetzt alle Stellen im Heere, sowie in den übrigen Zweigen des Staatsdienstes, sofern nicht das Gesetz ein Anderes[2]) verordnet.

B. Diensteid.

a) Verfassungsurkunde für den Preußischen Staat.

Vom 31. Januar 1850. (G.S. S. 17.)

Art. **108.** ... alle Staatsbeamten leisten dem

---

[1]) Aus der Zahl der Kommunalbeamten werden nur die Bürgermeister der Städte in Neuvorpommern und Rügen (auf Lebenszeit) vom Könige ernannt. (Schwedisches Patent vom 18. Februar 1811; § 3 der Städteordnung für Neuvorpommern und Rügen vom 31. Mai 1853, G.S. S. 291.

Ebenso der erste Bürgermeister der Stadt Frankfurt am Main (auf 12 Jahre), § 40 des Gemeindeverfassungsgesetzes vom 25. März 1867 (G.S. S. 401).*) Im Uebrigen enthalten die Verfassungsgesetze der Komunalverbände (Landgemeinde-, Städte-, Kreis- und Provinzialordnungen) besondere Vorschriften über die Wahl bezw. Ernennung der Kommunalbeamten.

---

*) Abgedruckt unter IX. A. f.

Könige den Eid der Treue und des Gehorsams und beschwören die gewissenhafte Beobachtung der Verfassung.

b) Verordnung, betreffend die Form der Diensteide.

Vom 6. Mai 1867. (G.S. S. 715.)

Wir Wilhelm ꝛc. verordnen für das Gebiet der Preußischen Monarchie, mit Ausschluß derjenigen Landestheile, auf welche sich die Verordnung vom 22. Januar d. J. (Gesetz-Samml. S. 132)[1]) bezieht, was folgt:

1. Die Form des Diensteides, welcher von den ... im mittelbaren Staatsdienste stehenden Beamten fortan zu leisten ist, wird dahin festgestellt: „Ich N. N. schwöre zu Gott dem Allmächtigen und Allwissenden, daß Seiner Königlichen Majestät von Preußen, meinem Allergnädigsten Herrn, ich unterthänig, treu und gehorsam sein und alle mir vermöge meines Amtes obliegenden Pflichten nach meinem besten Wissen und Gewissen genau erfüllen, auch die Verfassung gewissenhaft beobachten will, so wahr mir Gott helfe u. s. w." Dem Schwörenden bleibt es überlassen, den vorstehend festgestellten Eidesworten

---

[1]) Die Verordnung vom 22. Januar 1867 betraf die Vereidigung der Beamten in den mit der Preußischen Monarchie durch die Gesetze vom 20. September und 14. Dezember vereinigten Landestheilen. Jetzt ist auch für die letzteren die Verordnung vom 6. Mai 1867 maßgebend.

die seinem religiösen Bekenntniß entsprechende Bekräftigungsformel [2]) hinzuzufügen.

Bei den im mittelbaren Staatsdienste stehenden Beamten tritt denselben diejenige Eidesnorm hinzu, mittelst deren diese Beamten sich, den bestehenden Bestimmungen und den besonderen Verhältnissen gemäß, dem unmittelbaren Dienstherrn zu verpflichten haben.

2. Der im §. 1 gedachte Eid verpflichtet den Schwörenden nicht nur für die zur Zeit der Eidesleistung von ihm bekleideten, sondern auch für alle ihm etwa später zu übertragenden Aemter.

Zusatz 1: Eidesformel für die Berliner städtischen Beamten:

Ich .... schwöre zu Gott dem Allmächtigen und Allwissenden, daß Seiner Königlichen Majestät von Preußen, meinem allergnädigsten Herrn, ich unterthänig, treu und gehorsam sein, dem Magistrat als meiner vorgesetzten Behörde jederzeit willige Folge leisten und alle mir vermöge meines Amtes obliegenden Pflichten nach meinem besten Wissen und Gewissen genau erfüllen, auch die Verfassung gewissenhaft beobachten will, so wahr mir Gott helfe.

Bemerkung. Hat der zu vereidigende Beamte, wie ihm bei Abnahme des Eides nach dem Staats-Ministerial-

---

[2]) Für Evangelische: So wahr mir Gott helfe durch Jesum Christum zur Seligkeit. Für Katholiken: So wahr mir Gott helfe und sein heiliges Evangelium. Für Juden: So wahr mir Gott helfe.

Beschlusse vom 12. Februar 1850 freizustellen ist, den Eidesworten am Schlusse eine, seinem religiösen Bekenntnisse entsprechende weitere Bekräftigungsformel hinzugefügt, so ist dieselbe auch in die von ihm durch seine Namensunterschrift zu vollziehende Eidesformel aufzunehmen.

Zusatz 2: Besondere Bestimmungen für die Magistratsmitglieder und Beamten der Hannoverschen Städte.

Hannoversche Städteordnung vom 24. Juni 1858.

(Hannov. G.S. S. 141.)

58. Die Magistratsmitglieder sind bei der Einführung in ihr Amt dahin zu verpflichten, daß sie das ihnen anvertraute Amt nach den Gesetzen und der Stadtverfassung getreulich versehen, die vermöge des Dienstes zu ihrer Kenntniß gelangenden, Geheimhaltung erfordernden Angelegenheiten Niemandem, als dem es zu wissen gebührt, offenbaren, auch nach Kräften und ohne alle Nebenrücksichten das Wohl der Stadt, sowie auch bei den von ihnen zu besorgenden Regierungsangelegenheiten das Wohl des Staates befördern wollen.

Im Falle der Wiedererwählung eines Magistratsmitgliedes zu dem bis zur Wahl von ihm bekleideten Amte bedarf es nur der Verweisung auf den früher geleisteten Eid.

Die übrigen bei und von dem Magistrate anzustellenden Beamten werden auf die vom Magistrate zu entwerfende Dienstanweisung beeidigt.

3.

Besondere Rechte der Kommunalbeamten.

Hue de Grais, Handbuch, 13. Auflage 1900 S. 84 ff.)

a) Vermögensrechtliche Ansprüche der Kommunalbeamten aus ihrem Dienstverhältnisse.

1. Gesetz betreffend die Anstellung und Versorgung der Kommunalbeamten.

Vom 30. Juli 1899. (G.S. S. 141.)

7. Der Bezirksausschuß beschließt über streitige vermögensrechtliche Ansprüche der Kommunalbeamten einschließlich der in §. 2 Absatz 1[1]) erwähnten Beamten aus ihrem Dienstverhältnisse, insbesondere über Ansprüche auf Besoldung, Reisekostenentschädigung, Pension sowie über streitige Ansprüche der Hinterbliebenen der Beamten auf Gnadenbezüge oder Wittwen- und Waisengeld. Die Beschlußfassung erfolgt, soweit sie sich auf die Frage erstreckt, welcher Theil des Diensteinkommens bei Feststellung der Pensionsansprüche als Gehalt anzusehen ist, vorbehaltlich der den Betheiligten innerhalb zwei Wochen bei dem Bezirksausschuß gegen einander zustehenden Klage im Verwaltungsstreitverfahren. Im Uebrigen findet gegen den in erster oder auf

[1]) Die auf Probe, zu vorübergehenden Dienstleistungen oder zur Vorbereitung angestellten Kommunalbeamten.

Beschwerde in zweiter Instanz ergangenen Beschluß binnen einer Ausschlußfrist von sechs Monaten nach Zustellung desselben die Klage im ordentlichen Rechtswege statt. Die Beschlüsse sind vorläufig vollstreckbar.

Bei den in §§. 18 bis 20[2]) erwähnten ländlichen Kommunalverbänden tritt an die Stelle des Bezirksausschusses sowohl für das Beschluß- als auch für das Verwaltungsstreitverfahren der Kreisausschuß.

Zusatz: Zuständigkeitstabelle.

(Kremski Kommunalbeamtengesetz S. 21.)

I. Falls es sich um die Frage handelt, welcher Theil des Diensteinkommens bei Feststellung der Pensionsansprüche als Gehalt anzusehen ist:

a) bei Beamten der ländlichen Kommunalverbände und der Amtsbezirke.

Beschluß des Kreisausschusses, binnen zwei Wochen (§. 51 L.V.G.) Klage im Verwaltungsstreitverfahren gegen diesen Beschluß vor demselben Kreisausschuß, gegen dessen Entscheidung Berufung an den Bezirksausschuß und gegen dessen Endurtheil Revision an das Oberverwaltungsgericht (§§. 82 u. 93 L.V.G.) beides binnen zwei Wochen (§§. 85, 95 L.V.G.).

---

[2]) Landgemeinden, Landbürgermeistereien (Rheinprovinz), Aemter (Westphalen), Zweckverbände und Amtsbezirke.

b) bei Beamten der städtischen und höheren Kommunalverbände:

Beschluß des Bezirksausschusses, in Berlin des Oberpräsidenten, gegen diesen Beschluß binnen zwei Wochen (§. 51 L.V.G.) Klage im Verwaltungsstreitverfahren bei demselben Bezirksausschusse, in Berlin beim dortigen Bezirksausschuß (§. 43 Abs. 3 L.V.G.), gegen dessen Entscheidung Berufung an das Oberverwaltungsgericht binnen zwei Wochen (§§. 83 u. 85 L.V.G.).

II. In allen andern Fällen des § 7 K.B.G.:

a) bei Beamten der ländlichen Kommunalverbände und Amtsbezirke:

Beschluß des Kreisausschusses, eventuell dagegen binnen zwei Wochen Beschwerde an den Bezirksausschuß (§ 121 L.V.G.). Gegen den in erster oder in zweiter Instanz ergehenden Beschluß binnen 6 Monaten Ausschlußfrist nach Zustellung des Beschlusses die Klage im ordentlichen Rechtswege, bei Objekten bis zu 300 Mark einschließlich an das Amtsgericht, bei solchen über 300 Mark an das Landgericht.

b) bei Beamten der städtischen und höheren Kommunalverbände:

Beschluß des Bezirksausschusses, für Berlin des Oberpräsidenten, eventuell dagegen binnen 2 Wochen Beschwerde an den Provinzialrath (§. 121 L.V.G.), für Berlin an den Minister des Innern (§. 43 Abs. 1 L.V.G.).

Das weitere Verfahren wie vorher bei a).

2. Gesetz, betreffend die Erweiterung des Rechtsweges.

Vom 24. Mai 1861.*) (G.S. S. 242).

§§. 1—4 ersetzt durch K.V.G. §. 7.

5. Die Entscheidungen der Disziplinar- und Verwaltungsbehörden darüber, ob und von welchem Zeitpunkte ab ein Beamter aus seinem Amte zu entfernen, einstweilen oder definitiv in den Ruhestand zu versetzen oder zu suspendiren sei, über die Verhängung von Ordnungsstrafen, sowie darüber, ob und wieweit eine geforderte Vergütigung in Ermangelung eines vorher bestimmten Betrages oder Maßstabes derselben mit der betreffenden Leistung im Verhältniß stehe, sind für die Beurtheilung der vor den Gerichten geltend gemachten vermögensrechtlichen Ansprüche maßgebend.

6. Ingleichen sind bei der richterlichen Beurtheilung nächst den, dem Beamten besonders ertheilten Zusicherungen und den Bestimmungen der allgemeinen Landesgesetze, die zur Zeit der Entstehung des streitigen Anspruchs in Kraft gewesenen Königlichen

*) Gilt auch für Kommunalbeamte. Koch Kommentar z. A.L.R. 8. Auflage Bd. IV S. 98 Anm. 73.

Anordnungen, sowie die Seitens der Centralbehörden ergangenen, den Provinzialbehörden mitgetheilten und die mit Genehmigung der Centralbehörden von den Provinzialbehörden erlassenen allgemeinen Verfügungen, soweit solche nicht den Gesetzen oder Königlichen Anordnungen zuwiderlaufen, zum Grunde zu legen.

b) Rechtsverhältnisse des Diensteinkommens der Kommunalbeamten.

aa. Bestimmungen des bürgerlichen Rechtes, Verjährung, Abtretung, Verpfändung und Aufrechnung der Gehaltsansprüche.

1. Grundlegende Bestimmung.

E.G. z. B.G.B. Art. 80 Abs. 1. Unberührt bleiben, soweit nicht in dem Bürgerlichen Gesetzbuche eine besondere Bestimmung getroffen ist,[1]) die landesgesetzlichen Vorschriften über die vermögensrechtlichen Ansprüche und Verbindlichkeiten der Beamten ..... aus dem Amts- oder Dienstverhältnisse, mit Einschluß der Ansprüche der Hinterbliebenen.

2. Verjährung der Gehaltsansprüche.

B.G.B. 197. In vier Jahren verjähren die An-

[1]) Solche Bestimmung trifft das B.G.B. in den §§. 197, (394, 411 Siehe Zusatz zu dem folgenden Artikel 81 E.G. z. B.G.B.) ferner in §§. 839, 841 (siehe S. 63) (Achilles S. 839).

sprüche auf Rückstände von ... Besoldungen, Wartegeldern, Ruhegehalten .....

201. Die Verjährung der in dem §. 197 bezeichneten Ansprüche beginnt mit dem Schlusse des Jahres, in welchem der nach §. 198 maßgebende Zeitpunkt eintritt.

198 Satz 1. Die Verjährung beginnt mit der Entstehung des Anspruchs.

208. Die Verjährung wird unterbrochen*), wenn der Verpflichtete dem Berechtigten gegenüber den Anspruch durch Abschlagszahlung, Zinszahlung, Sicherheitsleistung oder in anderer Weise anerkennt.

209. Die Verjährung wird unterbrochen, wenn der Berechtigte auf Befriedigung oder auf Feststellung des Anspruchs, auf Ertheilung der Vollstreckungsklausel oder auf Erlassung des Vollstreckungsurtheils Klage erhebt.

Der Erhebung der Klage stehen gleich:

1. die Zustellung eines Zahlungsbefehls im Mahnverfahren;
2. die Anmeldung des Anspruchs im Konkurse;
3. die Geltendmachung der Aufrechnung des Anspruchs im Prozesse;
4. die Streitverkündung in dem Prozesse, von dessen Ausgang der Anspruch abhängt;

---

*) Nach der Unterbrechung beginnt eine neue Verjährungsfrist. Der vor der Unterbrechung bereits abgelaufene Theil der Verjährungsfrist wird hierbei nicht mitgerechnet.

5 die Vornahme einer Vollstreckungshandlung, und, soweit die Zwangsvollstreckung den Gerichten oder anderen Behörden zugewiesen ist, die Stellung des Antrags auf Zwangsvollstreckung.

210. Hängt die Zulässigkeit des Rechtswegs von der Vorentscheidung einer Behörde ab, oder hat die Bestimmung des zuständigen Gerichts durch ein höheres Gericht zu erfolgen, so wird die Verjährung durch die Einreichung des Gesuchs an die Behörde oder das höhere Gericht in gleicher Weise wie durch Klagerhebung, unterbrochen, wenn die Klage binnen drei Monaten nach der Erledigung des Gesuchs erhoben wird.

3. Aufrechnung, Abtretung und Verpfändung der Gehaltsansprüche.

E.G. z. B.G.B. Art. 81. Unberührt bleiben die landesgesetzlichen Vorschriften, welche die Uebertragbarkeit der Ansprüche der im Artikel 80 Abs. 1 bezeichneten Personen auf Besoldung, Wartegeld, Ruhegehalt, Wittwen- und Waisengeld beschränken, sowie die landesgesetzlichen Vorschriften, welche die Aufrechnung gegen solche Ansprüche abweichend von der Vorschrift des §. 394 des Bürgerlichen Gesetzbuchs zulassen.

a) Aufrechnung.

B.G.B. **394.** Soweit eine Forderung der Pfändung nicht unterworfen ist, findet die Aufrechnung gegen die Forderung nicht statt. Gegen die aus Kranken-, Hülfs- oder Sterbekassen ... zu beziehenden Hebungen können jedoch geschuldete Beiträge aufgerechnet werden.

Anmerkung. Nach der herrschenden Meinung (Kappelmann Pr.V.Bl. XXI S. 498 Anm. 40 und die dort Citirten ist Aufrechnung gegen die Gehaltsforderung eines Beamten nur bezüglich des pfändbaren Theils des Gehalts, $^1/_3$ vom Plus über 1500 Mark, zulässig. Ebenso Kautz-Appelius Preuß. Kommunalbeamtenrecht S. 214. Dagegen Ledermann Kommentar z. K.B.G. S. 48 Nr. 6: Aufrechnung unbeschränkt zulässig.

b) Abtretung und Verpfändung.

B.G.B. **400.** Eine Forderung kann nicht abgetreten werden, soweit sie der Pfändung nicht unterworfen ist.

(Siehe C.P.O. § 850 Nr. 8 und Abs. 2 S. 23.)

Anmerkung 1. Im Geltungsbereiche des Preußischen Landrechts ausschließlich der landrechtlichen Gebiete der Provinz Hannover sind Abtretung und (freiwillige) Verpfändung von Gehaltsansprüchen überhaupt unzulässig. (Herrschende Meinung.) Anhang §§. 161, 163 zu Th. I Tit. 124 Allgemeine Gerichtsordnung v. 6. II. 1793, nicht aufgehoben durch §. 14 E.G. z. C.P.O. (R.G. Straff. Bd. VII S. 95). Publ. v. 18. XI. 1802 N.C.C. XI S. 1213; O.Tr. IV v. 24. VI. 1861. Str.Arch. Bd. 42 S. 179; Hue de Grais 13. Aufl. 1900 S. 88; Koch Kommentar z. A.L.R. 8. Auflage 1884 Bd. I S. 821; Ledermann Kommentar z. K.B.G. S. 48 Nr. 5; Kautz-Appelius Preuß. Kommunalbeamtenrecht S. 213.

Anderer Meinung Örtel, Kommentar zu St.O. v. 30. V. 53 3. Auflage 1900 S. 515: Gehaltsansprüche sind cessibel, soweit sie pfändbar sind.

Anmerkung 2. Im Geltungsbereich des rheinischen Rechtes besteht derselbe Rechtszustand, da Anhang §§. 161, 163 zu Th. 1 Tit. 24 Allg. Ger.Ordn. v. 6. II. 1793 dort durch K.O. v. 23. V. 1826 (G.S. S. 54) eingeführt ist.

Anmerkung 3. Für die neuen Provinzen fehlt es an landesgesetzlichen Vorschriften. Für diese behält es bei den folgenden Vorschriften des Bürgerlichen Gesetzbuches sein Bewenden.

411. Tritt ein .... (Kommunal=)Beamter .... den übertragbaren Theil des Diensteinkommens, des Wartegeldes oder des Ruhegehalts ab, so ist die auszahlende Kasse durch Aushändigung einer von dem bisherigen Gläubiger ausgestellten, öffentlich beglaubigten Urkunde von der Abtretung zu benachrichtigen. Bis zur Benachrichtigung gilt die Abtretung als der Kasse nicht bekannt.

1069. Die Bestellung des Nießbrauchs an einem Rechte erfolgt nach den für die Uebertragung des Rechtes geltenden Vorschriften ....

An einem Rechte, das nicht übertragbar ist, kann ein Nießbrauch nicht bestellt werden.

1274. Die Bestellung des Pfandrechts an einem Rechte erfolgt nach den für die Uebertragung des Rechtes geltenden Vorschriften.

Soweit ein Recht nicht übertragbar ist, kann ein Pfandrecht an dem Rechte nicht bestellt werden.

bb. Pfändungsvorrechte.

Vorbemerkung.

Wirkung der Pfändung.

C.P.O. §. 832. Das Pfandrecht, welches durch die Pfändung einer Gehaltsforderung oder einer ähnlichen in fortlaufenden Bezügen bestehenden Forderung erworben wird, erstreckt sich auch auf die nach der Pfändung fällig werdenden Beträge.

833. Durch die Pfändung eines Diensteinkommens wird auch dasjenige Einkommen betroffen, welches der Schuldner infolge der Versetzung in ein andres Amt, der Uebertragung eines neuen Amtes oder einer Gehaltserhöhung zu beziehen hat.

Diese Bestimmung findet auf den Fall der Aenderung des Dienstherrn keine Anwendung.

I. Im Civilprozeßverfahren.

1. Von der Pfändung befreite Sachen der Kommunalbeamten.

Civilprozeßordnung neue Fassung.

(R.G.Bl. 1898 S. 410.)

811. Folgende Sachen sind der Pfändung nicht unterworfen:

1—6 2c.

7. Bei .... (Kommunal)beamten, die zur Verwaltung des Dienstes oder Ausübung des Berufes erforderlichen Gegenstände, sowie anständige Kleidung.

8. Bei .... (Kommunal)beamten ein Geldbetrag, welcher dem der Pfändung nicht unterworfenen Theile des Diensteinkommens*) oder der Pension für die Zeit von der Pfändung bis zum nächsten Termine der Gehalts- oder Pensionszahlung gleichkommt.

2. Pfändbarkeit der Gehalts-Forderungen der Kommunalbeamten.

Civilprozeßordnung neue Fassung.

(R.G.Bl. 1898 S. 410.)

850 Abs. 1. Der Pfändung sind nicht unterworfen:

1—6 2c.

7. die Pensionen der Wittwen und Waisen und die denselben aus Wittwen- und Waisenkassen zukommenden Bezüge, die Erziehungsgelder und die Studienstipendien ....;
8. das Diensteinkommen der .... (Kommunal-) Beamten, ... die Pension dieser Personen nach deren Versetzung in .... dauernden Ruhestand, sowie der nach ihrem Tode den Hinterbliebenen zu gewährende Sterbe- oder Gnadengehalt.

Abs. 2. Uebersteigen in den Fällen Nr. 7 und 8 das Diensteinkommen, die Pension oder die sonstigen Bezüge die Summe von fünfzehnhundert Mark für

*) Siehe § 850, 8 C.P.O., welcher folgt.

das Jahr, so ist der dritte Theil des Mehrbetrags der Pfändung unterworfen.

Anmerkung. Die Bestimmungen der §§. 29, 110 des Hannoverschen Staatsdienergesetzes v. 24. 6. 58 (Hannov. Ges.S. I 119) — vergl. auch §. 48 Abs. 4 H.St.O. — nach welchen zur gerichtlichen Beschlagnahme der Diensteinnahme von Beamten Genehmigung der Anstellungsbehörde erforderlich war, müssen als aufgehoben gelten, da die C.P.O. eine derartige Ausnahme nicht kennt.

Abs. 4. In den Fällen des Absatzes 2 ist die Pfändung ohne Rücksicht auf den Betrag zulässig, wenn sie wegen der den Verwandten, dem Ehegatten und dem früheren Ehegatten für die Zeit nach Erhebung der Klage und für das diesem Zeitpunkte vorausgehende letzte Vierteljahr kraft Gesetzes zu entrichtenden Unterhaltsbeiträge beantragt wird. Das Gleiche gilt in Ansehung der zu Gunsten eines unehelichen Kindes von dem Vater für den bezeichneten Zeitraum kraft Gesetzes zu entrichtenden Unterhaltsbeiträge; diese Vorschrift findet jedoch insoweit keine Anwendung, als der Schuldner zur Bestreitung seines nothdürftigen Unterhalts und zur Erfüllung der ihm seinen Verwandten, seiner Ehefrau oder seiner früheren Ehefrau gegenüber gesetzlich obliegenden Unterhaltspflicht der Bezüge bedarf. Hierbei werden ausschließlich die Leistungen berücksichtigt, welche vermöge einer solchen Unterhaltspflicht für den nämlichen Zeitraum oder, falls die Klage zu Gunsten des unehelichen Kindes nach der Klage eines Unterhaltsberechtigten erhoben ist, für die Zeit von dem Beginn des der Klage dieses Berechtigten vorausgehenden letzten Vierteljahrs ab zu entrichten sind.

II. Im Verwaltungszwangsverfahren

Verordnung, betreffend das Verwaltungszwangsverfahren wegen Beitreibung von Geldbeträgen.

Vom 15. November 1899. (G.S. S. 545.)

1. Die Zwangsvollstreckung wegen aller derjenigen Abgaben, Gefälle und sonstigen Geldbeträge, welche nach den bestehenden Vorschriften der Beitreibung im Verwaltungszwangsverfahren unterliegen, erfolgt ausschließlich nach den Vorschriften dieser Verordnung.

a) Pfandfreie Sachen.

25 Abs. 1. Die in dem §. 811 der Civilprozeßordnung*) bezeichneten Sachen sind der Pfändung nicht unterworfen.

b) Pfandfreie Forderungen.

46. Der Pfändung sind nicht unterworfen:

1—5 ꝛc.

6. die Pensionen der Wittwen und Waisen und die denselben aus Wittwen- und Waisenkassen zukommenden Bezüge, die Erziehungsgelder und die Studienstipendien . . . .;

*) Siehe S. 22.

7. das Diensteinkommen der .... (Kommunal-) Beamten ....; die Pension dieser Personen nach deren Versetzung in .... dauernden Ruhestand sowie der nach ihrem Tode den Hinterbliebenen zu gewährende Sterbe- oder Gnadengehalt.

Abs. 2. Uebersteigen in den Fällen der Nr. 6 und 7 das Diensteinkommen, die Pension oder die sonstigen Bezüge die Summe von fünfzehnhundert Mark für das Jahr, so ist der dritte Theil des Mehrbetrags der Pfändung unterworfen.

Abs. 3. Bei der Einziehung von kurrenten öffentlichen Abgaben, von Disziplinarstrafen und von solchen Zwangsstrafen, welche durch die vorgesetzte Dienstbehörde festgesetzt sind, finden die Vorschriften der Nr. 7 rücksichtlich des Diensteinkommens und der Pension der .... (Kommunal-)Beamten .... nicht Anwendung.

cc. Steuervorrechte.

1. Heranziehung der Kommunalbeamten zu der Gemeindeeinkommensteuer.

a) In Landgemeinden.

Vorbemerkung.

§. 30 der Landgemeindeordnung für die östlichen Provinzen vom 3. Juli 1891 ist ersetzt durch §. 41 des Kommunalabgabengesetzes vom 14. Juli 1893, welcher auch für den Geltungsbereich der übrigen

Landgemeindeordnungen an Stelle der früheren Vorschriften getreten ist, da jene Ordnungen mit Ausnahme der Hessen-Nassauischen, vor dem Kommunalabgabengesetz ergangen sind.

Kommunalabgabengesetz vom 14. Juli 1893. (G.S. S. 152.)

41. Die Heranziehung der .... mittelbaren Staatsbeamten, ... sowie der Wittwen und Waisen dieser Personen zu Einkommen- und Aufwandssteuern (§. 23) wird durch besonderes Gesetz geregelt. Bis zum Erlasse dieses Gesetzes kommen die Bestimmungen der Verordnung, betreffend die Heranziehung der Staatsdiener zu den Kommunalauflagen in den neu erworbenen Landestheilen, vom 23. September 1867 (Gesetz-Samml. S. 1648) mit der Maßgabe zur Anwendung, daß das nothwendige Domizil außer Berücksichtigung bleibt.

Zusatz 1: K.A.G. §. 23 al. 2.

Die Einkommensteuer kann zum Theil durch Aufwandssteuern ersetzt werden. Aufwandssteuern dürfen grundsätzlich die geringeren Einkommen nicht verhältnißmäßig höher als die größeren belasten.

Zusatz 2: Landgemeindeordnung für die Provinz Hessen-Nassau vom 4. August 1897 (G.S. S. 301.)

8. Die Gemeindeangehörigen sind nach Maßgabe der bestehenden Bestimmungen .... zur Theilnahme an den Gemeindelasten verpflichtet.

Es gilt also hier gleichfalls § 41 des Kommunalabgabengesetzes.

b) In Städten.

Hier gilt gleichfalls §. 41 des Kommunalabgabengesetzes im ganzen Umfang der Monarchie. (§. 4 der Städteordnung für die Provinz Hessen-Nassau vom 4. August 1897 [G.S. S. 254] enthält die gleiche Bestimmung, wie der vorangeführte §. 8 der Hessen-Nassauischen Landgemeindeordnung v. 4. August 1897.)

Zusatz.

Verordnung, betreffend die Heranziehung der Staatsdiener zu den Kommunal-Auflagen in den neu erworbenen Landestheilen.

Vom 23. September 1867. (Gesetz-Samml. S. 1648.)

1. Von allen direkten Kommunalauflagen, sowohl der einzelnen bürgerlichen Stadt- und Landgemeinden, als der weiteren kommunalen Körperschaften (Amtsbezirke, Distriktsgemeinden, Armendistrikte, Wegeverbände u. s. w.) und der kreis-, kommunal- und provinzialständischen Verbände, sind vollständig befreit:

1—3 2c. 2c.

4. die verabschiedeten Beamten .... hinsichts ihrer aus Staatsfonds oder sonstigen öffentlichen Kassen zahlbaren Pensionen und laufenden Unterstützungsbezüge, ebenso die Beamten hinsichts ihrer Wartegelder, sofern der jährliche Betrag

solcher Bezüge für Einen Empfänger die Summe von 750 Mark nicht erreicht;

5. die hinterbliebenen Wittwen und Waisen der unter 4 genannten Personen hinsichts ihrer aus Staatsfonds oder aus einer öffentlichen Versorgungskasse zahlbaren Pensionen und laufenden Unterstützungen;
6. die Sterbe- und Gnadenmonate;
7. alle diejenigen Dienst-Emolumente, welche blos als Ersatz baarer Auslagen zu betrachten sind.

2. Zu den Beamten im Sinne dieser Verordnung gehören alle, in .... Diensten der dem Staate untergeordneten .... kommunalen .... Korporationen stehende, mit fester Besoldung angestellte, beziehentlich in Ruhestand getretene öffentliche Beamte, ... dagegen nicht diejenigen, welche nur als außerordentliche Gehülfen vorübergehend im öffentlichen Dienst beschäftigt werden.

3. Die Beamten (§. 2) können von ihrem Diensteinkommen einschließlich der Warte- und Ruhegehälter ... — wenn nicht ein Fall der gänzlichen Befreiung nach §. 1 vorliegt — zu direkten Kommunal-Auflagen (§. 1) nur insoweit herangezogen werden, als diese von allen Pflichtigen nach dem Maaßstabe des persönlichen Einkommens erhoben werden.

4. Das Diensteinkommen wird in solchen Fällen nur halb so hoch, als anderes gleich hohes persönliches Einkommen der Steuerpflichtigen veranlagt.

Wenn die Veranlagung nicht unmittelbar den Einkommensbetrag zur Grundlage hat, so ist, unter Genehmigung der Aufsichtsbehörde des besteuernden kommunalen Verbandes, das Einschätzungsverfahren dergestalt besonders zu regeln, daß der vorstehende Grundsatz analog zur Anwendung kommt.

Das Diensteinkommen von zufälligen Emolumenten wird gleich dem festen Gehalte besteuert; zu diesem Behufe wird nöthigenfalls der Betrag derselben in runder Summe durch die vorgesetzte Dienstbehörde festgestellt.

5. An kommunalen Auflagen aller Art (§. 1) dürfen äußersten Falls, im Gesammtbetrage, bei Besoldungen (§. 3) unter 750 Mark nicht mehr als Ein Prozent, bei Besoldungen von 750 bis 1500 Mark ausschließlich nicht mehr als anderthalb Prozent, und bei höheren Besoldungen nicht mehr als zwei Prozent des gesammten Diensteinkommens jährlich gefordert werden.

Die hiernach etwa nöthige Ermäßigung der nach §. 4 berechneten Steuerbeträge trifft, im Fall der Konkurrenz mehrerer kommunaler Verbände, die zuletzt zur Hebung gestellte Forderung, mehrere noch nicht entrichtete Forderungen aber nach Verhältniß ihrer Höhe.

6. Auf Staatssteuern und Steuerlasten, welche gemeindeweise abgetragen werden, finden die Bestimmungen dieser Verordnung keine Anwendung.

7. Die gemäß §§. 3—5 den Staatsdienern obliegende Beitragspflicht zu den Kommunalabgaben erstreckt sich auf alle diejenigen Beträge der letzteren, welche innerhalb der Zeit, da der Pflichtige dem betreffenden kommunalen Verbande angehört, auf ihn vertheilt und auch fällig werden, nicht aber auf später fällige.

8. Nothwendiges Domizil des Beamten am Sitz seiner Behörden. (Aufgehoben durch K.A.G. §. 41.)

9. Von ihrem etwaigen besonderen Vermögen haben auch die nach §. 3 begünstigten Staatsdiener ..... ihre Beiträge zu den Kommunallasten gleich anderen Angehörigen der betreffenden Verbände zu entrichten.

10 Abs. 1 ersetzt durch K.A.G. § 68 Abs. 6 (Brauch. III S. 569). Die in §. 41 (K.A.G.) genannten Personen [Kommunalbeamten] sind von Naturaldiensten, soweit diese nicht auf den ihnen gehörigen Grundstücken lasten, befreit; .....

11 Abs. 1. Zu den indirekten Gemeinde-Abgaben müssen auch die nach §§. 1—5 begünstigten Personen gleich anderen Gemeinde-Einwohnern beitragen. Sie sind nicht befugt, was sie hierauf entrichten, bei ihren direkten Kommunalbeiträgen in Anrechnung zu bringen.

12. Alle entgegenstehenden gesetzlichen Bestimmungen werden aufgehoben.

Wo jedoch weitergehende Immunitäten für Beamte .... nach statutarischem Recht oder besonderen Privilegien bestehen, soll in denselben hierdurch nichts geändert werden.

13. Gegenwärtige Verordnung tritt mit dem 30. September d. J., unter Anwendung auf alle von diesem Tage an zur Ausschreibung gelangenden direkten Kommunal-Auflagen, in Kraft.

Der Minister des Innern wird mit Ausführung derselben beauftragt.

2. Heranziehung des Diensteinkommens der Kommunalbeamten zu den Kreissteuern.

a) Kreisordnung für die östlichen Provinzen vom $\frac{\text{13. Dezember 1872.}}{\text{19. März 1881.}}$ (G.S. S. 179.)

§ 41 K.A.G. bezieht sich nur auf die Gemeindeeinkommensteuer.)

(Anderer Meinung von Trott zu Solz Ergänzungsband für Hessen-Nassau zu Brauchitsch 1898 S. 209 Anm. zu § 18 H.-N.Kr.O.)

18 .... Bis zu einer gesetzlichen Regelung ist die Besteuerung des Diensteinkommens der ... mittelbaren Staatsbeamten nur nach Maßgabe der §§. 2 und 3 des Gesetzes vom 11. Juli 1822 (Gesetz-Samml. S. 184) und nur insoweit zulässig, als die Beiträge derselben zu den Bedürfnissen der Gemeinde ihres Wohnortes nicht bereits das in den gedachten

Gesetzesvorschriften bestimmte Maximum erreichen, und auch dann nur innerhalb der Grenzen der letzteren. Ebenso findet der §. 10 des Gesetzes vom 11. Juli 1822 auf die Heranziehung zu den Kreisabgaben Anwendung.

Zusatz: Gesetz vom 11. Juli 1822, betreffend die Heranziehung der Staatsdiener zu den Gemeindelasten. (G.S. S. 184.)

1. Das Diensteinkommen der Beamten kann von den Gemeinden, zu welchen dieselben gehören, überhaupt nur dann besteuert werden, wenn auch der Beitrag der übrigen Einwohner des Orts in der Form einer allgemeinen Einkommensteuer erhoben wird.

2. Das Diensteinkommen soll bei einer solchen Beschatzung fortan im Uebrigen zwar wie das Einkommen der Bürger behandelt, darf aber, weil es einerseits seinem ganzen Dasein nach von dem Leben, der Gesundheit und andern zufälligen Verhältnissen der Person abhängig, und andererseits seinem ganzen Betrage nach, bestimmt ist, und dadurch auf der einen Seite gegen Grund- und Kapital-Einkommen, und auf der andern gegen Gewerbs-Einkommen im Nachtheil steht, immer nur mit einem Theile seines Betrages zur Quotisirung gebracht werden, welcher hierdurch auf die Hälfte bestimmt wird.

3. Da auch dem Staate daran liegen muß, daß den Beamten, welche als solche ihr Einkommen durch die den übrigen Einwohnern vermittelst des städtischen Vereins dargebotene Gelegenheit zum Erwerb nicht vermehren können, ihr Unterhalt unter keinerlei Umständen zu sehr geschmälert werde, so verbleibt es bei der Bestimmung, daß im äußersten Fall an direkten Beiträgen aller Art, und zu sämmtlichen Gemeindebedürfnissen bei Gehalten unter 750 Mark nicht mehr als Ein Prozent, bei Gehalten von 750 Mark bis zu 1500 Mark ausschließlich nicht mehr als Anderthalb Prozent, und bei höheren Gehalten nicht mehr als Zwei Prozent des gesammten Diensteinkommens gefordert werden können.

10. Jedoch bleiben von allen direkten Beiträgen zu den Gemeinelasten befreit:

a) die aus Staatskassen zahlbaren Pensionen der Wittwen und die Erziehungsgelder für Waisen ehemaliger Staatsdiener;

b) eben dergleichen Pensionen, ingleichen Wartegelder der Staatsdiener selbst, sofern deren jährlicher Betrag die Summe von 750 Mark nicht erreicht;

c) die Sterbe- und Gnadenmonate;

d) alle diejenigen Dienst-Emolumente, welche blos als Ersatz baarer Auslagen zu betrachten sind.

. . . .

b) Kreisordnung für die Provinz Westfalen.
Vom 31. Juli 1886 (G.S. S. 217) und

c) Kreisordnung für die Rheinprovinz.
Vom 30. Mai 1887. (G.S. S. 209.)

§. 18 gleichlautend mit §. 18 der östlichen Kreisordnung (siehe unter a).

d) Kreisordnung für die Provinz Hannover.
Vom 6. Mai 1884 (G.S. S. 181), sowie

e) Kreisordnung für die Provinz Hessen-Nassau.
Vom 7. Juni 1885 (G.S. S. 193) und

f) Kreisordnung für die Provinz Schleswig-Holstein.
Vom 26. Mai 1888. (G.S. S. 139.)

d, e, f gleichlautend.

18. Bis zur anderweiten gesetzlichen Regelung bleiben die Dienstgrundstücke der Geistlichen, Kirchendiener und Elementarschullehrer gleichfalls von den Kreislasten befreit. Auch ist bis zu dieser Regelung die Besteuerung des Diensteinkommens der .... mittelbaren Staatsbeamten nur nach Maßgabe der §§. 4 und 5 der Verordnung vom 23. September 1867 (Gesetz-Samml. S. 1648)*) und nur insoweit zulässig, als die Beiträge derselben zu den Bedürfnissen der Gemeinde ihres Wohnortes nicht bereits das in den gedachten Gesetzesvorschriften bestimmte Maximum erreichen, und auch dann nur innerhalb der Grenzen

*) Siehe S. 28 ff.

der letzteren. Ebenso findet der §. 1 der Verordnung vom 23. September 1867 auf die Heranziehung zu den Kreisabgaben Anwendung.

d) Besonderes Kündigungsrecht der Kommunalbeamten bei Miethungen von Wohnungen.

B.G.B. **570** ... (Kommunal)Beamte ... können im Falle der Versetzung nach einem anderen Orte das Miethverhältniß in Ansehung der Räume, welche sie für sich oder ihre Familie an dem bisherigen ... Wohnorte gemiethet haben, unter Einhaltung der gesetzlichen Frist kündigen. Die Kündigung kann nur für den ersten Termin erfolgen, für den sie zulässig ist.

565 Abs. 1. Bei Grundstücken ist die Kündigung nur für den Schluß eines Kalendervierteljahrs zulässig; sie hat spätestens am dritten Werktage des Vierteljahrs zu erfolgen. Ist der Miethzins nach Monaten bemessen, so ist die Kündigung nur für den Schluß eines Kalendermonats zulässig; sie hat spätestens am fünfzehnten des Monats zu erfolgen. Ist der Miethzins nach Wochen bemessen, so ist die Kündigung nur für den Schluß einer Kalenderwoche zulässig; sie hat spätestens am ersten Werktage der Woche zu erfolgen.

596 Abs. 3. Eine Kündigung des Pachtverhältnisses nach §. 570 findet nicht statt.

e) Kommunalbeamte als Urkundspersonen.

A.G. z. B.G.B. Art. 12 §. 2. Wird bei einem Vertrage, durch den sich der eine Theil verpflichtet, das Eigenthum von einem in Preußen liegenden Grundstücke zu übertragen, einer der Vertragschließenden durch eine öffentliche Behörde vertreten, so ist für die Beurkundung des Vertrags außer den Gerichten und Notaren auch der Beamte zuständig, welcher von dem Vorstande der zur Vertretung berufenen Behörde oder von der vorgesetzten Behörde bestimmt ist.

B.G.B. 313. Ein Vertrag, durch den sich der eine Theil verpflichtet, das Eigenthum an einem Grundstücke zu übertragen, bedarf der gerichtlichen oder notariellen Beurkundung. Ein ohne Beobachtung dieser Form geschlossener Vertrag wird seinem ganzen Inhalte nach gültig, wenn die Auflassung und die Eintragung in das Grundbuch erfolgen.

873. Zur Uebertragung des Eigenthums an einem Grundstücke, zur Belastung eines Grundstücks mit einem Rechte, sowie zur Uebertragung oder Belastung eines solchen Rechtes ist die Einigung des Berechtigten und des anderen Theiles über den Eintritt der Rechtsänderung und die Eintragung der Rechtsänderung in das Grundbuch erforderlich, soweit nicht das Gesetz ein Anderes vorschreibt.

Vor der Eintragung sind die Betheiligten an die Einigung nur gebunden, wenn die Erklärungen gerichtlich oder notariell beurkundet . . . sind . . .

E.G. z. B.G.B. Art. **142.** Unberührt bleiben die landesgesetzlichen Vorschriften, welche in Ansehung der in dem Gebiete des Bundesstaats liegenden Grundstücke bestimmen, daß für die Beurkundung des im §. 313 B.G.B. bezeichneten Vertrags sowie für die nach §. 873 Abs. 2 B.G.B. zur Bindung der Betheiligten erforderliche Beurkundung der Erklärungen außer den Gerichten und Notaren auch andere Behörden und Beamte zuständig sind.

4.
Besondere Pflichten der Kommunalbeamten.

(Hue de Grais Handbuch, 13. Auflage, 1900, S. 79ff.)

a) Wohnsitzpflicht am Dienstort.

1. A.=L.=R. Th. II Tit. 10.

(Gilt für die ganze Monarchie.)

92. Kein Beamter darf den zur Ausübung seines Amtes ihm angewiesenen Wohnort ohne Vorwissen und Genehmigung seiner Vorgesetzten verlassen.

2. Besondere Bestimmungen für städtische Beamte der Provinz Hannover.

Hannoversche Städteordnung v. 24. Juni 1858.

(H.G.S. S. 141.)

46. Die Magistratsmitglieder, die Sekretaire und der Kämmerer sind verpflichtet, in der Stadt zu wohnen, sofern nicht Magistrat und Bürgervorsteher eine Ausnahme gestatten.

b) Verbot der eigenmächtigen Substitution eines Andern in Ausübung der Dienstverrichtungen.

Gilt nur für das ehemals landrechtliche Gebiet!

A.G. z. B.G.B. Art. **89.** Aufgehoben werden:

1. folgende Vorschriften des Allgemeinen Landrechts, soweit sie sich nicht auf öffentliches Recht beziehen.

a) 2c. 2c.

b) der erste Theil mit Ausnahme ... der §§. 41--45 des 13. Titels.

41. Geschäfte eines öffentlichen Amtes soll Niemand eigenmächtig einem Anderen an seiner Statt auftragen.

42. Ist es dennoch geschehen, so sind die Handlungen des Substituten nichtig, und er sowohl, als sein Machtgeber haften, Einer für Beide und Beide für Einen, wegen alles daraus entstandenen Schadens.

43. War jedoch der Substitut zur Verrichtung von Amtshandlungen dieser Art an sich qualifizirt; so wird zwar dadurch, daß der, welchem das Geschäft eigentlich oblag, ihn dazu eigenmächtig substituirt hat, die Handlung selbst noch nicht ungültig;

44. Derjenige aber, welcher sich eine solche eigenmächtige Substitution angemaßt hat, soll, nach

Bewandtniß der Umstände, mit verhältnißmäßiger Geld- oder Gefängnißstrafe belegt werden.[1])

45. Auch von dieser Strafe bleibt ein Beamter frei, welcher durch Krankheit, oder andern Zufall, die Geschäfte seines Amts zu verwalten, auf eine Zeitlang außer Stand gesetzt worden, und auf so lange, bis von seinem Vorgesetzten wegen einstweiliger Versehung desselben Anstalten getroffen worden, solche Amtshandlungen, die keinen Aufschub leiden, Anderen, welche zu Geschäften von gleicher Art öffentlich bestellt und verpflichtet sind, aufgetragen hat.

c) Pflicht zur Urlaubsnachsuchung bei dienstlicher Verhinderung und Ausnahmen.

I. Allgemeine Bestimmungen.

1. Urlaub in Krankheitsfällen und zum Zwecke der Wiederherstellung der Gesundheit:

Die Stellvertretungskosten fallen dem betreffenden Kommunalverbande zur Last.

a) Ministerialrescript vom 9. April 1837.

(v. Kampß Annalen Seite 436.)

...... da jede Kommune die Kosten für ihre Verwaltung in sich aufbringen muß, ist sie auch ohne

---

[1]) An Stelle der in § 44 angedrohten Strafen treten jetzt die Strafen des Disziplinargesetzes vom 21. Juli 1852. (Koch, Commentar, 8. Auflage, Bd. II. S. 161.)

allen Zweifel verpflichtet, für die Vertretung des Bürgermeisters in Krankheitsfällen auf ihre Kosten zu sorgen. Dem Antrage der Majorität des Regierungs-Kollegiums, diesen Aufwand auf Staatskosten zu übernehmen, ist daher nicht statt zu geben.

b) Resolution des Ministeriums des Innern und der Polizei, an den Stadtkämmerer zu N. in Ostpreußen, wegen verweigerter Entschädigung für die Vertretung des Bürgermeisters. Vom 4. Juli 1837.

(v. Kamptz Annalen Seite 687.)

Es gilt, ... allerdings als Regel, daß, wenn der Vorsitzende eines Collegii erkrankt, das zunächst folgende Mitglied den Vorsitz übernehmen und die Geschäfte besorgen muß, ohne dafür eine besondere Vergütung fordern zu können.

Diese Regel steht auch hinsichtlich der Magistrats-Kollegien fest. Glaubten Sie nun, daß Sie aus besonderen Gründen eine Ausnahme in Anspruch nehmen könnten, so hätten Sie gleich bei Uebernahme des Geschäfts diese Gründe geltend machen sollen. Gegenwärtig ist ein Anspruch überhaupt nicht statthaft, am wenigsten gegen die Stadt, welche die Bürgermeister- und Kämmerer-Besoldung bezahlt hat, und von der daher nichts weiter gefordert werden kann. Will die Stadt Ihnen aus Billigkeitsgründen eine Remuneration für die Stellvertretung bewilligen, so wird sie daran nicht gehindert werden.

2. Urlaub aus anderen als den zu 1 genannten Gründen.

Für Kommunalbeamte fehlt es an Bestimmungen. Wegen der Vertretungskosten muß also Vereinbarung zwischen der Behörde und dem Beamten erfolgen. Ist eine solche nicht getroffen, so bezieht der Beamte auch während der Zeit seiner Beurlaubung sein volles Gehalt weiter.

Der Allerhöchste Erlaß vom 15. Juni 1863 (M.Bl.d.i.V. S. 137) findet nur auf unmittelbare Staatsbeamte Anwendung.

3. Kein Urlaub zur Ausübung parlamentarischer Thätigkeit.

Verfassungsurkunde für den Preußischen Staat.
Vom 31. Januar 1850. (G.S. S. 17.)

Art. 78 Abs. 2. Beamte bedürfen keines Urlaubs zum Eintritt in die*) Kammer.

Verfassungsurkunde für das Deutsche Reich.
Vom 16. April 1871 (B.G.Bl. S. 63).

Art. 21. Beamte bedürfen keines Urlaubs zum Eintritt in den Reichstag.

Anm. (Die Stellvertretungskosten liegen dem betr. Kommunalverband ob) von Rönne, Staatsrecht, 4. Auflage, Band I S. 252; Schulze, Lehrbuch des Preußischen Staatsrechts, Band I S. 593 und Freytag, Kommentar zum Kommunalbeamtengesetz, S. 37. Die entgegengesetzte Meinung des Obertribunals (Entscheidungen, Band 32 S. 320) ist jetzt allgemein aufgegeben.

---

*) beide Kammern des Landtages.

4. Kein Urlaub bei Erfüllung sonstiger allgemeiner staatlicher Verpflichtungen.

Vorbemerkung.

a) bei Einziehung zum Militär,

b) bei Berufung als Schöffe oder als Geschworener.

Die Behinderung ist jedoch behufs Ueberwachung der Dauer und Regelung der Vertretung den Vorgesetzten anzuzeigen. (Entscheidungen des Oberwaltungsgerichts Bd. 16 S. 399.)

a) Bei Einziehung zum Militär.

Reichs-Militärgesetz vom 2. Mai 1874 (R.G.Bl. S. 45) und Gesetz, betr. Ergänzungen und Aenderungen des Reichs-Militärgesetzes. Vom 6. Mai 1880 (R.G.Bl. S. 103).

65 Abs. 1 ... Kommunalbeamte, sowie Angestellte der Eisenbahnen, welche der Reserve oder Landwehr angehören, dürfen für den Fall einer Mobilmachung oder nothwendigen Verstärkung des Heeres hinter den ältesten Jahrgang der Landwehr zurückgestellt werden, wenn ihre Stellen selbst vorübergehend nicht offen gelassen werden können und eine geeignete Vertretung nicht zu ermöglichen ist.

66 ... Kommunalbeamte sollen durch ihre Einberufung zum Militärdienst in ihren bürgerlichen Dienstverhältnissen keinen Nachtheil erleiden.

Ihre Stellen, ihr persönliches Diensteinkommen aus denselben und ihre Anciennität, sowie alle sich daraus ergebenden Ansprüche bleiben ihnen in der

Zeit der Einberufung zum Militärdienst gewahrt. Erhalten dieselben Offizierbesoldung, so kann ihnen der reine Betrag derselben auf die Civilbesoldung angerechnet werden; denjenigen, welche einen eigenen Hausstand mit Frau oder Kind haben, beim Verlassen ihres Wohnortes jedoch nur, wenn und soweit das reine Civileinkommen und Militärgehalt zusammen den Betrag von 3600 Mark jährlich übersteigen.

Nach denselben Grundsätzen sind pensionirte oder auf Wartegeld stehende Civilbeamte hinsichtlich ihrer Pensionen oder Wartegelder zu behandeln, wenn sie bei einer Mobilmachung in den Kriegsdienst eintreten.

Obige Vergünstigungen kommen nach ausgesprochener Mobilmachung auch denjenigen in ihren Civilstellungen abkömmlichen Staatsbeamten zu Gute, welche sich freiwillig in das Heer aufnehmen lassen.

Die näheren Bestimmungen bleiben den einzelnen Bundesregierungen überlassen.

b) Bei Berufung als Schöffe oder Geschworener.

Finanzministerialrescript v. 24. August 1849 (M.Bl. S. 189).

Im Allgemeinen muß anerkannt und daran festgehalten werden, daß den Staatsbeamten[1]) ihre

[1]) Also auch den mittelbaren.

politischen Rechte unter der Annahme der Unentbehrlichkeit in ihrer amtlichen Stellung nicht verkümmert werden dürfen; es wird daher in der Regel auch keine besondere Erlaubniß der vorgesetzten Behörde erforderlich sein, wenn Beamte als Geschworene[2]) zu den Schwurgerichtssitzungen einberufen werden.

II. Specialbestimmungen.

1. Beurlaubung der Bürgermeister, Beigeordneten und Magistratsmitglieder.

Allgemeine Verfügung vom 10. Dezember 1898, betreffend die Beurlaubung der mit der Handhabung der Polizei in Städten betrauten Magistratspersonen.
(M.Bl.d.J. S. 4/5.)

Die mit der Handhabung der Polizei in Städten betrauten Magistratspersonen bedürfen in denjenigen Fällen, in welchen sie nach dem unten abgedruckten Cirkularerlasse vom 5. Dezember 1867 (Anlage a) Urlaub von dem Regierungspräsidenten zu nehmen haben, neben diesem Urlaub eines Dispenses oder einer förmlichen Beurlaubung von denen ihnen außer den polizeilichen übertragenen Magistrats-Geschäften durch den Magistratsdirigenten nicht. Ein solches selbständiges Beurlaubungsrecht des Letzteren neben demjenigen des ihm vorgesetzten Regierungspräsidenten würde den allgemeinen Regeln der Beamten-

²) Ist analog auf den Schöffendienst anzuwenden.

disziplin widersprechen und ist deshalb nicht anzuerkennen.

Andererseits hat die Bestimmung des Cirkularerlasses vom 5. December 1867, welche den zu Polizeiverwaltern bestellten Magistratspersonen ausdrücklich vorschreibt, daß sie, ebenso wie die Anzeigen über eine mehr als drei- und weniger als achttägige Abwesenheit, auch ihre Urlaubsgesuche stets „zunächst dem dirigirenden Bürgermeister zur Weiterbeförderung zuzustellen" haben, doch mehr als eine nur formelle Bedeutung. Sie soll dem Magistratsdirigenten Gelegenheit geben, sich entweder mit der Ertheilung des erbetenen Urlaubs einverstanden zu erklären oder seine etwaigen Bedenken gegen die Beurlaubung vor der Bewilligung des Urlaubs dem Regierungspräsidenten vorzutragen. Dieser wird, wenn gegen die Beurlaubung aus der Lage der von dem Polizeiverwalter mitverwalteten Magistratsgeschäfte wesentliche und gerechtfertigte Bedenken erhoben werden, die sich auf andere Weise nicht beseitigen lassen, den Urlaub versagen müssen. In dieser Beziehung beruht der Cirkularerlaß vom 5. Dezember 1867 ganz auf derselben Auffassung, aus welcher heraus in dem Erlasse vom 10. Mai 1872 (Min.Bl. 1872 S. 137) der Grundsatz ausgesprochen ist, daß die „Pflichten, welche ein bestimmtes Amt dem Inhaber auferlegt", dadurch „keine Minderung erleiden können, daß die betreffende Person ein anderes, in irgend einer Beziehung mit geringeren Pflichten verknüpftes Amt übernimmt."

Aus demselben Grundsatze folgt, daß auch die Frage zu bejahen ist, ob die Polizeiverwalter, welchen zugleich Magistratsgeschäfte obliegen, in denjenigen Fällen, in welchen sie wegen der kurzen Dauer der beabsichtigten Entfernung vom Amte als Polizeiverwalter einer Beurlaubung durch den Regierungspräsidenten nicht bedürfen, gleichwohl auch nach dem Cirkularerlasse vom 5. Dezember 1867 verpflichtet seien, Urlaub von dem dirigirenden Bürgermeister zu erbitten.

Die Entscheidung auf die ihm durch die Hand des dirigirenden Bürgermeisters vorgelegten Urlaubsgesuche wird der Regierungspräsident in der Regel auf dem gleichen Wege den Antragstellern zugehen zu lassen, und, wo er eine direkte Benachrichtigung vorzieht, jedenfalls gleichzeitig dem Bürgermeister von der Urlaubsbewilligung Mittheilung zu machen haben. Findet sich dabei Anlaß zu sonstigen für den Magistrat bestimmten Anordnungen oder Benachrichtigungen, so sind diese an den dirigirenden Bürgermeister zu richten.

Berlin, den 10. Dezember 1898.

Der Minister des Innern
Frhr. von der Recke.

Anlage a.

In Folge der gutachtlichen Aeußerungen, welche von den Provinzialbehörden auf meinen Erlaß vom 10. December 1865 erstattet worden sind, habe ich angemessen befunden, die bestehenden Vorschriften über die Beurlaubung der städtischen Magistratspersonen anderweit und gleichmäßig zu regeln, und bestimme zu diesem Behufe für diejenigen Städte, welche

a) nach der Städteordnung vom 30. Mai 1853 für die sechs östlichen Provinzen,
b) nach der Westfälischen Städteordnung vom 19. März 1856 oder
c) nach der Rheinischen Städteordnung vom 15. Mai 1856

verwaltet werden, Folgendes:

1. Die Oberbürgermeister und Bürgermeister (die Beigeordneten, beziehentlich die zweiten Bürgermeister nur, während sie vertretungsweise die Funktionen des dirigirenden Bürgermeisters ausüben), haben von einer längeren als dreitägigen, jedoch den Zeitraum von acht Tagen nicht übersteigenden Abwesenheit vom Amte dem vorgesetzten Regierungspräsidenten Anzeige zu machen. Zu einer längeren als achttägigen Abwesenheit bedürfen sie des Urlaubs des Regierungspräsidenten.

2. Das Nämliche gilt, falls eine andere Magistratsperson als der Bürgermeister mit der Handhabung

der Polizei in der Stadt beauftragt ist, für den betreffenden Beamten.

3. Die nach Bestimmung 1. und 2. an die Regierungspräsidenten zu richtenden Anzeigen und Urlaubsgesuche sind — sofern die Stadt einem landräthlichen Kreisverbande angehört und die Ortspolizei nicht einer besonderen Königlichen Behörde übertragen ist — durch den Landrath an den Regierungspräsidenten einzureichen, die Bescheide des letzteren auf gleichem Wege zurück zu befördern.

In dem oben sub 2 erwähnten Falle ist die betreffende Anzeige, bezüglich das Urlaubsgesuch zunächst dem dirigirenden Bürgermeister zur Weiterbeförderung zuzustellen.

4. Zugleich mit der Anzeige oder dem Urlaubsgesuche (zu 1. und 2.) ist der Regierungspräsident jedesmal von den wegen Versehung des Dienstes während der Abwesenheit vom Amte getroffenen oder zu treffenden Aenderungen in Kenntniß zu setzen.

5. Die übrigen Magistratsmitglieder und die Beigeordneten (zweiten Bürgermeister), auf welche die Bestimmungen zu 1. und 2. nicht Anwendung finden, haben den Urlaub, ohne Unterschied der Dauer und ob sie besoldet sind oder nicht, bei dem dirigirenden Bürgermeister zu nehmen. Letzterer hat indeß dergleichen Beurlaubungen, sofern sie auf längere Zeit als vier Wochen erfolgen, dem Regierungspräsidenten anzuzeigen.

6. Alle hiervon abweichenden reglementarischen Bestimmungen, insbesondere der Geschäftsinstruktion für den Magistrat zu Berlin vom 14. Juli 1834, für die Magisträte in den sechs östlichen Provinzen vom 25. Mai 1835, sowie der zu der Westfälischen und der Rheinischen Städteordnung ergangenen Ministerial-Instruktionen vom 9. Mai resp. 18. Juni 1856 u. s. w. werden hierdurch außer Kraft gesetzt.

Hinsichtlich der nicht zu den Magistratspersonen gehörenden Gemeindebeamten bleiben die bisherigen Vorschriften ungeändert.

Berlin, den 5. Dezember 1867.

Der Minister des Innern.
Graf zu Eulenburg.

2. Beurlaubung der sonstigen städtischen Beamten.

Im Geltungsbereich der Städteordnung vom 30. Mai 1853.

Instruktion für die Stadtmagistrate vom 25. Mai 1835.

(von Kamptz, Annalen S. 733.)

20, Nr. 9. Er (der Dirigent des Magistrats, Bürgermeister oder Oberbürgermeister) ist befugt, den Unterbeamten des Kollegiums bis auf vier Wochen Urlaub zu ertheilen; längerer Urlaub muß für die Unterbeamten beim Magistrats-Kollegium nachgesucht werden.

3. Besondere Bestimmungen für Hannoversche städtische Beamte.

Hannoversche Städteordnung vom 24. Juni 1858. (G.S. S. 141.)

59. Der Bürgermeister darf sich über Nacht nur mit Vorwissen des Stellvertreters und bei einer acht Tage und darüber dauernden Abwesenheit nur unter Zustimmung des Magistrats aus dem Stadtgebiete entfernen.

Den Mitgliedern des Magistrats kann der Bürgermeister auf 14 Tage Urlaub ertheilen; ein längerer Urlaub erfordert die Bewilligung des Magistrats.

Die Genehmigung der vorgesetzten Dienstbehörde*) ist erforderlich zu einer acht Tage und darüber dauernden Beurlaubung des Bürgermeisters, des Vorstandes einer städtischen Polizeidirektion und desjenigen Magistratsmitgliedes, welches nach Bestimmung des Regierungspräsidenten die städtische Polizei zu besorgen hat.

Beurlaubungen der übrigen Magistratsmitglieder auf länger als vier Wochen sind der vorgesetzten Dienstbehörde anzuzeigen.

4. Für die Beamten der anderen Kommunalverbände

können Bestimmungen über Urlaubsertheilungen statutarisch bezw. reglementarisch festgesetzt werden.

*) Des Regierungspräsidenten.

d) Amtsverschwiegenheit.

1. Allgemeine Bestimmungen.

1. Kabinetsorder vom 21. November 1835, betr. die Amtsverschwiegenheit der öffentlichen Beamten. (G.S. S. 237.)

Obgleich Gesetze und Dienst-Instruktionen den öffentlichen Beamten Verschwiegenheit über Gegenstände ihres Amtes zur Pflicht machen, so habe Ich doch mißfällig in Erfahrung gebracht, daß diese Pflicht aus den Augen gesetzt, über dergleichen Gegenstände, ohne amtliche Veranlassung, mündliche und schriftliche Mittheilung gemacht und solche selbst zur Publizität gebracht worden. Eine solche Verletzung der gesetzlichen Vorschriften ist nicht länger zu dulden; das Staatsministerium hat daher diese Mißbräuche abzustellen und zu veranlassen, daß die Departements-Chefs nicht nur ihren untergeordneten Behörden und Beamten die im Interesse des Dienstes unerläßliche Verschwiegenheit wiederholend und ernstlich einschärfen, sondern auch die geeigneten Anordnungen treffen, um die genaue Beobachtung derselben zu sichern und die Propalation amtlicher Verhandlungen zu verhindern. Die Departements-Chefs haben auf die Befolgung dieser für die Beamten aller Kategorien geltenden Vorschrift mit Ernst und Sorgfalt zu halten, die Beamten, welche dieselbe verletzen, unnachsichtlich zur Verantwortung und Bestrafung zu ziehen .... (Die Bestrafung erfolgt nach den Vorschriften des Disziplinargesetzes v. 21. Juli 1852). Ich beauftrage das Staatsministerium, die gegenwärtige Order durch die Gesetzsammlung zur allgemeinen Kenntniß zu bringen.

Berlin, 21. November 1835.

Friedrich Wilhelm.

An das Staatsministerium.

(Vgl. Reichsbeamtengesetz v. 31. März 1873 R.G.Bl. S. 61 § 11.)

Ueber die vermöge seines Amtes ihm bekannt gewordenen Angelegenheiten, deren Geheimhaltung ihrer Natur nach erforderlich oder von seinem Vorgesetzten vorgeschrieben ist, hat der Beamte Verschwiegenheit zu beobachten, auch nachdem das Dienstverhältniß aufgelöst ist.

2. Amtsverschwiegenheit und Zeugnißpflicht im Civilprozeß und Strafprozeß.

a) Wahrung des Dienstgeheimnisses bei Vernehmung eines Kommunalbeamten als Zeuge.

Civilprozeßordnung neue Fassung. (R.G.Bl. 1898 S. 410.)

376. Oeffentliche Beamte, auch wenn sie nicht mehr im Dienste sind, dürfen über Umstände, auf welche sich ihre Pflicht zur Amtsverschwiegenheit bezieht, als Zeugen nur mit Genehmigung ihrer vorgesetzten Dienstbehörde oder der ihnen zuletzt vorgesetzt gewesenen Dienstbehörde vernommen werden ...

Die Genehmigung darf nur versagt werden, wenn die Ablegung des Zeugnisses dem Wohle des Reiches oder eines Bundesstaates Nachtheil bereiten würde.

Die Genehmigung ist durch das Prozeßgericht einzuholen und dem Zeugen bekannt zu machen.

Strafprozeßordnung v. 1. Februar 1877. (R.G.Bl. S. 253.)

53. Mit C.P.O. §. 376 Abs. 1 u. 2 wörtlich gleichlautend, Abs. 3 fällt weg.

b) Pflicht der Kommunalbeamten, sich im Civilprozeß und Strafprozeß als Sachverständige vernehmen zu lassen.

Civilprozeßordnung, neue Fassung. (R.G.Bl. 1898 S. 410.)

407. Der zum Sachverständigen Ernannte hat der Ernennung Folge zu leisten, wenn er zur Erstattung von Gutachten der erforderten Art öffentlich bestellt ist, oder wenn er die Wissenschaft, die Kunst oder das Gewerbe, deren Kenntniß Voraussetzung der Begutachtung ist, öffentlich zum Erwerbe ausübt, oder wenn er zur Ausübung derselben öffentlich bestellt oder ermächtigt ist.

Zur Erstattung des Gutachtens ist auch derjenige verpflichtet, welcher sich zu derselben vor Gericht bereit erklärt hat.

St.P.O. §. **75** wörtlich gleichlautend.

C.P.O. §. **408** Abs. 2. Die Vernehmung eines öffentlichen Beamten als Sachverständigen findet nicht statt, wenn die vorgesetzte Behörde des Beamten erklärt, daß die Vernehmung den dienstlichen Interessen Nachtheile bereiten würde.

St.P.O. § 76. Abs. 2 wörtlich gleichlautend.

II. Sonderbestimmungen.

1. Einkommensteuergesetz vom 24 Juni 1891. (G.S. S. 175.)

69. Die bei der Steuerveranlagung betheiligten (Kommunal)-Beamten ... werden, wenn sie die zu ihrer Kenntniß gelangten Erwerbs-, Vermögens- oder Einkommensverhältnisse eines Steuerpflichtigen, insbesondere auch den Inhalt einer Steuererklärung oder der darüber gepflogenen Verhandlungen unbefugt offenbaren, mit Geldstrafe bis zu eintausendfünfhundert Mark[1]) oder mit Gefängniß bis zu drei Monaten bestraft

Die Verfolgung findet nur auf Antrag der Regierung[2]) oder des betroffenen Steuerpflichtigen statt.

2. Gewerbesteuergesetz vom 24. Juni 1891. (G.S. S. 205.)

72. Die bei der Steuerveranlagung betheiligten (Kommunal)-Beamten ... werden, wenn sie die zu

---

[1]) Im Unvermögensfalle Haft gemäß R.St.G.B. §. 28, 29. (E.St.G. §. 70.)

[2]) In Berlin der Königlichen Direktion für die Verwaltung der direkten Steuern.

ihrer Kenntniß gelangten Erwerbs-, Vermögens- oder Einkommensverhältnisse oder die Geschäftsgeheimnisse eines Steuerpflichtigen, insbesondere auch den Inhalt der im §. 55[1]) bezeichneten Erklärungen oder der darüber gepflogenen Verhandlungen unbefugt offenbaren, mit Geldstrafe bis zu eintausendfünfhundert Mark[2]) oder mit Gefängniß bis zu drei Monaten bestraft.

Die Strafverfolgung tritt nur auf Antrag ein und muß stattfinden, insofern der durch die Verletzung des Geheimnisses betroffene Steuerpflichtige dieselbe unter Darlegung des Sachverhalts beansprucht und nicht Rücksichten des öffentlichen Wohles entgegenstehen. Für die Stellung des Antrages .... ist ... die Bezirksregierung zuständig. (Siehe S. 55 Anm. 2.)

3. Ergänzungssteuergesetz vom 14. Juli 1893. (G.S. S. 134.)

46. Die folgenden Bestimmungen des Einkommensteuergesetzes ...

---

[1]) Verhandlungen über den jährlichen Ertrag des Gewerbebetriebes oder über den Werth des Anlage- und Betriebskapitals, worüber der Steuerflichtige auf besondere Aufforderung des Vorsitzenden eines zuständigen Steuerausschusses des Veranlagungsbezirks Auskunft zu ertheilen verpflichtet ist.

[2]) Im Unvermögensfalle Haft, gemäß R.St.G.B. §§. 28, 29 (G.St.G. §. 73).

69 2c. (siehe vorher unter 1) finden sinngemäße Anwendung, ... §. 69 mit der Maßgabe, daß der Steuererklärung die Vermögensanzeige, dem Einkommen das steuerbare Vermögen im Sinne dieses Gesetzes gleichsteht ...

e) Genehmigung zur Uebernahme von Nebenämtern, Nebenbeschäftigungen, zum Gewerbebetrieb und zur Uebernahme einer Vormundschaft.

1. Nebenämter und Nebenbeschäftigungen der Magistratsmitglieder.

Verfügung des Ministers des Innern.

Vom 21. Januar 1882. (M.Bl. S. 47.)

... Die Kabinetsordre vom 13. Juli 1839 bezieht sich nur auf unmittelbare Staatsbeamte. Dagegen aber ergiebt sich aus den den Königl. ... Regierungspräsidenten (für Berlin dem Oberpräsidenten) in § 76 der Städteordnung vom 30. Mai 1853 (jetzt § 7 des Zuständigkeitsgesetzes vom 1. August 1883) zugewiesenen Aufsichtsbefugnissen von selbst die Verpflichtung darüber zu wachen, daß von Magistratsmitgliedern nicht Nebenämter oder sonstige Nebenstellungen versehen werden, welche mit ihrem betreffenden Kommunalamte unvereinbar erscheinen. Es ist vielmehr in Fällen solcher Art die Uebernahme oder Fortführung des Nebenamtes 2c. zu untersagen und wenn einer bezüglichen Aufforderung nicht Folge gegeben werden sollte, auf Grund des Disciplinargesetzes vom 21. Juli 1852 einzuschreiten.

Anm. Dieselben Bestimmungen werden naturgemäß auf alle Kommunalbeamte Anwendung finden.

2. Besondere Bestimmungen bezüglich der Uebernahme von Nebenämtern und Nebenbeschäftigungen für Hannoversche städtische Beamte.

Hannoversche Städteordnung v. 24. Juni 58. (G.S. S. 141.)

57. Die besoldeten stimmführenden Mitglieder des Magistrats, die Stadtsekretäre sowie der Kämmerer dürfen ohne Genehmigung des Magistrats und der Bürgervorsteher weder einen andern Erwerbszweig oder ein Nebengeschäft betreiben, noch andere Staatsdienste neben ihren städtischen Aemtern bekleiden. Inwiefern ein solcher Nebenerwerb den Unterbedienten zu gestatten, bleibt der Bestimmung des Ortsstatuts überlassen.

Anm. Für die sonstigen Kommunalverbände fehlt es an Bestimmungen, doch können solche statutarisch oder reglementarisch eingeführt werden.

3. Gewerbebetrieb der Kommunalbeamten.

Preußische Allgemeine Gewerbeordnung
Vom 17. Januar 1845. (G.S. S. 41.)

19. ... Alle mittelbaren Staatsbeamten, auch solche, die ihr Amt unentgeltlich verwalten, bedürfen zu dem

Betriebe eines Gewerbes der Erlaubniß ihrer vorgesetzten Dienstbehörde, sofern nicht das Gewerbe mit der Bewirthschaftung eines ihnen gehörigen ländlichen Grundstücks verbunden, oder sonst durch besondere gesetzliche Bestimmungen ein Anderes angeordnet ist.

Diese Erlaubniß muß auch zu dem Gewerbebetriebe ihrer Ehefrauen, der in ihrer väterlichen Gewalt stehenden Kinder, ihrer Dienstboten und anderer Mitglieder ihres Hausstandes eingeholt werden.

Gewerbeordnung für den Norddeutschen Bund.
Vom 21. Juni 1869. (B.G.Bl. S. 245.)

12 Abs. 2. Diejenigen Beschränkungen, welche in Betreff des Gewerbebetriebes für Personen des ... Beamtenstandes, sowie deren Angehörigen bestehen, werden durch das gegenwärtige Gesetz nicht berührt.

4. Genehmigung der vorgesetzten Dienstbehörde zur Uebernahme einer Vormundschaft, Gegenvormundschaft, Pflegschaft, sowie des Amtes als Beistand.

B.G.B. 1784. Ein (Kommunal)Beamter ...., der nach den Landesgesetzen einer besonderen Erlaubniß zur Uebernahme einer Vormundschaft bedarf, soll nicht ohne die vorgeschriebene Erlaubniß zum Vormunde bestellt werden.

A.G. z. B.G.B., Art. 72, Abs. 1 und 2. Wer ein ....

besoldetes Amt in der .... Kommunalverwaltung bekleidet, bedarf zur Uebernahme einer Vormundschaft oder zur Fortführung einer vor dem Eintritt in das Amt übernommenen Vormundschaft der Erlaubniß der zunächst vorgesetzten Behörde. Das Gleiche gilt für die Uebernahme oder die Fortführung des Amtes eines Gegenvormundes, Pflegers oder Beistandes.

Die Erlaubniß kann zurückgenommen werden.

B.G.B. 1888. Ist ein Beamter zum Vormunde bestellt, so hat ihn das Vormundschaftsgericht zu entlassen, wenn die Erlaubniß, die nach den Landesgesetzen zur Uebernahme der Vormundschaft oder zur Fortführung der vor dem Eintritt in das Amts- oder Dienstverhältniß übernommenen Vormundschaft erforderlich ist, versagt oder zurückgenommen wird, oder wenn die nach den Landesgesetzen zulässige Untersagung der Fortführung der Vormundschaft erfolgt.

f) Pflicht zur Stempelkontrolle.

1. Für Preußen.

Stempelsteuergesetz vom 31. Juli 1895.

(G.S. S. 413.)

Haftbarkeit für die Stempelsteuer.

13. Für die Entrichtung der Stempelsteuer haften unter Vorbehalt des Rückgriffs gegen die eigentlich Verpflichteten:

a) (Kommunal)Beamte, ... welche die von ihnen aufgenommenen Urkunden vor erfolgter oder nicht ausreichend erfolgter Stempelverwendung aushändigen oder Ausfertigungen oder Abschriften ertheilen oder wegen der Einziehung des Stempels die ihnen nach §. 15 obliegenden Pflichten verabsäumen.

Zeit der Stempelverwendung bei den von Behörden und Beamten aufgenommenen Verhandlungen.

15. (Kommunal)Behörden und Beamte, ... haben zu allen von ihnen aufgenommenen Verhandlungen oder ertheilten Ausfertigungen, Abschriften, Bescheinigungen, Auszügen und Genehmigungen aller Art den Stempel vor deren Aushändigung, spätestens aber binnen zwei Wochen nach dem Tage der Ausstellung der Urkunden zu verwenden. Ist der Stempel innerhalb dieser Frist von den Verpflichteten nicht beigebracht, so ist die zwangsweise Einziehung des Stempels binnen einer Woche bei der zuständigen Steuerstelle von den vorbezeichneten Behörden und Beamten zu beantragen oder, wenn sie selbst zur zwangsweisen Einziehung von Geldern befugt sind, die zwangsweise Einziehung innerhalb der gleichen Frist anzuordnen ....

Festsetzung von Ordnungsstrafen gegen Beamte ....

19. .... Mittelbare Staatsbeamte, ... welche bei ihren amtlichen Verhandlungen oder bei den im

Auftrage oder Namens einer .... mittelbaren Staatsbehörde mit Privatpersonen abgeschlossenen Verträgen die ihnen durch dieses Gesetz oder die zu dessen Ausführung erlassenen Vorschriften hinsichtlich der Versteuerung auferlegten Pflichten versäumen, sind, sofern nicht nach der Art des Vergehens wegen verletzter Amtspflicht eine höhere Strafe eintritt, mit einer Ordnungsstrafe bis zum Betrage des nicht verwendeten Stempels, jedoch nicht über einhundertfünfzig Mark zu belegen.

.... Die Festsetzung der Strafen gegen Beamte .... erfolgt durch die ihnen vorgesetzte Aufsichtsbehörde; die Ermäßigung oder Niederschlagung der Strafe kann durch dasjenige Ministerium angeordnet werden, zu dessen Verwaltung der Beamte gehört.

2. Für das Reich.

Reichsstempelgesetz vom 27. April 1894.
(R.G.Bl. S. 381.)

40. Außerdem haben ... die Behörden und Beamten der .... Kommunen .... die Verpflichtung, die Besteuerung der ihnen vorkommenden Urkunden zu prüfen und die zu ihrer Kenntniß gelangenden Zuwiderhandlungen gegen dieses Gesetz bei der zuständigen Behörde zur Anzeige zu bringen.

34 Abs. **1.** Zuwiderhandlungen gegen die Vorschriften dieses Gesetzes ..., die im Gesetze mit keiner besonderen Strafe belegt sind, ziehen eine Ordnungsstrafe bis zu einhundertfünfzig Mark nach sich.

5.

Anspruch auf Ersatz des von Kommunalbeamten zugefügten Schadens.

(Riedner, Kommentar zum Einführungsgesetz zum Bürgerlichen Gesetzbuch, Berlin 1899, S. 145.) Achilles, Bürgerliches Gesetzbuch, 2. Auflage Berlin bei Guttentag 1899.

Vorbemerkung.

Für den Fall, daß der Beamte den Schaden in Ausübung seiner amtlichen Verrichtungen verursacht, kommen nachstehende Bestimmungen in Betracht.

(Hat der Beamte den Schaden nicht in Ausübung seiner amtlichen Verrichtungen verursacht, also lediglich in Ausübung privater Verrichtungen einen Dritten geschädigt, so haftet der Beamte selbst, wie jede andere Privatperson nach den Grundsätzen des kontraktlichen oder außerkontraktlichen Verschuldens B.G.B. §§. 276—278, 287, 300 bezw. §§. 249 ff. 823, 989, 1838, 2133).

a) Schadensersatzanspruch gegen den Beamten selbst bezw. dessen Vertreter oder Gehülfen, und zwar gleichviel, ob er sich in Ausübung der ihm anvertrauten privatrechtlichen Verrichtungen, oder der ihm anvertrauten öffentlichen Gewalt befindet.

B.G.B. 839. Verletzt ein Beamter vorsätzlich oder fahrlässig die ihm einem Dritten gegenüber obliegende Amtspflicht, so hat er dem Dritten den daraus entstehenden Schaden zu ersetzen. Fällt dem Beamten nur Fahrlässigkeit zur Last, so kann er nur dann in Anspruch genommen werden, wenn der Verletzte nicht auf andere Weise Ersatz zu erlangen vermag.

Verletzt ein Beamter bei dem Urtheil in einer Rechtssache seine Amtspflicht, so ist er für den daraus entstehenden Schaden nur dann verantwortlich, wenn die Pflichtverletzung mit einer im Wege des gerichtlichen Strafverfahrens zu verhängenden öffentlichen Strafe bedroht ist. Auf eine pflichtwidrige Verweigerung oder Verzögerung der Ausübung des Amtes findet diese Vorschrift keine Anwendung.

Die Ersatzpflicht tritt nicht ein, wenn der Verletzte vorsätzlich oder fahrlässig unterlassen hat, den Schaden durch Gebrauch eines Rechtsmittels abzuwenden.

840. Sind für den aus einer unerlaubten Handlung entstehenden Schaden Mehrere nebeneinander verantwortlich, so haften sie, . . . als Gesammtschuldner.

Ist neben demjenigen, welcher nach §. 831, . . . zum Ersatze des von einem Anderen verursachten Schadens verpflichtet ist, auch der Andere für den Schaden verantwortlich, so ist in ihrem Verhältnisse zu einander der Andere allein, ... verpflichtet.

831 (betrifft Haftung für Angestellte und Gehülfen).

Wer einen Anderen zu einer Verrichtung bestellt,

ist zum Ersatz des Schadens verpflichtet, den der Andere in Ausführung der Verrichtung einem Dritten widerrechtlich zufügt. Die Ersatzpflicht tritt nicht ein, wenn der Geschäftsherr bei der Auswahl der bestellten Person und, sofern er Verrichtungen oder Geräthschaften zu beschaffen oder die Ausführung der Verrichtung zu leiten hat, bei der Beschaffung oder der Leitung die im Verkehr erforderliche Sorgfalt beobachtet oder wenn der Schaden auch bei Anwendung dieser Sorgfalt entstanden sein würde.

Die gleiche Verantwortlichkeit trifft denjenigen, welcher für den Geschäftsherrn die Besorgung eines der im Abs. 1 Satz 2 bezeichneten Geschäfte durch Vertrag übernimmt.

841. Ist ein Beamter, der vermöge seiner Amtspflicht einen Anderen zur Geschäftsführung für einen Dritten zu bestellen oder eine solche Geschäftsführung zu beaufsichtigen oder durch Genehmigung von Rechtsgeschäften bei ihr mitzuwirken hat, wegen Verletzung dieser Pflichten neben dem Anderen für den von diesem verursachten Schaden verantwortlich, so ist in ihrem Verhältnisse zu einander der Andere allein verpflichtet.

E.G. z. B.G.B. Art. 78. Unberührt bleiben die landesgesetzlichen Vorschriften, nach welchen die Beamten für die von ihnen angenommenen Stellvertreter und Gehülfen in weiterem Umfange als nach dem Bürgerlichen Gesetzbuche haften.

Nach Kantz-Appelius Preußisches Communalbeamtenrecht Berlin 1900 J. T. Heines Verlag S. 257 kommen hier folgende Vorschriften des Preußischen Landrechts in Betracht (Vergl. die Anm.).

A.L.R. Th. I Tit. 13. §§. 41, 42, abgedruckt S. 39.

A.L.R. Th. II Tit. 10. §§. 90, 91, abgedruckt S. 5.

A.L.R. Th. I Tit. 6 (aufrecht erhalten durch A.G. z. B.G.B. Art. 89, soweit öffentliches Recht in Frage kommt).

45. Wer den Befehl dessen, dem er zu gehorchen schuldig ist, vollzieht, kann in der Regel zu keinem Schadensersatz angehalten werden.

46. Er muß aber dafür haften, wenn die befohlene Handlung in den Gesetzen ausdrücklich verboten ist.

47. Wer vermöge seines Standes oder Amtes die Befehle seiner Vorgesetzten ohne Einschränkung zu befolgen verpflichtet ist, von dem kann nicht gefordert werden, daß er einen in Dienstgeschäften ihm geschehenen Auftrag seiner Oberen prüfe.

48. Dem, der aus Unwissenheit einen gesetzwidrigen Befehl ausgerichtet hat, bleibt der Regreß gegen den Befehlenden vorbehalten.

49. Wer die Grenzen des erhaltenen Befehls überschreitet, macht sich allemal zum Ersatz des dadurch entstandenen Schadens verantwortlich.

58. Wer eine unerlaubte Handlung befiehlt,

haftet hauptsächlich für den daraus entstandenen Schaden.

Anm. Th. II Tit. 10 §§. 90, 91 gelten für die ganze Monarchie, die vorangeführten Bestimmungen des Th. I A.L.R. nur für das vormals landrechtliche Gebiet. Im gemeinen und französischen Rechte sind Sonderbestimmungen nicht vorhanden.

b) Ersatzanspruch gegen den öffentlichen Verband, dessen Organ der Beamte ist.

1. Wenn der Beamte sich in Ausübung ihm anvertrauter privatrechtlicher Verrichtungen befunden hat.

Vorbemerkung.

Dienten diese Verrichtungen zur Erfüllung eines dem Communalverbande obliegenden Contractes, so ist die Haftung aus B.G.B. §. 278 begründet, anderenfalls aus B.G.B. §§. 31, 89.

(Das Citat bei Riedner S. 145 §§. 31, **46** ist offenbar ein Druckfehler!)

aa. Kontraktliche Verhältnisse.

B.G.B. 278. Der Schuldner hat ein Verschulden seines gesetzlichen Vertreters und der Personen, deren er sich zur Erfüllung seiner Verbindlichkeit bedient, in gleichem Umfange zu vertreten, wie eigenes Verschulden. Die Vorschrift des §. 276 Abs. 2 findet keine Anwendung.

276 Abs. 2. Die Haftung wegen Vorsatzes kann dem Schuldner nicht im Voraus erlassen werden.

bb. Außerkontraktliche Verhältnisse.

B.G.B. 31. Der Verein ist für den Schaden verantwortlich, den der Vorstand, ein Mitglied des Vorstandes oder ein anderer verfassungsmäßig berufener Vertreter durch eine in Ausführung der ihm zustehenden Verrichtungen begangene, zum Schadensersatz verpflichtende Handlung einem Dritten zufügt.

89 Abs. 1. Die Vorschrift des §. 31 findet auf .... die Körperschaften, ... des öffentlichen Rechtes entsprechende Anwendung.

2. Wenn der Beamte sich in Ausübung der ihm anvertrauten öffentlichen Gewalt befunden hat.

E.G. z. B.G.B. Art. 77. Unberührt bleiben die landesgesetzlichen Vorschriften über die Haftung .... der Gemeinden und anderer Kommunalverbände (Provinzial-, Kreis-, Amtsverbände) für den von ihren Beamten in Ausübung der diesen anvertrauten öffentlichen Gewalt zugefügten Schaden[1]) sowie

---

[1]) Im Gebiet des Allgemeinen Landrechts und des gemeinen Rechts giebt es solche landesgesetzliche Vorschriften nicht, wohl aber im Gebiete des französischen Rechtes.

Code civil. Art. 1384. Abs. 1. Man ist nicht nur für den Schaden verantwortlich, den man durch seine eigene Handlungen verursacht, sondern auch für dendie landesgesetzlichen Vorschriften, welche das Recht des Beschädigten, von dem Beamten den Ersatz eines solchen Schadens zu verlangen, insoweit ausschließen, als der Kommunalverband haftet.[2])

6. Sicherung der Akten und amtlichen Sachen beim Tode eines Kommunalbeamten.

Preuß. Gesetz über die freiwillige Gerichtsbarkeit.

Vom 21. September 1899 (G.S. S. 253).

Art. 20. Nach dem Tode eines Beamten hat, unbeschadet der Zuständigkeit des Nachlaßgerichts, die Behörde, welcher der Verstorbene angehörte, oder die Aufsichtsbehörde für die Sicherung der amtlichen Akten und der sonstigen Sachen, deren Herausgabe auf Grund des Dienstverhältnisses verlangt werden kann, zu sorgen, soweit hierfür ein Bedürfniß entsteht.

---

jenigen, der aus einer Handlung der Personen, für welche man zu haften hat ...., entsteht.

Art. 1384 ist aufrecht erhalten durch A.G. z. B.G.B. Art. 89.

Aufgehoben wird:

2. Das Rheinische Bürgerliche Gesetzbuch mit Ausnahme .... des Artikel 1384, soweit er auf die Haftung .... der Gemeinden und anderer Communalverbände für den an ihren Beamten in Ausübung der diesen anvertrauten öffentlichen Gewalt zugefügten Schaden Anwendung findet.

[2]) Solche landesgesetzliche Vorschriften sind für Preußen nicht erlassen.

Werden bei der Ausführung einer Maßregel, die das Gericht zur Sicherung eines Nachlasses angeordnet hat, Sachen der im Abs. 1 bezeichneten Art vorgefunden, so hat das Gericht die Behörde, welcher der Verstorbene angehörte, oder die Aufsichtsbehörde hiervon zu benachrichtigen und ihr zugleich von den Sicherungsmaßregeln, die in Ansehung dieser Sachen vorgenommen worden sind, Mittheilung zu machen. Der Behörde liegt es ob, das Weitere zu veranlassen.

II. Art der Anstellung.

Kommunalbeamtengesetz v. 30. Juli 1899 mit Ausführungsanweisung v. 12. Oktober 1899 und den Zusätzen.

1. Zusatz zu K.B.G. §. 6:
Beschluß des Reichsgerichts III Civilsenats vom 15. Februar 1898 und Gebührenordnung vom 30. Juni 1878, neue Fassung (R.G.Bl. 1898 S. 691) §. 14.

2. Zusatz zu K.B.G. §. 11 Abs. 2:
Gemeindepolizeibeamte.

3. Zusatz zu K.B.G. §. 12 Abs. 1:
Standesbeamte.

Commentare von Dr. Ledermann, Berlin 1899 bei Guttentag; Freytag, Berlin 1900 bei Karl Heymann; Dr. Kremski, Leipzig 1900 bei Albert Berger (Meinholds juristische Handbibliothek, Band 112).

1.

Gesetz betreffend die Anstellung und Versorgung der Communalbeamten vom 30. Juli 1899.

Allgemeine Bestimmungen.

1. (A. A. Art. I.) Als Communalbeamter im Sinne dieses Gesetzes gilt, wer als Beamter für den Dienst eines Communalverbandes (§§. 8 bis 22) gegen Besoldung angestellt ist. Die Anstellung erfolgt durch Aushändigung einer Anstellungsurkunde.

2. (A. A. Art. I.) Die Rechtsverhältnisse der auf Probe, zu vorübergehenden Dienstleistungen oder zur Vorbereitung angestellten Communalbeamten unterliegen den Bestimmungen dieses Gesetzes nur insoweit, als dies ausdrücklich vorgesehen ist. Die Anstellung auch dieser Beamten erfolgt nach §. 1 Satz 2.

Auf Personen, welche ein Communalamt nur als Nebenamt oder als Nebenthätigkeit ausüben oder ein Communalamt führen, das seiner Art oder seinem Umfange nach nur als eine Nebenthätigkeit anzusehen ist, findet dieses Gesetz keine Anwendung.

3. (A. A. Art. II.) Die Zahlung des Gehalts an Communalbeamte erfolgt in Ermangelung besonderer Festsetzungen vierteljährlich im Voraus.

4. (A. A. Art. II.) Die Hinterbliebenen eines Communalbeamten erhalten für das auf den Sterbe-

monat folgende Vierteljahr noch die volle Besoldung des Verstorbenen (Gnadenquartal); war der Verstorbene pensionirt, so gebührt ihnen die Pension noch für den auf den Sterbemonat folgenden Monat (Gnadenmonat). Dabei finden die für die unmittelbaren Staatsbeamten geltenden Bestimmungen mit der Maßgabe Anwendung, daß an Stelle der Genehmigung des Verwaltungschefs und der Provinzialbehörde, auf deren Etat die Pension übernommen war, die Genehmigung der Communalverwaltungsbehörde tritt.

5. (A. A. Art. II.) In dem Genusse der von dem verstorbenen Beamten bewohnten Dienstwohnung ist die hinterbliebene Familie in Ermangelung anderweiter Festsetzungen nach Ablauf des Sterbemonats noch drei fernere Monate zu belassen. Hinterläßt der Beamte keine Familie, so ist denjenigen, auf welche sein Nachlaß übergeht, unter der gleichen Voraussetzung eine vom Todestage an zu rechnende einmonatliche Frist zur Räumung der Dienstwohnung zu gewähren.

In jedem Falle müssen Arbeits- und Sitzungszimmer sowie sonstige, für den amtlichen Gebrauch bestimmte Räumlichkeiten sofort geräumt werden.

6. (A. A. Art. II.) Ueber die Art und Höhe der Reisekostenentschädigung, welche den Communalbeamten, einschließlich der im §. 2 Absatz 1 erwähnten, bei Dienstreisen zugebilligt werden sollen, können

die Communalverbände Vorschriften erlassen. Kommen solche in Fällen, in welchen ein Bedürfniß der Regelung besteht, nicht zu Stande, so kann die Aufsichtsbehörde die erforderlichen Vorschriften erlassen, welche solange in Geltung bleiben, bis anderweite Bestimmungen seitens der Communalverbände getroffen sind.

Zusatz zu § 6.

Beschluß des Reichsgerichts III. Civilsenats vom 15. Februar 1898.

Bei Bemessung der Gebühren bei Zeugen- und Sachverständigenvernehmungen der Communalbeamten in den Fällen des §. 14 der Gebührenordnung vom 30. Juni 1878 (neue Fassung, R.G.Bl. 1898 S. 691) sind die auf Grund gesetzlicher Bestimmungen zu erlassenden Reglements der Communalverbände zu Grunde zu legen.

Geb.O. v. 30. Juni 1878 (R.G.Bl. S. 173).

14. „Oeffentliche Beamte erhalten Tagegelder und Erstattung der Reisekosten nach Maßgabe der für Dienstreisen geltenden Vorschriften, falls sie zugezogen werden:

1. als Zeugen über Umstände, von denen sie in Ansübung ihres Amtes Kenntniß erhalten haben;
2. als Sachverständige, wenn sie aus Veranlassung ihres Amtes zugezogen werden und die Ausübung der Wissenschaft, der Kunst oder des Gewerbes,

deren Kenntniß Voraussetzung der Begutachtung ist, zu den Pflichten des von ihnen versehenen Amtes gehört.

Werden nach den Vorschriften dieses Paragraphen Tagegelder und Reisekosten gewährt, so findet eine weitere Vergütung an den Zeugen oder Sachverständigen nicht statt".

K.B.G. 7. (A. A. Art. II.) Der Bezirksausschuß beschließt über streitige vermögensrechtliche Ansprüche der Communalbeamten einschließlich der in §. 2 Absatz 1 erwähnten Beamten aus ihrem Dienstverhältnisse, insbesondere über Ansprüche auf Besoldung, Reisekostenentschädigung, Pension sowie über streitige Ansprüche der Hinterbliebenen der Beamten auf Gnadenbezüge oder Wittwen- und Waisengeld. Die Beschlußfassung erfolgt, soweit sie sich auf die Frage erstreckt, welcher Theil des Diensteinkommens bei Feststellung der Pensionsansprüche als Gehalt anzusehen ist, vorbehaltlich der den Betheiligten innerhalb zwei Wochen bei dem Bezirksausschuß gegen einander zustehenden Klage im Verwaltungsstreitverfahren. Im Uebrigen findet gegen den in erster oder auf Beschwerde in zweiter Instanz ergangenen Beschluß binnen einer Ausschlußfrist von sechs Monaten nach Zustellung desselben die Klage im ordentlichen Rechtswege statt. Die Beschlüsse sind vorläufig vollstreckbar.

Bei den in §§. 18 bis 20 erwähnten ländlichen

Communalverbänden tritt an die Stelle des Bezirksausschusses sowohl für das Beschluß- als auch für das Verwaltungsstreitverfahren der Kreisausschuß.

Beamte der Stadtgemeinden.

8. (A. A. Art. III.) Die Anstellung der städtischen Beamten erfolgt, unbeschadet der Vorschriften in §§. 9 und 10, auf Lebenszeit.

Für die Beamten der städtischen Betriebsverwaltungen findet Absatz 1 nur insoweit Anwendung, als die Stadtgemeinden dies beschließen. Welche Verwaltungszweige zu den städtischen Betriebsverwaltungen zu rechnen sind, kann durch Ortsstatut festgesetzt werden.

9. (A. A. Art. III.) Abweichungen von dem Grundsatze der Anstellung auf Lebenszeit (§. 8 Absatz 1) können durch Ortsstatut oder in einzelnen Fällen mit Genehmigung der Aufsichtsbehörde festgesetzt werden.

Soweit hiernach eine Anstellung auf Kündigung zulässig ist, darf die Kündigung nur auf Grund eines Beschlusses des kollegialischen Gemeindevorstandes (Magistrats) oder, wo ein solcher nicht besteht, eines aus dem Bürgermeister und den Beigeordneten (Schöffen, Rathmänner) gebildeten Collegiums erfolgen.

10. (A.A. Art. III.) Der Anstellung kann eine Beschäftigung auf Probe vorangehen. Dieselbe darf

in der Regel die Dauer von zwei Jahren nicht übersteigen. Eine Ausdehnung der probeweisen Beschäftigung ist nur mit Genehmigung der Aufsichtsbehörde zulässig.

Im Uebrigen hat bei Beamten, welche probeweise oder zu vorübergehenden Dienstleistungen oder zum Zwecke der Vorbereitung beschäftigt werden, die Regelung der Annahmebedingungen vor dem Antritt der Beschäftigung zu erfolgen.

Durch die vorstehenden Bestimmungen wird §. 13 des Gesetzes, betreffend die Besetzung der Subaltern- und Unterbeamtenstellen der Communalverbände mit Militäranwärtern, vom 21. Juli 1892 (Gesetz-Samml. S. 214) nicht berührt.

11. (A A. Art. IV.) Die Aufsichtsbehörde kann in Fällen eines auffälligen Mißverhältnisses zwischen der Besoldung und den amtlichen Aufgaben der Beamtenstelle verlangen, daß den städtischen Beamten die zu einer zweckmäßigen Verwaltung angemessenen und der Leistungsfähigkeit der Stadtgemeinde entsprechenden Besoldungsbeträge bewilligt werden, insoweit nicht die Besoldung der betreffenden Stelle durch Ortsstatut festgesetzt ist. Im Falle des Widerspruchs der Stadtgemeinde erfolgt die Feststellung der Besoldungsbeträge durch Beschluß des Bezirksausschusses.

Betreffs der Polizeibeamten bewendet es bei der Bestimmung im §. 4 Absatz 1 Satz 1 des Gesetzes über die Polizeiverwaltung vom 11. März 1850 (Gesetz-Samml. S. 265), §. 4 Absatz 1 der Verordnung vom 20. September 1867 (Gesetz-Samml. S. 1529), §. 5 Absatz 1 des Lauenburgischen Gesetzes vom 7. Januar 1870 (Officielles Wochenblatt S. 13).

Zusatz 1 zu K.B.G. §. 11 Abs. 2.

Polizeiverwaltungsgesetz vom 11. März 1850.
(G.S. S. 265.)

4 Abs. 1. Ueber die Einrichtungen, welche die örtliche Polizeiverwaltung erfordert, kann der Regierungspräsident (L.V.G. §. 18) besondere Vorschriften erlassen. Die Ernennung aller Polizeibeamten*), deren Anstellung den Gemeindebehörden zusteht, bedarf der Bestätigung des Regierungspräsidenten. (L.V.G. §. 18.)

Verordnung vom 20. September 1867.
(G.S. S. 1529.)

4 Abs. 1 und Lauenburgisches Gesetz vom 7. Januar 1870.

(Officielles Wochenblatt S. 13.)

5 Abs. 1. (Wörtlich gleichlautend mit Gesetz vom 11. März 1850 § 4 Abs. 1.)

Zusatz 2 zu K.B.G. §. 11 Abs. 2 (Ausnahme von dem Grundsatze des §. 4 Abs. 1 Satz 2 des Polizeiverwaltungsgesetzes vom 11. März 1850).

*) Siehe die Anmerkung auf der nächsten Seite.

Schl.-H.St.O. 89 Abs. 2 Diejenigen von der Gemeinde anzustellenden Polizeibeamten, welche nur zu mechanischen Dienstleistungen verwendet werden, bedürfen die Bestätigung des Regierungspräsidenten nicht. (L.V.G. §. 18.)

Zusatz 3 zu K.B.G. §. 11 Abs. 2: A.A. z. K.B.G. IV. 1. Die Gehälter der städtischen Polizeibeamten*) unterliegen der unbeschränkten Revision durch den Regierungspräsidenten.

12. (A.A. Art. IV.) Die städtischen Beamten erhalten bei eintretender Dienstunfähigkeit — sofern nicht mit Genehmigung des Bezirksausschusses ein Anderes festgesetzt ist — Pension nach den für die Pensionirung der unmittelbaren Staatsbeamten geltenden Grundsätzen, wobei Artikel III des Gesetzes vom 31. März 1882, betreffend die Abänderung des Pensionsgesetzes vom 27. März 1872 (Gesetz-Samml. 1882 S. 133), insoweit er nicht durch das Gesetz vom 1. März 1891 (Gesetz-Samml. S. 19) abgeändert ist, unberührt bleibt.

Als pensionsfähige Dienstzeit wird, unbeschadet der über die Anrechnung der Militärdienstzeit bei Militäranwärtern und forstversorgungsberechtigten Personen des Jägercorps geltenden Bestimmungen und in Ermangelung anderweiter Festsetzungen nur

*) Hierunter sind nur Polizeiexecutivbeamte zu verstehen, nicht Polizeiverwaltungsbeamte. (Freytag, Anm. 9 zu §. 11 S. 78. Ledermann, Anm. 7 zu §. 11 S. 76.)

die Zeit gerechnet, welche der Beamte in dem Dienste der betreffenden Gemeinde zugebracht hat.

Die Bestimmungen des Gesetzes vom 31. März 1882, betreffend die Abänderung des Pensionsgesetzes vom 27. März 1872 (Gesetz-Samml. 1882 S. 133), in Betreff der Beamten, welche das 65. Lebensjahr vollendet haben, können durch Ortsstatut auch für Communalbeamte in Kraft gesetzt werden.

Zusatz zu §. 12 Abs. 1: Standesbeamte.

Vorbemerkung.

Nach K.B.G. §. 12 sind Standesbeamte pensionsfähig, wenn sie nach erreichtem pensionsfähigen Dienstalter dauernd dienstunfähig werden und vorher ein Widerruf der zu ihrer Bestallung erforderlichen Genehmigung nicht ergangen ist. (A.A. z. K.B.G. IV, 2 Abs. 5.)

Reichsgesetz über die Beurkundung des Personenstandes und die Eheschließung. Vom 6. Februar 1875.

(R.G.Bl. S. 23.)

(Brauchitsch Verwaltungsgesetze 1886 Bd. IV S. 415 ff.)

Erster Abschnitt.

Allgemeine Bestimmungen.

1. Die Beurkundung der Geburten, Heirathen und Sterbefälle erfolgt ausschließlich durch die vom Staate bestellten Standesbeamten mittelst Eintragung in die dazu bestimmten Register.

2. Die Bildung der Standesamtsbezirke erfolgt durch die höhere Verwaltungsbehörde.*)

Die Standesamtsbezirke können aus einer oder mehreren Gemeinden gebildet, größere Gemeinden in mehrere Standesamtsbezirke getheilt werden.

3. Für jeden Standesamtsbezirk ist ein Standesbeamter und mindestens ein Stellvertreter zu bestellen. Für den Fall vorübergehender Behinderung oder gleichzeitiger Erledigung des Amtes des Standesbeamten und der Stellvertreter ist die nächste Aufsichtsbehörde ermächtigt, die einstweilige Beurkundung des Personenstandes einem benachbarten Standesbeamten oder Stellvertreter zu übertragen.

Die Bestellung erfolgt, soweit nicht im §. 4 ein Anderes bestimmt ist, durch die höhere Verwaltungsbehörde. (Oberpräsident.)

Geistlichen und anderen Religionsdienern darf das Amt eines Standesbeamten oder die Stellvertretung eines solchen nicht übertragen werden.

4. In den Standesamtsbezirken, welche den Bezirk einer Gemeinde nicht überschreiten, hat der Vorsteher der Gemeinde (Bürgermeister, Schultheiß, Ortsvorsteher oder deren gesetzlicher Stellvertreter) die Geschäfte des Standesbeamten wahrzunehmen, sofern durch die höhere Verwaltungsbehörde nicht ein besonderer Beamter für dieselben bestellt ist.

*) Oberpräsident. Bekanntmachung v. 1. December 1875 Nr. 1 (M.Bl. S. 275).

Der Vorsteher[1]) ist jedoch befugt, die Geschäfte mit Genehmigung der höheren Verwaltungsbehörde anderen Gemeindebeamten widerruflich zu übertragen.

Die Gemeindebehörde[2]) kann die Anstellung besonderer Standesbeamten beschließen. Die Ernennung der Standesbeamten erfolgt in diesem Falle durch den Gemeindevorstand[3]) unter Genehmigung der höheren Verwaltungsbehörde.

In der gleichen Weise erfolgt die Bestellung der Stellvertreter.

Die durch den Gemeindevorstand ernannten besonderen Standesbeamten und deren Stellvertreter sind Gemeindebeamte.

5. Die durch die höhere Verwaltungsbehörde erfolgte Bestellung und Genehmigung zur Bestellung ist jederzeit widerruflich.

6. Ist ein Standesamtsbezirk aus mehreren Gemeinden gebildet, so werden der Standesbeamte

---

[1]) In Städten mit collegialischem Gemeindevorstande der Bürgermeister. Bekanntmachung vom 1. December 1875 Nr. 4 (M.Bl. S. 275).

In Landgemeinden der Ortsvorsteher.

[2]) Diejenige Behörde, welche über die Einrichtung neuer Gemeindeämter zu beschließen hat. (Bekanntmachung vom 1. December 1875 Nr. 5.)

[3]) In Städten mit collegialischem Gemeindevorstand den Magistrat, sonst den Bürgermeister (Ortsvorsteher). (Bekanntmachung vom 1. December 1875 Nr. 6.)

und dessen Stellvertreter stets von der höheren Verwaltungsbehörde bestellt.

Ein jeder Vorsteher oder andere Beamte einer dieser Gemeinden ist verpflichtet, das Amt des Standesbeamten oder des Stellvertreters zu übernehmen.

K.B.G. 13. (A.A. Art. IV.) Das Recht auf den Bezug der Pension (§. 12) ruht, wenn und solange ein Pensionär im Staats- oder Communaldienst ein Diensteinkommen oder eine neue Pension bezieht, insoweit als der Betrag des neuen Einkommens unter Hinzurechnung der zuvor erdienten Pension den Betrag des von dem Beamten vor der Pensionirung bezogenen Diensteinkommens übersteigt.

14. (A.A. Art. IV) Betreffs der Anstellung, Besoldung und Pensionirung der Mitglieder des collegialischen Gemeindevorstandes (Magistrats), sowie in Städten ohne collegialischen Gemeindevorstand der Bürgermeister und deren Stellvertreter (zweite Bürgermeister, Beigeordnete), bewendet es bei den bestehenden Bestimmungen mit der Aenderung, daß die Pension vom vollendeten zwölften Dienstjahre ab bis zum vierundzwanzigsten Dienstjahre alljährlich um 1/60 steigt.

In der Provinz Hannover findet, unter entsprechender Aufhebung der Vorschrift des § 64 Absatz 2 der revidirten Städteordnung vom 24. Juni 1858 (Hannoversche Gesetz-Samml. S. 141), auch auf die im Absatz 1 gedachten Beamten die Berechnung der Pension nach Maßgabe des §. 8 des Gesetzes vom 31. März 1882, betreffend die Abänderung des Pensionsgesetzes vom 27. März 1872 (Gesetz-Samml. 1882 S. 133), Anwendung.

15. (A.A. Art. IV.) Die Wittwen nnd Waisen der pensionsberechtigten Beamten der Stadtgemeinden, einschließlich der im §. 14 aufgeführten Beamten, erhalten — sofern nicht mit Genehmigung des Bezirksausschusses ein Anderes festgesetzt ist — Wittwen- und Waisengeld nach den für die Wittwen und Waisen der unmittelbaren Staatsbeamten geltenden Vorschriften unter Zugrundelegung des von dem Beamten im Augenblick des Todes erdienten Pensionsbetrages; dabei tritt an die Stelle der für das Wittwengeld bei unmittelbaren Staatsbeamten vorgeschriebenen Höchstsätze der Höchstsatz von 2000 Mark.

Auf das Wittwen- und Waisengeld kommen die Bezüge, welche von öffentlichen Wittwen- und Waisenanstalten oder von Privatgesellschaften gezahlt werden, in demselben Verhältnisse in Anrechnung, in welchem die Stadtgemeinde sich an den vertraglichen Gegenleistungen betheiligt hat. Als Betheiligung der Stadtgemeinde wird es auch, soweit die Zeit vor dem Inkrafttreten des Gesetzes in Betracht kommt, angesehen, wenn die Gegenleistung seitens des Beamten auf Grund ausdrücklicher, bei der Anstellung übernommener Verpflichtung oder anderweiter Festsetzungen erfolgt ist.

16. (A.A. Art. IV.) Stadtgemeinden im Sinne dieses Gesetzes sind diejenigen Städte, welche nach einer Städteordnung verwaltet werden, einschließlich der im §. 1 Absatz 2 der Städteordnung für die sechs östlichen Provinzen vom 30. Mai 1853 (Gesetz-Samml. S. 261) und der in §§. 94 ff. des Gesetzes, betreffend die Verfassung und Verwaltung der Städte und Flecken in der Provinz Schleswig-Holstein vom 14. April 1869 (Gesetz-Samml. S. 589), erwähnten Ortschaften und Flecken.

17. (A.A. Art. IV.) Die in den vorstehenden Bestimmungen vorgesehenen Ortsstatuten unterliegen auch in den Städten von Neuvorpommern und Rügen der Genehmigung des Bezirksausschusses.

Beamte der Landgemeinden, der Landbürgermeistereien, Aemter, Zweckverbände und Amtsbezirke.

18. (A.A. Art. V.) Die Anstellungs-, Besoldungs- und Pensionsverhältnisse der Beamten der Landgemeinden, sowie die Ansprüche der Hinterbliebenen dieser Beamten auf Wittwen- und Waisengeld können durch Ortsstatut geregelt werden. Hierbei gelangt für die Rheinprovinz und die Provinz Westfalen §. 19 Nr. 2 zur Anwendung.

Kommt ein derartiges Statut in größeren Landgemeinden, für welche nach ihren besonderen örtlichen Verhältnissen ein Bedürfniß ortsstatutarischer Regelung (Absatz 1) besteht, insbesondere städtischen Vororten, Industrieorten, Badeorten u. s. w. nicht zu Stande, so kann auf Antrag der Aufsichtsbehörde der Kreisausschuß beschließen, ob und inwieweit die Bestimmungen der §§. 8 bis 10 und 12 bis 15 dieses Gesetzes auf die Beamten oder einzelne Klassen der Beamten derselben entsprechende Anwendung zu finden haben. Bei Anwendung der vorgedachten Bestimmungen tritt an die Stelle des Bezirksausschusses der Kreisausschuß. Der Beschluß des Kreisausschusses bleibt solange in Geltung, bis durch Ortsstatut (Absatz 1) eine anderweite Regelung getroffen ist.

Auf Antrag der Betheiligten oder der Aufsichtsbehörde beschließt der Kreisausschuß über die Festsetzung der Besoldungen und sonstigen Dienstbezüge der Landgemeindebeamten.

Die vorstehenden Bestimmungen gelten auch für die Beamten der Amtsbezirke und der auf Grund der §§. 128 ff. der Landgemeindeordnung für die sieben östlichen Provinzen vom 3. Juli 1891 (Gesetz-Samml. S. 233), §§. 128 ff. der Landgemeindeordnung für die Provinz Schleswig-Holstein vom 4. Juli 1892 (Gesetz-Samml. S. 155), §§. 100 ff. der Landgemeindeordnung für die Provinz Hessen-Nassau vom 4. August 1897 (Gesetz-Samml. S. 301) gebildeten Zweckverbände.

19. (A.A. Art. V.) Die Vorschriften der §§. 8 bis 15 dieses Gesetzes finden auf die Beamten der Bürgermeistereien in der Rheinprovinz und der Aemter in der Provinz Westfalen, sowie im Umfange der §§. 12 bis 15 auch auf die Gemeindeeinnehmer in diesen Provinzen mit folgenden Maßgaben sinnentsprechende Anwendung:

1. die Anstellung der Bürgermeister und Amtmänner, sowie die Festsetzung der Besoldung und Dienstunkostenentschädigung für diese Beamten und die Gemeindeeinnehmer (Amtseinnehmer) erfolgt nach den bisherigen Vorschriften;
2. im Falle der Pensionirung kommt bei der Berechnung der Dienstzeit auch die Zeit in Anrechnung, während welcher der zu pensionirende Beamte bei anderen Bürgermeistereien (Amtsverbänden) oder Landgemeinden innerhalb der betreffenden Provinz angestellt gewesen ist;
3. an Stelle des Bezirksausschusses tritt überall der Kreisausschuß.

20. (A.A. Art. V.) Für die Bürgermeistereien in der Rheinprovinz und die Aemter in der Provinz Westfalen kann die Anstellung besoldeter Beigeordneter durch die Bürgermeisterei- oder Amtsversammlungen beschlossen werden. Die Art der Ernennung und die Bedingungen der Anstellung regeln sich nach den die Landbürgermeister oder Amtmänner betreffenden Bestimmungen.

Beamte der Kreis- und Provinzialverbände.

21. (A.A. Art. VI.) Auf die Rechtsverhältnisse der Kreiskommunalbeamten finden die Vorschriften in §§. 8 bis 15 entsprechende Anwendung; an Stelle der ortsstatutarischen Regelung tritt die der Genehmigung des Bezirksausschusses unterliegende Beschlußfassung des Kreistages.

22. (A.A. Art. VI.) Hinsichtlich der Provinzialbeamten und der Beamten der Bezirksverbände der Regierungsbezirke Cassel und Wiesbaden sowie der Beamten des Lauenburgischen Landes-Kommunalverbandes bewendet es, unbeschadet der allgemeinen Bestimmungen dieses Gesetzes, bei den bestehenden Vorschriften.

Gemeindeforstbeamte.

23. (A.A. Art. VII.) Die Rechtsverhältnisse der Gemeindeforstbeamten unterliegen der Regelung durch das vorliegende Gesetz mit folgenden Maßgaben:

1. die §§. 8 bis 10 bleiben außer Anwendung;
2. die Verordnung betreffend die Verwaltung der den Gemeinden und öffentlichen Anstalten gehörigen Forsten in den Provinzen Westfalen, Cleve, Berg und Niederrhein vom 24. December 1816 (Gesetz-Samml. 1817 S. 57), §. 15 des Gesetzes vom 14. August 1876 (Gesetz-Samml. S. 373) und das Gesetz, betreffend die Forst-

schutzbeamten der Gemeinden und öffentlichen Anstalten im Regierungsbezirk Wiesbaden u. s. f., vom 12. Oktober 1897 (Gesetz-Samml. S. 411) bleiben unberührt;

3. die Forstbeamten der Landgemeinden in der Rheinprovinz und in der Provinz Westfalen erhalten Pension und deren Wittwen und Waisen Hinterbliebenenversorgung nach den Vorschriften der §§. 12 bis 15; dabei tritt an Stelle des Bezirksausschusses der Kreisausschuß, und kommt im Falle der Pensionirung auch diejenige Zeit in Anrechnung, während deren der Beamte bei einer anderen Landgemeinde innerhalb der betreffenden Provinz als Forstbeamter angestellt gewesen ist.

Schluß- und Uebergangsbestimmungen.

24. (A.A. Art. VIII.) Ist die nach Maßgabe dieses Gesetzes zu bemessende Pension eines Beamten geringer als die Pension, welche ihm hätte gewährt werden müssen, wenn er am 31. März 1900 nach den bis dahin für ihn geltenden Bestimmungen pensionirt worden wäre, so wird diese letztere Pension an Stelle der ersteren bewilligt, jedoch unbeschadet der Feststellung des Wittwen- und Waisengeldes nach Maßgabe dieses Gesetzes, soweit nicht auch in dieser Beziehung bereits erworbene Rechte bestehen.

25. (A.A. Art. VIII.) Die diesem Gesetze entgegenstehenden Bestimmungen treten außer Kraft. Insbesondere gilt dieses auch von den §§. 41 Absatz 3 und 47 der Hannoverschen Städteordnung vom 24. Juni 1858 (Hannoversche Gesetz-Samml. S. 141).

Unberührt bleiben:

1. §. 28 Absatz 2 bis 5 der Kreisordnung für die Provinz Westfalen vom 31. Juli 1886 (Gesetz-Samml. S. 217) und §. 27 Absatz 2 bis 6 der Kreisordnung für die Rheinprovinz vom 30. Mai 1887 (Gesetz-Samml. S. 209), jedoch mit der Maßgabe, daß die Zahlungspflicht der Kassenverbände sich auch auf die den Beamten nach §. 18 zustehenden Pensionen erstreckt.

Im Uebrigen kann in den beiden genannten Provinzen durch Beschluß des Provinziallandtages mit Genehmigung des Ministers des Innern der Kassenverband verpflichtet werden:

a) auch diejenigen Pensionen von Beamten der Amtsverbände (Bürgermeistereien) und Landgemeinden zu zahlen, welche diesen im Wege der Einzelvereinbarung unter Beachtung der in den §§. 12 Absatz 1, 19 Nr. 2, 23 Nr. 3 oder 25 Absatz 2 Nr. 1b festgestellten Grundsätze gewährt werden,

b) bei Zahlung der Pensionen auch diejenigen Beträge zu übernehmen, welche sich aus einer Anrechnung der von den Beamten im Reichs-, insbesondere im Militärdienste, im Staatsdienste oder im Dienste eines deutschen Communalverbandes oder einer anderen öffentlichen Corporation verbrachten Zeit ergeben.

2. §§. 81 bis 87 der Landgemeindeordnung für die Provinz Hessen-Nassau vom 4. August 1897 (Gesetz-Samml. S. 301), §. 84 indessen mit der Aenderung, daß die Pension vom vollendeten 12. Dienstjahre ab bis zum 24. Dienstjahre alljährlich um 1/60 steigt.

26. (A.A. Art. VIII.) Das gegenwärtige Gesetz tritt am 1. April 1900 in Kraft.

27. Der Minister des Innern ist mit der Ausführung dieses Gesetzes beauftragt.

Urkundlich unter Unserer Höchsteigenhändigen Unterschrift und beigedrucktem Königlichen Insiegel.

Gegeben Bergen, an Bord M. Y. „Hohenzollern", den 30. Juli 1899.

(L. S.) Wilhelm.

Fürst zu Hohenlohe. v. Miquel.

Thielen. Bosse. Schönstedt. Frhr. v. d. Recke.
v. Goßler. Gr. v. Posadowsky.

2.

Anweisung zur Ausführung des Gesetzes, betr. die Anstellung und Versorgung der Communalbeamten.

Vom 30. Juli 1899.

Allgemeine Bestimmungen.

(§§. 1—7 des Gesetzes.)

Artikel I.

Anwendungsgebiet des Gesetzes. — Begründung der Beamteneigenschaft.

(§§. 1, 2.)

1. Durch die Ueberschrift und die zwei ersten Paragraphen des Gesetzes wird das Anwendungsgebiet desselben nach einer dreifachen Richtung abgegrenzt.

a) Zunächst regelt das Gesetz nur die Anstellung und Versorgung (Besoldung, Pensionirung, Wittwen- und Waisenversorgung) der Communalbeamten in einigen wichtigen Beziehungen. Im Gebiete der Anstellung insbesondere greift es nur diejenigen Rechtsverhältnisse heraus, welche die Begründung der Beamteneigenschaft und die Dauer des Anstellungsverhältnisses betreffen, läßt indessen die nach den Gemeindeverfassungsgesetzen bestehenden Verschiedenheiten in der Art der Bestellung der Beamten, d. h. die Bestimmungen über Wahl oder Anstellung, über Bestätigung u. s. f. unberührt.

b) Sodann werden nur die Beamten derjenigen Communalverbände, welche in den §§. 8 bis 22 erwähnt sind, von dem Gesetze betroffen, d. h. die Beamten der Stadt- und Landgemeinden, der rheinischen Landbürgermeistereien, der westfälischen Aemter, der Zweckverbände, Amtsbezirke, Kreise und — soweit die allgemeinen Bestimmungen (§§. 1—7) in Betracht kommen — auch der Provinzen, der Bezirksverbände Kassel und Wiesbaden sowie des Lauenburgischen Landescommunalverbandes (§. 22); es bleiben also die Beamten der übrigen, in Nr. 2 des Runderlasses vom 30. September 1892 (M.-Bl. S. 285) genannten communalständischen und landschaftlichen Verbände von dem Anwendungsgebiete des Gesetzes ausgeschlossen.

c) Aber auch innerhalb dieser Communalverbände werden nicht alle Beamtenkategorien dem Gesetze unterworfen, vielmehr bleiben unberührt die Verhältnisse derjenigen Beamten, welche ohne Besoldung, also ehrenamtlich angestellt sind, oder welche ihr Communalamt nur als Nebenamt verwalten. In die erstere Kategorie fallen auch diejenigen, welche als Entgelt ihrer Dienstleistungen lediglich eine im Wesentlichen zur Deckung ihrer Amtsunkosten bestimmte Baarentschädigung erhalten, die zweite Kategorie wird von denjenigen gebildet, deren Amt entweder im Hinblick auf seine Art und seinen Umfang oder im Hinblick auf den Umstand, daß es neben einem Hauptamt oder einer nichtamtlichen Hauptthätigkeit verwaltet wird, als Nebenamt anzusehen ist. Zu der letzteren Kategorie würden hiernach sowohl Inhaber solcher Aemter gehören, deren Verwaltung im Allgemeinen Zeit und Kraft eines Mannes nur nebenbei in Anspruch zu nehmen pflegt, als auch Communalbeamte, deren Hauptamt ein Staatsamt (z. B. Kreisausschußsecretäre, welche im Hauptamte Kreissecretäre sind), oder deren Hauptthätigkeit ein Handwerkerberuf ist (z. B. Nachtwächter, deren Hauptberuf das Schmiedehandwerk ist). Ein etwaiger Streit über das Vorhandensein dieser Voraussetzungen würde in dem durch §. 7 des Gesetzes vorgeschriebenen Verfahren auszutragen sein, vorausgesetzt, daß es sich bei demselben um vermögensrechtliche Ansprüche des Beamten handelte. Fordert indessen der Beamte zunächst die Aushändigung einer Anstellungsurkunde (§. 1 Satz 2), so gilt für diesen Fall das zu Nr. 4 Gesagte.

Eine Sonderstellung im Systeme des Gesetzes nehmen die auf Probe, zu vorübergehenden Dienstleistungen oder zur Vorbereitung angenommenen Communalbediensteten ein. Auf diese Personen, welche im Allgemeinen auch im Wege des civilrechtlichen Dienstmiethsvertrages eingestellt werden könnten (siehe unter 5), findet das Gesetz, sofern ihnen von dem Communalverbande Beamtenqualität eingeräumt wird, nur insoweit Anwendung, als dies ausdrücklich vorgesehen ist, d. h. im Umfange der Bestimmungen in §§. 1 Satz 2, 6, 7 und 10 (§. 2 Abs. 1). Hiernach erfolgt die Anstellung auch dieser Beamtenklasse durch Aushändigung einer Anstellungsurkunde, eine Vorschrift, welche die deutliche Unterscheidung der beamteten von den nicht beamteten Probisten u. s. f. bezweckt; die Regelung der Annahmebedingungen geschieht vor dem Antritt der Beschäftigung, die Probedienstzeit ist zeitlich abgegrenzt, die allgemeinen Vorschriften über Reisekostenentschädigung und über Verfolgung vermögensrechtlicher Ansprüche sind auf sie ausgedehnt.

Während mit den aus dem Vorstehenden sich ergebenden Maßgaben die allgemeinen Bestimmungen des Gesetzes alle Beamtencategorien der in demselben erwähnten Communalverbände betreffen, nehmen innerhalb der mit §. 8 beginnenden besonderen Bestimmungen einzelne Beamtenklassen wiederum eine Sonderstellung ein; hierher gehören insbesondere aus dem Kreise der städtischen Beamten die Mitglieder des collegialischen Gemeindevorstandes (Magistrats) sowie in den Städten ohne collegialischen Gemeindevorstand die Bürgermeister und deren Stellvertreter (zweite Bürgermeister, Beigeordnete), auf deren Rechtsverhältnisse die besonderen Bestimmungen über städtische Beamte (§§. 8 bis 17) nur im Umfange der §§. 14 bis 17 Anwendung finden. Die übrigen Verschiedenheiten in der Behandlung einzelner Beamtencategorien im Rahmen der besonderen Bestimmungen ergeben sich aus §§. 19, 23, 25 Nr. 2

2. Nach §. 1 Satz 2 erfolgt die Anstellung der Communalbeamten fortan durch Aushändigung einer Anstellungsurkunde. Durch diese Fassung ist zum Ausdruck gebracht, daß die Aushändigung der Anstellungsurkunde der die Beamteneigenschaft begründende formale Akt sein soll, so daß es in Zukunft ausgeschlossen sein soll, diese Eigenschaft aus irgend welchen anderen Momenten, etwa aus der Art oder der Dauer der Beschäftigung, aus der Vereidigung u. s. f. zu folgern. Von besonderer Wichtigkeit wird das durch das Erforderniß der Anstellungsurkunde eingeführte wesentliche Unterscheidungsmerkmal für diejenigen Gruppen von Communalbediensteten werden, welche, wie die Functionäre städtischer Betriebsverwaltungen, schon nach der bisherigen Praxis theils im Wege des privatrechtlichen Vertrages, theils in dem des öffentlichrechtlichen Beamtencontracts angenommen zu werden pflegten.

3. Was die Form der Anstellungsurkunden anbelangt, so ist es erwünscht, daß dieselbe, sofern es nicht schon anderweitig geschehen ist, durch das die Beamtenverhältnisse des Communalverbandes ordnende Ortsstatut (für die Provinz durch Regle-

ment) festgestellt werde. Bei Erlaß und Genehmigung solcher genereller Bestimmungen werden die im folgenden Absatz aufgeführten Momente zu beachten sein.

Jedenfalls wird die Form möglichst einfach zu gestalten und so zu fassen sein, daß über den Beamtencharakter des Anzustellenden kein Zweifel obwalten kann.

Neben diesem wesentlichen Bestandtheil der Anstellungsurkunden wird die Aufnahme der beobachteten Bestellungsformalitäten, der Anstellungsdauer, der Amtscompetenzen und etwaiger besonderer Verabredungen sich empfehlen. Hiernach würden die Anstellungsurkunden für einen städtischen Polizeiinspector und einen städtischen Bureauassistenten etwa so zu lauten haben:

a) Nach Vernehmung der Stadtverordnetenversammlung und nach Bestätigung durch den Königlichen Regierungspräsidenten zu N. werden Sie hierdurch zum Polizeiinspector für die Stadtgemeinde X. und damit zum städtischen Beamten auf Lebenszeit ernannt.

Als Gehalt wird Ihnen ein Jahresbetrag von ... Mk. und Dienstkleidung nach Maßgabe des Reglements vom ... gewährt.

X., den ...

Der Magistrat.

b) Nach Vernehmung der Stadtverordnetenversammlung werden Sie hierdurch zum Bureauassistenten in der Stadt X. mit Beamteneigenschaft ernannt. Ihre Anstellung erfolgt unter dem Vorbehalt dreimonatlicher Kündigung nach Maßgabe des Ortsstatuts vom . . .

Als Gehalt haben Sie einen Jahresbetrag von . . . Mk. zu beziehen.

X., den . . .

Der Magistrat.

Die Königlichen Regierungspräsidenten werden zu erwägen haben, ob es sich empfiehlt, für die ihrer Aufsicht unterstellten Communalverbände Muster von Anstellungsurkunden der einzelnen Beamtenkategorien zu erlassen, und im Bedürfnißfalle das Geeignete selbst oder — hinsichtlich der ländlichen Communalverbände — durch die Königlichen Landräthe zu veranlassen haben.

4. Die Vorschrift des §. 1 Satz 2 bezieht sich auf alle, vom Inkrafttreten des Gesetzes an anzustellenden besoldeten und nicht bloß im Nebenamt thätigen Beamten der unter 1 b genannten Communalverbände, also auf gewählte und ernannte, obere und untere Beamte. Mit Rücksicht auf diese große praktische Bedeutung der Vorschrift und auf den Umstand, daß die erfahrungsmäßige Abneigung einzelner Gemeindebe-

hörden in kleineren Stadt- oder Landgemeinden gegen schriftliche Aufzeichnungen zu schweren Schädigungen von Personen führen könnte, welche als Inhaber von Amtsstellen Anstellungsurkunden nicht erhalten haben, wird es nicht den anzustellenden Beamten allein überlassen werden dürfen, die Aushändigung solcher Urkunden zu betreiben. Vielmehr wird es erforderlich sein, daß die Königlichen Regierungspräsidenten bezw. Landräthe für die ihrer Aufsicht unterstehenden kleineren Communalverbände je nach Bedürfniß eine periodische oder Einzelkontrole der correkten Handhabung dieser gesetzlichen Vorschrift einrichten und überall dort, wo sie einen Inhaber einer Amtsstelle ohne Anstellungsurkunde finden, die Aushändigung einer solchen — gegebenen Falls mit den Zwangsmitteln des §. 132 des Gesetzes über die allgemeine Landesverwaltung vom 30. Juli 1883 — herbeiführen.

5. Wohl zu unterscheiden von dem Fall einer Versäumung der Urkundenaushändigung an den Inhaber einer Amtsstelle, dessen Beamteneigenschaft von den Parteien gewollt, aber wegen jener Versäumniß nicht erreicht worden ist, ist der Fall, in welchem ein Communalverband Functionen, die ordnungsmäßiger Weise von einem Beamten wahrgenommen werden sollten, von einer im privatrechtlichen Dienstmiethvertrag angenommenen Person versehen läßt, d. h. entweder eine Amtsstelle für diese Funktionen nicht

schaffen oder eine bestehende Amtsstelle nicht mit einem Beamten besetzen will.

In dieser Beziehung wird an dem bisher geltenden Grundsatze festzuhalten sein, daß obrigkeitliche Functionen ausschließlich von Beamten ausgeübt werden müssen, daß aber die Communalverbände nicht verpflichtet sind, die nicht mit solchen Funktionen auszustattenden, besonders zu technischen, wissenschaftlichen, künstlerischen oder zu mechanischen Dienstleistungen benöthigten Kräfte im Wege des öffentlichrechtlichen Beamtenkontrakts anzustellen. Hiernach bleibt es den Verbänden namentlich unverwehrt, die im Arbeiterverhältniß stehenden und die ausschließlich in Betriebsverwaltungen beschäftigten, nicht mit obrigkeitlichen Funktionen ausgestatteten Personen im Wege der civilrechtlichen Dienstmiethe anzunehmen. So werden für die Dienste in städtischen Theatern, Museen, Badeetablissements, Gasanstalten, Schlachthöfen im Allgemeinen Nichtbeamte angenommen werden können, während im Einzelnen einem Schlachthofvorsteher, welchem die Befugniß zum Erlaß polizeilicher Verfügungen (z. B. betreffs der Verweisung minderwerthigen Fleisches auf die Freibank) übertragen werden soll, Beamteneigenschaft eingeräumt werden muß. Zu den mechanischen, auch von Nichtbeamten wahrnehmbaren Dienstleistungen werden die Funktionen von Pförtnern, Dienern, Kopisten, Arbeitern und anderen ähnlich beschäftigten Personen unbedenklich gerechnet werden können. Auch werden solche Beschäftigungsarten, welche von vornherein zeitlich oder sachlich begrenzt — z. B. die Bearbeitung einer communalen Entwässerungsanstalt u. s. f. —, oder welche auf Probe oder zur Vorbereitung übertragen werden, nicht dem Beamten vorzubehalten, sondern zur privatrechtlichen Regelung freizugeben sein, sofern bei den betreffenden Geschäften obrigkeitliche Functionen nicht in Betracht kommen.

Was die zulässigen Einwirkungen der Aufsichtsbehörden zur Herbeiführung einer den vorstehenden Ausführungen gemäßen Amtsorganisation in den Communalverbänden betrifft, so ist zunächst für das gesammte Gebiet der Ortspolizeiverwaltung an der durch das Polizeigesetz vom 11. März 1850 (Verordnung vom 20. September 1867, Lauenburgisches Gesetz vom 7. Januar 1870) begründeten staatlichen Organisationsbefugniß festzuhalten. Aber auch darüber hinaus bleibt es Recht und Pflicht der Aufsichtsbehörde, die Wahrnehmung obrigkeitlicher Funktionen durch Beamte — nöthigenfalls im Wege des Zwanges — durchzusetzen. In der Berechtigung der Aufsichtsbehörde zu denjenigen Maßregeln, welche erforderlich sind, um die Verwaltung in dem ordnungsmäßigen Gange zu erhalten und in der weiteren durch §. 11 festgestellten Berechtigung zur Regulirung unzulänglicher Beamtenbesoldungen ist weiterhin die

Befugniß enthalten, auch für solche Funktionen, welche zwar nicht obrigkeitlicher Natur sind, aber aus organisatorischen Gründen von besoldeten Beamten wahrgenommen werden müssen, die Anstellung solcher zu verlangen. Hiernach wird es der Aufsichtsbehörde zustehen, zur Verwaltung umfangreicher, verantwortlicher und ständiger Sekretärsgeschäfte in einem größeren Communalverbande, welche bisher in unzulänglicher Weise durch Privatschreiber des mit einem Dienstunkostenpauschsatze bedachten Bürgermeisters versehen worden sind, die Anstellung eines besoldeten Bureaubeamten zu verlangen.

6. Ihrem Wortlaut nach kann der Vorschrift des §. 1 Satz 2 eine rückwirkende Kraft nicht beigelegt werden. Aus dieser Vorschrift kann demnach zur Entscheidung der Fragen, ob einer oder der andere der bereits vor Inkrafttreten des Gesetzes angenommenen Communalbediensteten als Beamter anzusehen und daher gemäß Satz 1 des §. 1 der Wohlthaten der §§. 3 bis 6, 12 bis 15 theilhaftig zu machen sei, nichts entnommen werden. Wohl aber erscheint es angezeigt, gelegentlich der Einführung des Gesetzes Zweifel über die rechtliche Eigenschaft solcher Communalbediensteter im Wege der Vereinbarung zu erledigen. In diesem Sinne wird insbesondere auf die Magistrate (Bürgermeister) von Stadtgemeinden und im Bedürfnißfalle auch auf die Vorstände sonstiger Communalverbände einzuwirken sein.

Artikel II.

Gehalt. Gnadenbezüge. Reisekostenentschädigung. Verfolgung vermögensrechtlicher Ansprüche aus der Beamtenstellung.

(§§. 3 bis 7.)

1. Die in §§. 3 und 5 vorbehaltenen „besonderen (anderweiten) Festsetzungen" haben den Charakter von Verwaltungs-, nicht von Verfassungsvorschriften und können daher ebensowohl in der Form von Verwaltungsregulativen als in der Form von Ortsstatuten erlassen werden. Für die Provinzial- und die ihnen gleichgestellten Beamten bewendet es natürlich bei §. 96 der Provinzialordnung und den dieser Bestimmung nachgebildeten Vorschriften. Uebrigens werden die obenerwähnten Festsetzungen ebensowohl im Wege der Vereinbarung getroffen werden können.

Auch die in §. 6 erwähnten „Vorschriften" der Communalverbände über Art und Höhe der Reisekostenentschädigungen können sowohl als Regulative wie als Ortsstatute erlassen werden.

2. Die in §. 4 für die Regelung der Gnadenkompetenzen in Bezug genommenen, hinsichtlich der unmittelbaren Staatsbeamten geltenden Bestimmungen sind in §§. 2, 3 des Gesetzes vom 6. Februar 1881 und §. 31 des Gesetzes vom 27. März 1872 enthalten.

Als Communalverwaltungsbehörde im Sinne

dieses Paragraphen sind der Provinzialausschuß, Kreisausschuß, Magistrat und die sonstigen Gemeindevorstände zu verstehen.

Durch die Vorschrift des §. 4 sollen endlich günstigere Festsetzungen einzelner Communalverbände nicht ausgeschlossen werden.

3 Für die Ausführung des §. 6 wird zu beachten sein, daß nach dem Beschlusse des Reichsgerichts (III. Civil-Senat) vom 15. Februar 1898 bei Bemessung der Gebühren für gerichtliche Zeugen- und Sachverständigenvernehmungen der Communalbeamten in den Fällen des §. 14 der Gebührenordnung vom 30. Juni 1878 (R.G.Bl. S. 173) die auf Grund gesetzlicher Bestimmung erlassenen Vorschriften der Communalverbände über Dienstreisekosten zu Grunde zu legen sind.

Wenn auch angesichts der großen örtlichen Verschiedenheiten davon abgesehen werden muß, für das Gebiet der Monarchie Grundlinien behufs einer einheitlichen Regelung dieser Materie zu ziehen, so wird doch thunlichst auf die Vermeidung weitgehender Abweichungen der Vorschriften innerhalb der einzelnen Regierungsbezirke hinzuwirken, und dieser Gesichtspunkt überall dort zur Geltung zu bringen sein, wo wegen der gewählten ortsstatutarischen Form oder wegen erforderlich gewordener Feststellung der Aufsichtsbehörde (§. 6 Satz 2) staatliche Mitwirkung erforderlich wird.

Uebrigens werden die communalen Vorschriften bestimmen können, für welche Dienstreisen Entschädigungen gewährt werden, und ob die letzteren in Reisekosten und Tagegeldern oder in ungetrennten Sätzen bestehen sollen; auch Pauschalentschädigungen werden zugelassen werden dürfen.

Unzulässig würde selbstverständlich eine Regelung sein, welche ausschließlich für die Gerichtsgebühren Geltung haben oder für letztere andere Sätze als für Dienstreisen in communalen Angelegenheiten bestimmen würde.

Aufsichtsbehörde ist hier wie z. B. auch in §. 9 al. 1 die mit der laufenden Communalaufsicht betraute Staatsbehörde, nicht die zur Mitwirkung bei dieser Aufsicht berufene Selbstverwaltungsbeschlußbehörde; für Städte mithin der Regierungspräsident, nicht der Bezirksausschuß. Diese Aufsichtsbehörde hat, nachdem sie gegebenenfalls die Vorschriften erlassen hat, dieselben wieder aufzuheben, sobald anderweite Bestimmungen seitens der Communalverbände getroffen sind.

4. §. 7 bringt eine neue und einheitliche Regelung der Verfolgung vermögensrechtlicher Ansprüche der Communalbeamten aus ihrem Dienstverhältnisse. Zu dem vorletzten Satze des ersten Absatzes ist zu bemerken, daß gegen den Beschluß des Bezirksausschusses die Beschwerde oder die Klage im ordentlichen Rechts-

wege offensteht, und daß die Klage auch noch gegen den Beschluß des Provinzialraths, sofern Beschwerde an denselben erhoben war, zulässig ist.

Beamte der Stadtgemeinden.

(§§ 8—17.)

Artikel III.

Princip der lebenslänglichen Anstellung städtischer Beamter und Abweichungen.

Beamte städtischer Betriebsverwaltungen.

(§§. 8—10.)

1. Mit den §§. 8 ff. bezweckt das Gesetz, bei grundsätzlicher Festhaltung des in dem größten Theile der Monarchie heute geltenden Princips der lebenslänglichen Anstellung städtischer Beamter doch die Möglichkeit zu eröffnen, den Kreis der kündbar anzustellenden Beamten über die Schranken der für die östlichen Provinzen, für die Provinz Westfalen und die Stadt Frankfurt a./M. erlassenen Städteordnungen hinaus zu erweitern, soweit dies das Bedürfniß der Städte nach freierer Beweglichkeit verlangt. Während in dem bezeichneten Theile des Staatsgebiets bisher nur die zu vorübergehenden oder zu mechanischen Dienstleistungen bestimmten Beamten auf Kündigung angestellt werden durften, will das Gesetz, welches die erstere Beamtengruppe unter besondere Bestimmungen (§§. 2, 10) stellt, den

Gemeinden die Berechtigung verleihen, neben den mechanischen noch andere Funktionen des Amtsorganismus durch kündbare Beamte versehen zu lassen. In dem hiernach veränderten Umfange soll das Anstellungsprincip der angeführten Städteordnungen fortan allgemein zur Geltung gelangen.

Zu dem Ende werden die mit der Genehmigung von Abweichungen vom Princip der lebenslänglichen Anstellung städtischer Beamter betrauten Behörden, d. h. bei ortsstatutarischer Regelung die Bezirksausschüsse, in Einzelfällen die Regierungspräsidenten (§. 9 al. 1, Art. II Nr. 3 a. E.), die Genehmigungsanträge der Stadtgemeinden einer wohlwollenden Prüfung nach der Richtung zu unterwerfen haben, ob die Wünsche der Communen durch die lokalen Verhältnisse begründet sind. Insbesondere werden für die Zulassung von Abweichungen folgende Gesichtspunkte zu beachten sein:

a) Für Dienstleistungen, welche nach den Ausführungen in Artikel I Nr. 5 auch von Nichtbeamten wahrgenommen werden können, insbesondere also für solche rein technischer, wissenschaftlicher, künstlerischer oder mechanischer Natur wird die Anstellung von Beamten auf Lebenszeit nicht verlangt werden können.

b) Auch wird die Anstellung auf Lebenszeit abhängig gemacht werden dürfen von der Erreichung eines gewissen Lebensalters (etwa des dreißigsten) allein oder in Verbindung mit der Zurücklegung einer mehrjährigen Dienstzeit in der Stadt.

c) Bezüglich der Frage, inwieweit etwaigen Anträgen auf kündbare Anstellung von Polizeiexecutivbeamten zu entsprechen sein wird, bleibt unter Anderem zu prüfen, welche Garantien für eine sachgemäße, gerechte Ausübung des Kündigungsrechts aus der Gesammtlage der städtischen Verhältnisse zu entnehmen sind.

d) Die Abweichung wird auch in einer Anstellung auf bestimmte Zeit, etwa mit Pensionsberechtigung für den Fall nicht erfolgender Wiederernennung, bestehen können, sofern ein derartiges lokales Bedürfniß nachgewiesen wird.

2. Bei Anwendung des §. 8 Absatz 2 wird Seitens der Stadtgemeinden mit um so größerer Vorsicht zu verfahren sein, als der Begriff der städtischen Betriebsverwaltungen durch Theorie und Praxis bisher noch keine feste Umgrenzung gefunden hat, und als Meinungsverschiedenheiten einerseits der städtischen Verwaltungen und andererseits der in Streitfällen mit der Entscheidung befaßten Gerichte hier zu schweren Schädigungen der Stadtgemeinden führen können. Daher wird Seitens der Königlichen Regierungspräsidenten auf die in §. 8 a. a. O. vorgesehene ortsstatutarische Regelung dieser Frage in denjenigen Fällen hinzuwirken sein, in welchen Zweifel

über die Eigenschaft einer städtischen Betriebsverwaltung obwalten können.

Für die nähere Feststellung dieses Begriffs wird davon auszugehen sein, daß in erster Linie die gewerblichen Unternehmungen der Stadtgemeinden zu den Betriebsverwaltungen zu rechnen sind, wobei es auf die Frage, ob den Unternehmungen ein Monopol oder ein Benutzungszwang eingeräumt ist, nicht ankommt. Auch wird die Thatsache, daß bei einem Unternehmen die Gewinnerzielung hinter Gesichtspunkte öffentlicher Interessen zurücktritt, nicht schon an sich die Annahme einer Betriebsverwaltung ausschließen. Gleichgültig ist ferner, ob einzelne im Betriebe angestellte Beamte obrigkeitliche Funktionen auszuüben haben (wie unter Umständen Schlachthofvorsteher in städtischen Viehhöfen, vergl. Art. I Nr. 5). Mit diesen Maßgaben wird eine städtische Betriebsverwaltung im Sinne des §. 8 Absatz 2 im Allgemeinen dort angenommen werden können, wo ein abgesondertes wirthschaftliches Unternehmen oder eine abgesonderte wirthschaftliche Verwaltung der Stadt mit eigenem Personal besteht. Das Erforderniß des eigenen, von den übrigen städtischen Beamtengruppen verschiedenen Personals ergiebt sich aus der Erwägung, daß andernfalls eine gesonderte Rechtsstellung dieses Personals ausgeschlossen sein würde. Da die hier verlangte Absonderung der Betriebsverwaltungen von den übrigen städtischen Verwaltungszweigen nur bei einem erheblicheren Umfange der ersteren zuzutreffen pflegt, wird es im Einzelfalle für die Entscheidung über die Voraussetzungen der Betriebsverwaltung auf Art und Umfang derselben ankommen; so wird z. B. eine Kanalisation nur dann als Betriebsverwaltung gelten können, wenn sie mit Rücksicht auf selbständige, nach wirthschaftlichen Grundsätzen zu leitende technische Einrichtungen, z. B. auf die Verwendung von Rieselfeldern u. s. f. ein wirthschaftliches Unternehmen mit abgesonderter Verwaltung darstellt.

Mit den aus dem Vorstehenden sich ergebenden Vorbehalten würden als Betriebsverwaltungen insbesondere zu bezeichnen sein: Bahnunternehmungen, Fuhrparks, Hafenanlagen, Lagerhäuser, Gas-, Wasser-, Electricitätswerke, Markthallen, Schlacht- und Viehhöfe, Kurverwaltungen, Badeanstalten, Museen, Theater-, Konzertunternehmungen, zoologische Gärten u. A. m.

3. Daß die §§. 8—10 sich nur auf die nach Inkrafttreten des Gesetzes zur Anstellung gelangenden städtischen Beamten und zwar auf alle diejenigen Beamten beziehen, welche nicht zu den Mitgliedern des kollegialischen Gemeindevorstandes (Magistrats) oder in Städten ohne solchen Vorstand zu den Bürgermeistern oder deren Stellvertretern zählen, geht aus dem Wortlaut jener Paragraphen und dem

§. 14 hervor. Auch hier wird indessen die Einführung des Gesetzes eine passende Gelegenheit bieten, die im Gebiete der Städteordnungen für die östlichen Provinzen, für Westfalen und Frankfurt a. M. vielfach hervorgetretenen Zweifel über Lebenslänglichkeit oder Kündbarkeit der Anstellung städtischer Beamter, von deren Dienstleistungen es nicht klar feststand, ob sie mechanischer bezw. vorübergehender Natur wären, dadurch zu beseitigen, daß im Wege der Vereinbarung zwischen Stadtgemeinden und Beamten entweder eine Declaration des bisherigen Rechtsverhältnisses erfolgt oder das bisherige Dienstverhältniß aufgelöst und eine neue Anstellung nach Maßgabe dieses Gesetzes vorgenommen wird. Die Königlichen Regierungspräsidenten werden sich eine Einwirkung auf die Stadtverwaltungen in dieser Richtung angelegen sein zu lassen haben.

4. Die Bestimmung des §. 10 al. 2 soll einen im Interesse sowohl der Stadtgemeinden als auch der Beamten liegenden Zwang zur völlig klaren und erschöpfenden Regelung der Annahmebedingungen vor Antritt der zur Probe, zu vorübergehenden Dienstleistungen oder zur Vorbereitung einzugehenden Beschäftigungsverhältnisse herbeiführen. Ihre Durchführung wird insbesondere denjenigen Streitigkeiten vorbeugen, welche über die Frage entstanden sind, ob das Beschäftigungsverhältniß eines Büreauhülfs-

arbeiters oder eines sonstigen zur Aushülfe angenommenen Beamten ein lediglich vorübergehendes sei oder nicht. Zu dem Ende wird die in §. 10 al. 2 vorgeschriebene zuvorige Regelung der Annahmebedingungen bei vorübergehenden Dienstleistungen den Gegenstand der Beschäftigung und die voraussichtliche Dauer derselben neben den vermögensrechtlichen Momenten zu umfassen haben.

Als Aufsichtsbehörde im Sinne des §. 10 al. 1 ist auch hier die mit der laufenden Aufsicht betraute Instanz, also der Regierungspräsident zu verstehen.

Artikel IV.

Besoldung. Pensionirung. Wittwen- und Waisenversorgung der städtischen Beamten.

(§§. 11—17.)

1. Die Vorschrift des §. 11 soll der Aufsichtsbehörde die Handhabe bieten, unter den im ersten Absatze bezeichneten Voraussetzungen unzulängliche Beamtengehälter im Wege einer Beschlußfassung des Bezirksausschusses auf die angemessene Höhe zu bringen. Ueber den Rahmen dieser Voraussetzungen hinaus ist von einer Mitwirkung der Aufsichtsbehörden bei der Festsetzung der Beamtengehälter abzusehen. Nach Absatz 2 des §. 11 bezieht sich die Bestimmung des ersten Absatzes nicht auf die städtischen Polizeibeamten, deren Gehälter auf Grund der durch das Polizeigesetz vom 11. März 1850 festgestellten staat-

lichen Organisationsbefugniß der unbeschränkten Revision durch den Regierungspräsidenten unterliegen (vgl. hinsichtlich der Gemeindeforstbeamten Artikel VII Nr. 3). Auch auf die Mitglieder des Gemeindevorstandes findet der §. 11 keine Anwendung (§. 14).

2. Durch §. 12 wird die Pensionsberechtigung der lebenslänglich angestellten städtischen Beamten auf die sämmtlichen städtischen Beamten, insbesondere also die auf Kündigung angestellten ausgedehnt, welche letztere Pension erhalten, sofern sie nach Zurücklegung der erforderlichen Dienstjahre, ohne vorher eine Kündigung erfahren zu haben, dauernd dienstunfähig werden.

Eine weitere Neuerung enthält §. 12 al. 1 insofern, als er eine von der gesetzlichen Pensionsregelung abweichende Festsetzung der Genehmigung des Bezirksausschusses unterwirft. Die Königlichen Regierungspräsidenten werden als Vorsitzende der Bezirksausschüsse ihren Einfluß dahin geltend zu machen haben, daß im Allgemeinen nur günstigere Abweichungen im Interesse der Beamten die Genehmigung erhalten. Andere Abweichungen werden sich nur dann zur Genehmigung eignen, wenn der betreffende Beamte, sei es weil er schon aus einer früheren Dienststellung eine Pension bezieht, sei es aus anderen Gründen größeren Werth auf Anstellung überhaupt als auf Gewährung der regelmäßigen

Pension legt. Nachdem das Reichsgericht durch Entscheidung vom 27. Februar 1896 (Entscheidungen in Civilsachen Bd. 37 S. 235) dahin erkannt hat, daß gemäß §. 107 des Militärpensionsgesetzes vom 27. Juni 1871 in der Fassung des Reichsgesetzes vom 22. Mai 1893 bei der Pensionirung der im preußischen Communaldienst angestellten Militäranwärter die Militärdienstzeit als pensionsfähige Dienstzeit in Anrechnung zu bringen sei, werden diejenigen Festsetzungen einer Genehmigung unfähig sein, mittels deren eine Stadtgemeinde die Anrechnungsfähigkeit der bezeichneten Dienstjahre einzuschränken oder aufzuheben strebt, sofern nicht auch hier das Interesse des Militäranwärters ausnahmsweise die Genehmigung angezeigt erscheinen läßt. (Vergl. bezüglich der Gemeindeforstbeamten Artikel VII a. E.).

Neben der Bezugnahme auf die eben erörterte reichsgesetzliche Bestimmung enthält der zweite Absatz des §. 12 die Vorschrift, daß als pensionsfähige Dienstzeit im Uebrigen „in Ermangelung anderweiter Festsetzungen" „nur die Zeit gerechnet wird, welche der Beamte in dem Dienste der betreffenden Gemeinde zugebracht hat". Wenn auch hierdurch lediglich der Gedanke hat zum Ausdruck gebracht werden sollen, daß bei Uebertragung der im ersten Absatz bezogenen pensionsrechtlichen Gesetze auf die mittelbaren Staatsbeamten diejenigen Dienstjahre nicht anrechnungsfähig sein können, welche einem anderen Verbande als dem ruhegehaltspflichtigen Communalverbande gewidmet worden sind, wenn demnach der zweite Absatz die Vorschrift des ersten nur in einem Einzelpunkte klarzustellen bestimmt ist, so sollen doch die von der Kommission des Herrenhauses beschlossenen Worte des zweiten Absatzes: „in Ermangelung anderweiter Festsetzungen“ nach den Kommissionsverhandlungen die Bedeutung haben, daß eine etwa beschlossene oder vereinbarte Anrechnung auch auswärtiger Dienstjahre im Gegensatze zu sonstigen günstigeren Pensionsbestimmungen, welche nach Absatz 1 der Genehmigung des Bezirksausschusses unterliegen, einer solchen Genehmigung nicht bedürfe (Komm.-Ber., Drucksachen des Herrenhauses 1899 Nr. 63 S. 20).

Die anderweiten Festsetzungen in Absatz 1 und 2 begreifen übrigens in formeller Hinsicht ebensowohl die generellen Bestimmungen als die Vereinbarungen.

Durch §. 12 werden auch die von dem Gemeindevorstand gegen Besoldung angestellten besonderen städtischen Standesbeamten, welche gemäß §. 4 Abs. 4 des Personenstandsgesetzes vom 6. Februar 1875 Gemeindebeamte sind, pensionsberechtigt, sofern sie nach erreichtem pensionsfähigen Dienstalter dauernd dienstunfähig werden und vorher ein Widerruf der zu ihrer Bestallung erforderlichen Genehmigung nicht ergangen ist (§. 5 a. a. O.).

Die Regelvorschrift des §. 12 bezieht sich ihrem Wortlaut nach nicht etwa bloß auf die nach Inkrafttreten des Gesetzes zur Anstellung kommenden, sondern auch auf die zu jenem Zeitpunkt bereits im Amte befindlichen Beamten, soweit sie nicht dem Gemeindevorstande angehören (§. 14).

Sind hinsichtlich der Pensionirung der Beamten in einer Stadtgemeinde Ortsstatute oder Regulative in Geltung, welche andere als die in §. 12 enthaltenen Bestimmungen enthalten, so werden sie gemäß §. 25 al. 1 insoweit rechtsungültig. Daher werden die Stadtgemeinden diese Bestimmungen einer baldigen Revision und gegebenen Falls einer Umarbeitung zu unterziehen und die Genehmigung der Bezirksausschüsse noch vor dem 1. April 1900 einzuholen haben. Die letzteren werden, da die Geltung dieser neuen Festsetzungen vom Inkrafttreten des Gesetzes an datiren wird, kein Bedenken tragen können, die Genehmigung nach Maßgabe des neuen Gesetzes schon vor der Inkraftsetzung desselben zu ertheilen.

§. 13 wiederholt eine schon aus dem bisherigen Rechte bekannte Vorschrift, zu welcher an der Hand einer neuerlich ergangenen Entscheidung des Reichsgerichts (vom 12. Mai 1899, IV. Senat) nur zu bemerken ist, daß unter „Staatsdienst" auch der Dienst in einem nichtpreußischen deutschen Bundesstaate zu verstehen ist.

§. 14 enthält, abgesehen von der in Absatz 2 für die Provinz Hannover getroffenen Bestimmung, die Neuerung, daß die Pension der (auf Amtsperioden gewählten) Mitglieder des Gemeindevorstandes vom vollendeten 12. Dienstjahre ab bis zum 24. Dienstjahre alljährlich um $^1/_{60}$ steigt. Da nach 12 Dienstjahren eine Pension von $^{30}/_{60}$ erreicht wird, steigt nach dieser Vorschrift die Pension mit dem 24. Dienstjahre auf $^{42}/_{60}$, d. i. um $^2/_{60}$ höher als bisher, wo nur ein Pensionssatz von $^2/_3 = {}^{40}/_{60}$ erreicht wurde.

3. Die Vorschrift des §. 15 räumt allen besoldeten städtischen Beamten mit alleiniger Ausnahme der in §. 2 des Gesetzes genannten, also auch den Mitgliedern des Gemeindevorstandes und den nicht auf Lebenszeit angestellten sonstigen Beamten den Anspruch auf Wittwen- und Waisenversorgung nach Maßgabe der für die unmittelbaren Staatsbeamten geltenden Bestimmungen, insbesondere also auch der Novelle vom 1. Juni 1897, ein, sofern nicht etwa ihre Pensionsberechtigung ausnahmsweise ausgeschlossen ist. Auch hier werden die in Absatz 1 vorbehaltenen Abweichungen im Allgemeinen und abgesehen von Ausnahmefällen, wie sie unter Nr. 2 oben berührt worden sind, nur dann die Genehmigung der Bezirksausschüsse finden können, wenn sie dem Beamten günstiger sind, insbesondere wird grundsätzlich solchen abweichenden Festsetzungen, welche Reliktenbeiträge des Beamten vorsehen, die Genehmigung zu versagen sein. Auch hinsichtlich der

bereits in Stadtgemeinden geltenden statutarischen oder reglementarischen Bestimmungen, ihrer Revision und Umarbeitung sowie der Genehmigung der Neufeststellungen durch die Bezirksausschüsse gelten die bezüglich der Pensionirung unter Nr. 2 gemachten Ausführungen. Unter dem Ausdruck „festgesetzt" subsumirt das Gesetz auch hier die generelle Festsetzung und die konkrete Vereinbarung.

Die Vorschrift des zweiten Absatzes sieht zu Gunsten der Stadtgemeinden vor, daß auf das Wittwen- und Waisengeld die Versicherungsgelder, welche von öffentlichen Wittwen- und Waisenanstalten — z. B. von Provinzial-Wittwen- und Waisenkassen — oder von Privatgesellschaften gezahlt werden, in demselben Verhältnisse in Anrechnung kommen sollen, in welchem die Städte sich an den vertraglichen Gegenleistungen betheiligt haben, mögen diese Gegenleistungen in Einkaufsgeldern oder in Beiträgen bestanden haben. Der letzte Satz des Absatzes 2 stellt für die Vergangenheit den Leistungen der Stadtgemeinden diejenigen Zahlungen gleich, welche zwar Seitens der Beamten, aber auf Grund ausdrücklicher, bei der Anstellung übernommener Verpflichtung oder anderweiter Festsetzungen erfolgt sind, um namentlich denjenigen Fällen Rechnung zu tragen, in welchen Stadtgemeinden die Beamten wegen der ihnen obliegenden Versicherungsbeiträge in anderer Weise, insbesondere durch höhere Gehaltsfestsetzungen bisher schadlos gehalten haben.

Beamte der Landgemeinden, der Landbürgermeistereien, Aemter, Zweckverbände und Amtsbezirke.

Artikel V.

Regelung der Beamtenverhältnisse in den ländlichen Communalverbänden durch die Aufsichtsbehörden. Beamtenverhältnisse in der Rheinprovinz und in Westfalen.

(§§. 18—20.)

1. §. 18 Absatz 2 und 4 geben den Kreisausschüssen die Befugniß, in größeren Landgemeinden, ländlichen Zweckverbänden und Amtsbezirken, für welche nach ihren örtlichen Verhältnissen ein Bedürfniß ortsstatutarischer Regelung der Anstellung und Besoldung ihrer Beamten besteht, diese Regelung nach den für städtische Beamte geltenden Bestimmungen auch gegen den Willen der Verbände auf Antrag der Aufsichtsbehörde herbeizuführen. Für die Ausführung dieser Bestimmung werden diejenigen Landgemeinden und ländlichen Verbände in Betracht kommen, welche, wie gewisse städtische Vororte, Industrie-, Badeorte u. s. f. durch Einwohnerzahl und Bedeutung den Stadtgemeinden gleich- oder nahekommen. Die Höhe der Einwohnerzahl wird nicht in mechanischer Weise zu bestimmen, vielmehr werden für die Anwendbarkeit der Be-

stimmung die Verhältnisse des Einzelfalls sowohl im Hinblick auf die Gesammtlage des ländlichen Communalverbandes als auch auf die Beziehungen desselben zu den Stadtgemeinden der betreffenden Gegend maßgebend sein müssen.

Das Gesetz überläßt es der Beschlußfassung des Kreisausschusses, inwieweit die Bestimmungen der §§. 8—10 und 12—15 auf die Beamten oder einzelne Klassen derselben entsprechende Anwendung finden sollen. Es wird deßhalb zulässig sein, die für städtische Beamte geltenden Anstellungs- und Versorgungsgrundsätze nach Maßgabe des Bedürfnisses nur in einem näher begrenzten Umfange auf den ländlichen Verband zu übertragen. Da nur eine „entsprechende" Anwendung der bezogenen Gesetzesparagraphen stattfinden soll, wird z. B. die Bestimmung in §. 14 Mangels einer Analogie der Grundlagen von der Uebertragung auf den ländlichen Verband auszuschließen sein; das Gleiche gilt von den entsprechenden Bezugnahmen in §§. 19, 21 und 23. Die über die Besoldungsfeststellung handelnde Vorschrift des §. 11 ist deßhalb von einer Uebertragung auf die ländlichen Beamten ausgenommen worden, weil es nicht in der Absicht liegt, die weitergreifende, für alle dem Gesetze unterliegenden Landgemeindebeamten gedachte Bestimmung des dritten Absatzes des §. 18 im Falle der Statutoktroyirung für die davon betroffene Beamtenklasse auszuschließen.

2. Die Anrechnung der in anderen ländlichen Communalverbänden der Provinz verbrachten Dienstzeit bei den pensionsberechtigten Beamten der rheinischen und westfälischen Landgemeinden, Landbürgermeistereien und Aemtern (§. 18 al. 1 Satz 2, § 19 Nr. 2, §. 23 Nr. 3) ist bedingt durch das Bestehen der provinziellen Pensionskassenverbände in der Rheinprovinz und Westfalen (§. 25 al. 2 Nr. 1).

Die Vorschrift des §. 20 ist dazu bestimmt, den Bürgermeister oder Amtmann, namentlich in großen industriellen Bürgermeistereien bezw. Aemtern durch Zulassung der Anstellung besoldeter Beigeordneter nach Bedürfniß zu entlasten.

Beamte der Kreis- und Provinzialverbände.

Artikel VI.

Beschlußfassung der Kreistage. Besondere Bestimmung für Provinzialbeamte.

(§§. 21, 22.)

1. Da auf die Rechtsverhältnisse der Kreiscommunalbeamten die für die städtischen Beamten gegebenen Vorschriften entsprechende Anwendung zu finden haben, beziehen sich die zu den letzteren Vorschriften oben gemachten Ausführungen auch auf die Kreisbeamten. Bei den Anträgen auf Genehmigung der gemäß §. 9 al. 1 von den Kreistagen zu beschließenden Abweichungen von dem Grundsatze

der lebenslänglichen Beamtenanstellung werden die Bezirksausschüsse die individuellen Verhältnisse der einzelnen Kreise zu berücksichtigen in der Lage sein.

2. Für die Beamten der Provinzialverbände, der Regierungsbezirks-Verbände Cassel und Wiesbaden sowie des Lauenburgischen Landescommunalverbandes erlangen nur die allgemeinen Bestimmungen des Gesetzes Geltung.

Gemeindeforstbeamte.

Artikel VII.

Maßgaben der Gleichstellung mit den übrigen Gemeindebeamten. Verhältnisse in Rheinland und Westfalen.

(§. 23.)

1. Die Gemeindeforstbeamten werden durch das Gesetz principiell den übrigen Gemeindebeamten gleichgestellt: es erlangen also auch für sie die allgemeinen Bestimmungen und die für die Beamten der einzelnen Communalverbände gegebenen besonderen Bestimmungen Geltung. Indessen findet diese Gleichstellung nur mit den aus folgenden Nummern ersichtlichen Maßgaben statt:

2. Die betreffs der Anstellung gegebenen Vorschriften des Gesetzes (§§. 8—10) sollen von der Anwendung auf Forstbeamte im gesammten Geltungsgebiete des Gesetzes ausgeschlossen bleiben. Eine Konsequenz dieser Thatsache ist, daß auch im Wege

der Statutoktroyirung nach §. 18 al. 2 die §§. 8—10 auf die Forstbeamten größerer Landgemeinden nicht ausgedehnt werden dürfen. Der Ausschluß der §§. 8—10 hat indessen nicht etwa irgend welche Verschlechterung der äußeren Lage der Gemeindeforstbeamten zur Folge; vielmehr will er nur die zur Zeit über Art und Dauer ihrer Anstellung geltenden anderweiten Regeln unberührt lassen.

3. Durch die Aufrechterhaltung der Verordnung vom 24. Dezember 1816 (G.=S. 1817 S. 57) wird die Geltung des §. 11 al. 1 für die städtischen Forstbeamten in Rheinland und Westfalen zu Gunsten des unbeschränkten Rechts der Regierungspräsidenten auf zweckentsprechende Gehaltsregulirung (Erkenntniß des Oberverwaltungsgerichts vom 1. Mai 1894, Entscheidungen Bd. 27 S. 77) ausgeschlossen.

4. Für die ländlichen Gemeindeforstbeamten der Provinzen Rheinland und Westfalen bringt das Gesetz durch §. 23 Nr. 3 die Ergänzung des schon bestehenden Pensionsrechts gemäß §. 12 und die obligatorische Wittwen= und Waisenversorgung gemäß §. 15.

5. Für die Forstschutzbeamten im Regierungsbezirke Wiesbaden bewendet es bei dem Gesetze vom 12. Oktober 1897.

Hinsichtlich der Anwendung des §. 12 auf Gemeindeforstbeamte ist noch zu bemerken, daß diese, soweit sie Anwärter aus dem Jägerkorps sind, in

Bezug auf die Anrechnung der Militärdienstzeit bei der Pensionirung ebenso zu behandeln sind wie die aus dem Jägerkorps hervorgegangenen staatlichen Forstbeamten, welchen die aktive Militärdienstzeit und die in der verpflichteten Reserve des Jägercorps zugebrachte Zeit als Dienstzeit angerechnet wird.

Schluß- und Uebergangsbestimmungen.

Artikel VIII.

Rechtsverhältnisse der zur Zeit des Inkrafttretens des Gesetzes im Amte befindlichen Communalbeamten. Erlaß der im Gesetze vorgesehenen Ortsstatute 2c.

(§§. 24—27.)

1. Wie die zur Zeit noch nicht erledigten Zweifel über die rechtliche Natur des Dienstverhältnisses oder die Dauer der Anstellung bereits im Communaldienste stehender Bediensteter zu beseitigen sein werden, ist unter Artikel I Nr. 6 und Artikel III Nr. 3 ausgeführt worden. Unter Artikel IV Nr. 2 und 3 ist weiterhin festgestellt worden, daß die jetzt in Städten geltenden Pensions- und Reliktenversorgungs-Regulative oder -Statuten, welche andere Bestimmungen enthalten, als solche durch §§. 12 ff. erlassen sind, mit der Inkraftsetzung dieses Gesetzes rechtsungültig werden. Als eine Maßgabe dieser Consequenz enthält der erste Satztheil des §. 24 die schon aus den Gesetzen vom 31. März 1882 und

1. März 1891 bekannte Bestimmung, daß, sofern die nach Maßgabe dieses Gesetzes, d. i. nach Maßgabe entweder der ausdrücklichen Vorschriften desselben oder der durch §. 12 zugelassenen anderweiten Festsetzungen, zu bemessende Pension geringer ist als die Pension, welche dem Beamten hätte gewährt werden müssen, wenn er am 31. März 1900 nach den bis dahin für ihn geltenden Bestimmungen pensionirt worden wäre, diese letztere Pension an Stelle der ersteren bewilligt wird. Für die Berechnung der Hinterbliebenenversorgung soll indessen in diesem Falle — unbeschadet wohlerworbener Rechte — nach dem zweiten Satztheil des §. 24 diejenige Pension zu Grunde gelegt werden, welche nach Maßgabe des vorliegenden Gesetzes geschuldet wird. Die Vorschrift des ersten Satztheils wird übrigens auch für die Beamten der Provinz Hannover praktische Bedeutung haben. Da voraussichtlich diejenigen Städte, welche schon jetzt Festsetzungen über Pensionirung und Hinterbliebenenversorgung getroffen haben, die den Beamten günstiger als die durch das Gesetz gewährleisteten Rechte sind, Werth auf eine weitere Aufrechterhaltung derselben legen werden, so werden dieselben, wie dies in Artikel IV Nr. 2 und 3 vorgesehen ist, alsbald das Weitere zur Revision und zur Erlangung der Genehmigung der Bezirksausschüsse bezüglich jener Regulative u. s. f. zu veranlassen haben. Auf diesem Wege werden

etwaige Uebergangsschwierigkeiten im Gebiete der Beamtenversorgung unschwer zu beseitigen sein.

2. Der alsbaldige Erlaß der ebengedachten Festsetzungen wie auch der übrigen im Gesetze vorgesehenen ortsgesetzlichen oder administrativen Regelungen, insbesondere der etwa gemäß §. 9 städtischerseits zu beschließenden Abweichungen von dem Principe lebenslänglicher Beamtenanstellung wird seitens der Aufsichtsbehörden mit Nachdruck zu betreiben sein. Das Gleiche gilt für die Kreiscorporationen, die rheinischen Bürgermeistereien und die westfälischen Aemter (§§. 19, 21) sowie im Bedürfnißfalle für die Landgemeinden, Amtsbezirke 2c. (§. 18). Daß die mit der Genehmigung der zu erlassenden Vorschriften befaßten Selbstverwaltungsbeschlußbehörden schon vor dem 1. April 1900 die Genehmigung solcher mit diesem Zeitpunkt in Geltung tretender Bestimmungen zu ertheilen in der Lage sind, ist unter Artikel IV Nr. 2 und 3 ausgeführt worden.

Spätestens mit dem Zeitpunkt des Inkrafttretens des Gesetzes wird Erlaß und Genehmigung der zu beschließenden Ortsstatute oder Regulative beendigt sein müssen.

Berlin, den 12. October 1899.

Der Minister des Innern.
Freiherr von Rheinbaben.

III. Anstellung der Militäranwärter.

1.
Gesetz, betreffend die Besetzung der Subaltern- und Unterbeamtenstellen in der Verwaltung der Communalverbände mit Militäranwärtern.

(Vom 21. Juli 1892 G.S. S. 214.)

Geändert gemäß Art. 2 der Reichsverfassung durch die Bekanntmachung des Bundesrathes v. 25. Juli 1899. (Centralblatt für das Deutsche Reich S. 268.)

Wir **Wilhelm**, von Gottes Gnaden König von Preußen ꝛc. verordnen, mit Zustimmung beider Häuser des Landtages, für den gesammten Umfang der Monarchie, was folgt:

1 Abs. 1. Die Subaltern- und Unterbeamtenstellen in der Verwaltung der Communalverbände, sowie in ständischen und solchen Instituten, welche ganz oder zum Theil aus Mitteln ... der Gemeinden unterhalten werden, jedoch ausschließlich der Forstverwaltung, sind gemäß den nachstehenden Bestimmungen mit Militäranwärtern zu besetzen.

Abs. 2. Militäranwärter im Sinne dieses Gesetzes ist jeder dem Preußischen Staate angehörige und aus dem Preußischen Reichsmilitärcontingente hervorgegangene Inhaber des Civilversorgungsscheins. Die unter Preußischer Verwaltung stehenden außerpreußischen Contingente und die Kaiserliche Marine sind in dieser Beziehung dem Preußischen Contingente gleichgestellt.[1])

2. Die Subaltern- und Unterbeamtenstellen in denjenigen Landgemeinden und ländlichen Communalverbänden, welche weniger als 2000 Einwohner haben, unterliegen den Vorschriften dieses Gesetzes nicht. Es können jedoch bezüglich der Kriegsinvaliden durch Königliche Verordnung, von welcher dem Landtage bei seinem nächsten Zusammentritt Mittheilung zu machen ist, die Subaltern- und Unterbeamtenstellen in diesen Landgemeinden und Communalverbänden der Vorschrift des §. 1 unterworfen werden.

3. Ausschließlich mit Militäranwärtern sind zu besetzen:

1. die Stellen im Kanzleidienst, einschließlich derjenigen der Lohnschreiber, soweit deren Inhabern

---

[1]) Der ganze Absatz 2 gilt jetzt nur noch für diejenigen Militäranwärter, welche den Civilversorgungsschein in einer militärisch organisirten Preußischen Schutzmannschaft oder in der Preußischen Gendarmerie erworben haben.

An Stelle des §. 1 Abs. 2 tritt für diejenigen Inhaber des Civilversorgungsscheins, welche denselben nicht in einer militärisch organisirten Preußischen Schutzmannschaft oder nicht in der Preußischen Gendarmerie erworben haben, die Bestimmung,

> daß dieselben, um in Preußischen Communen sowie den in §. 1 Abs. 1 genannten Instituten den Anspruch auf Berücksichtigung bei der Stellenbesetzung zu haben, zwei Jahre lang im Besitz der Preußischen Staatsangehörigkeit sein müssen.

die Besorgung des Schreibwerks und der damit zusammenhängenden Dienstverrichtungen obliegt,

2. sämmtliche Stellen, deren Obliegenheiten im Wesentlichen in mechanischen Dienstleistungen bestehen.

4. Mindestens zur Hälfte mit Militäranwärtern sind zu besetzen die Stellen der Subalternbeamten im Büreaudienst, jedoch mit Ausnahme

1. derjenigen Stellen, für welche eine besondere wissenschaftliche oder technische Vorbildung erfordert wird,
2. der Stellen derjenigen Kassenvorsteher, welche eigene Rechnung zu legen haben, sowie derjenigen Kassenbeamten, welche Kassengelder einzunehmen, zu verwahren oder auszugeben haben.

5. In welchem Umfange die nicht unter die §§. 3 und 4 fallenden Subaltern- und Unterbeamtenstellen mit Militäranwärtern zu besetzen sind, ist unter Berücksichtigung der Anforderungen des Dienstes und unter sinngemäßer Zugrundelegung der für die Reichs- und Staatsbehörden jeweilig geltenden Verzeichnisse über die den Militäranwärtern vorbehaltenen Stellen zu bestimmen.

6. Insoweit in Ausführung der §§. 4 und 5 einzelne Klassen von Subaltern- und Unterbeamtenstellen den Militäranwärtern nicht mindestens zur Hälfte vorbehalten werden können, hat nach Möglichkeit ein Ausgleich in der Weise stattzufinden, daß andere derartige Stellen desselben Communalverbandes in entsprechender Zahl und Besoldung vorbehalten werden.

Unter einer Klasse im Sinne dieses Gesetzes ist die Gesammtheit der bei einem communalen Verbande beschäftigten Beamten zu verstehen, deren dienstliche Obliegenheiten ihrer Natur nach im Wesentlichen dieselben sind.

Enthält eine Klasse nur eine Stelle, so bleibt dieselbe den Militäranwärtern vorbehalten oder versagt, je nachdem sie unter Berücksichtigung der Anforderungen des Dienstes zur Besetzung mit einem Militäranwärter geeignet oder nicht geeignet ist.

7. Die den Militäranwärtern vorbehaltenen Stellen können verliehen werden:

1. an Offiziere und Deckoffiziere, welchen beim Ausscheiden aus dem aktiven Dienste die Aussicht auf Anstellung im Civildienste verliehen worden ist;
2. ehemaligen Militäranwärtern, welche sich in einer auf Grund ihrer Versorgungsansprüche erworbenen etatsmäßigen Anstellung befinden oder in Folge eingetretener Dienstunfähigkeit in den Ruhestand versetzt worden sind;
3. ehemaligen Militärpersonen, welchen der Civilversorgungsschein lediglich um deswillen versagt worden ist, weil sie sich nicht fortgesetzt gut ge-

führt haben, und welchen gemäß einer von der zuständigen Militärbehörde ihnen später ertheilten Bescheinigung eine den Militäranwärtern im Reichs- oder Staatsdienste vorbehaltene Stelle übertragen werden darf;

4. sonstigen Personen, denen die Berechtigung zu einer Anstellung landesherrlich verliehen worden ist;

5. solchen Beamten und Bediensteten des betreffenden Communalverbandes, welche für ihren Dienst unbrauchbar oder entbehrlich geworden sind und einstweilig oder dauernd in den Ruhestand versetzt werden müßten, wenn ihnen nicht eine den Militäranwärtern vorbehaltene Stelle verliehen würde.

8. Stellen, welche den Militäranwärtern nur theilweise (zur Hälfte, zu einem Dritttheil u. s. w.) vorbehalten sind, werden bei eintretenden Vakanzen in einer dem Antheilsverhältniß entsprechenden Reihenfolge mit Militäranwärtern oder Civilpersonen besetzt, und zwar ohne Rücksicht auf die Zahl der zur Zeit der Besetzung thatsächlich mit Militäranwärtern und Civilpersonen besetzten Stellen.

Wird die Reihenfolge auf Grund des §. 7 unterbrochen oder wird in Folge des §. 7 Nr. 5 eine ausschließlich mit Militäranwärtern zu besetzende Stelle mit einem Bediensteten des Communalverbandes besetzt, so ist eine Ausgleichung herbeizuführen. Dabei sind Personen, deren Anstellung auf Grund des §. 7 Nr. 4 und 5 erfolgt, als Civilpersonen, Personen, deren Anstellung auf Grund des §. 7 Nr. 1 bis 3 erfolgt, als Militäranwärter in Anrechnung zu bringen.

In der Versetzung oder Beförderung eines besoldeten Subaltern- oder Unterbeamten auf eine andere nicht ausschließlich mit Militäranwärtern zu besetzende besoldete Subaltern- oder Unbeamtenstelle desselben Communalverbandes sind die Communalverbände nicht beschränkt. Wäre die auf solche Weise mit einer Civilperson besetzte Stelle der bestehenden Reihenfolge nach mit einem Militäranwärter zu besetzen gewesen, so ist eine Ausgleichung herbeizuführen.

9. Die Militäranwärter haben sich um die von ihnen begehrten Stellen bei den Anstellungsbehörden zu bewerben.

Sie sind zu Bewerbungen vor oder nach der Stellenerledigung so lange berechtigt, als sie noch nicht eine etatsmäßige Stelle erlangt und angetreten haben, mit welcher ein pensionsfähiges Diensteinkommen von mindestens 900 Mark verbunden ist. Bewerbungen um Stellen, welche nur im Wege des Aufrückens zu erlangen sind, werden jedoch hierdurch nicht ausgeschlossen.

10. Bewerbungen um noch nicht freigewordene Stellen sind alljährlich zum 1. December zu erneuern, widrigenfalls dieselben als erloschen gelten.

11. (geändert). Ueber die Bewerbungen um noch nicht erledigte Stellen haben die Communalbehörden Verzeichnisse nach Anlage 2a anzulegen, in welche die Stellenanwärter nach dem Datum des Einganges der ersten Meldung eingetragen werden. War die Befähigung noch durch eine Prüfung (Vorprüfung) nachzuweisen, so kann die Eintragung auch nach dem Tage des Bestehens der Prüfung erfolgen.

Bei der Besetzung erledigter Stellen sind unter sonst gleichen Verhältnissen Unteroffiziere, welche mindestens 8 Jahre im Heere oder in der Marine aktiv gedient haben, in erster Linie zu berücksichtigen.

12. Die den Militäranwärtern vorbehaltenen Stellen dürfen, außer in dem Falle des §. 7, mit anderen Personen nicht besetzt werden, sofern sich Militäranwärter finden, welche zur Uebernahme der Stellen befähigt und bereit sind. Es macht dabei keinen Unterschied, ob die Stellen dauernd oder nur zeitweise bestehen, ob mit denselben ein etatsmäßiges Gehalt oder nur eine diätarische oder andere Remuneration verbunden ist, ob die Anstellung auf Lebenszeit, auf Kündigung oder auf Widerruf geschieht.

Zu vorübergehender Beschäftigung als Hülfsarbeiter oder Vertreter können jedoch auch Nichtversorgungsberechtigte angenommen werden.

In Ansehung derjenigen dienstlichen Verrichtungen, für welche wegen ihres geringen, die volle Zeit und Thätigkeit eines Beamten nicht in Anspruch nehmenden Umfanges und der Geringfügigkeit der damit verbundenen Remuneration besondere Beamte nicht angenommen, welche vielmehr an Privatpersonen, an andere Beamte als Nebenbeschäftigung oder an verabschiedete Beamte übertragen zu werden pflegen, behält es hierbei sein Bewenden. Wenn sich jedoch Militäranwärter ohne Aufforderung zu solchen dienstlichen Verrichtungen melden, so sind dieselben vorzugsweise zu berücksichtigen.

13. Die Anstellungsbehörden sind zur Berücksichtigung von Bewerbungen nur dann verpflichtet, wenn die Bewerber eine genügende Befähigung für die fragliche Stelle beziehungsweise den fraglichen Dienstzweig nachweisen. Darüber, ob der Bewerber genügende Befähigung besitzt, entscheidet auf Beschwerde die staatliche Aufsichtsbehörde.

Sind für gewisse Dienststellen oder für gewisse Gattungen von Dienststellen besondere Prüfungen (Vorprüfungen) vorgeschrieben, so hat der Militäranwärter auch diese Prüfungen abzulegen. Auch kann, wenn die Eigenthümlichkeit des Dienstzweiges dies erheischt, die Zulassung zu dieser Prüfung oder die Annahme der Bewerbung überhaupt von einer vorgängigen informatorischen Beschäftigung in dem betreffenden Dienstzweige abhängig gemacht werden, welche in der Regel nicht über drei Monate auszudehnen ist. Ueber die Zulässigkeit einer informatorischen Beschäftigung entscheidet die staatliche Aufsichtsbehörde.

Die Anstellung eines einberufenen Militäranwärters kann zunächst auf Probe erfolgen oder von einer Probedienstleistung abhängig gemacht werden. Die Probezeit darf vorbehaltlich der Abkürzung bei früher nachgewiesener Befähigung in der Regel höchstens sechs Monate, für den Dienst der Straßen- und Wasserbauverwaltung, mit Ausschluß der im §. 3 bezeichneten Stellen, ein Jahr betragen. Handelt es sich um Anstellungen im Büreau- oder Kassendienst, so kann die Probezeit mit Genehmigung der staatlichen Aufsichtsbehörde unter Zustimmung der zuständigen Militärbehörde ausnahmsweise bis auf die Dauer eines Jahres verlängert werden. Während der Anstellung auf Probe ist dem Anwärter das volle Stelleneinkommen, während der Probedienstleistung eine fortlaufende Remuneration von nicht weniger als Dreiviertheil des Stelleneinkommens zu gewähren.

14. Welche Subaltern- und Unterbeamtenstellen und, gegebenen Falls, in welcher Anzahl dieselben gemäß den vorstehenden Bestimmungen den Militäranwärtern vorzubehalten sind, hat die Communalaufsichtsbehörde festzustellen. Gegen diese Feststellung ist die Beschwerde zulässig. Stellen, wegen deren eine solche Feststellung noch nicht stattgefunden hat, dürfen, insofern nicht Militäranwärter zur Anstellung gelangen, oder das in diesem Gesetze bezüglich der Besetzung der Stellen mit Militäranwärtern vorgeschriebene Verfahren erledigt ist, bis zu der erfolgten Feststellung nur widerruflich besetzt werden. Die Anstellungsverhältnisse der Inhaber von solchen Stellen, welche gemäß den vorstehenden Bestimmungen den Militäranwärtern vorzubehalten, dagegen ohne Verletzung der bisherigen Bestimmungen an nicht Versorgungsberechtigte übertragen worden sind, bleiben hierdurch unberührt. Gleichfalls unberührt bleiben bereits erworbene Ansprüche von Militäranwärtern.

Uebergangs- und Schlußbestimmungen.

15. Sind bei dem Inkrafttreten dieses Gesetzes Civilpersonen seit mindestens drei Jahren in Stellen, welche denselben nach dem bisherigen Rechte ohne landesherrliche Verleihung der Berechtigung zu einer Anstellung nicht hätten übertragen werden dürfen, so können die Civilpersonen in diesen Stellen belassen werden. Gehören diese Stellen zu denjenigen, welche gemäß den Vorschriften des gegenwärtigen Gesetzes den Militäranwärtern theilweise vorbehalten sind, so müssen frei werdende Stellen den Militäranwärtern so lange und in ununterbrochener Reihenfolge übertragen werden, bis der den Militäranwärtern vorbehaltene Theil erfüllt ist.

16. Das gegenwärtige Gesetz tritt am 1. Oktober 1892 in Kraft.

Mit diesem Zeitpunkte treten alle entgegenstehenden Bestimmungen, insbesondere die Declaration wegen Berücksichtigung invalider Militärpersonen bei Besetzung städtischer Posten vom 29. Mai 1820 (Gesetz-Samml. S. 79), die Kabinetsorder, betreffend die Besetzung der Kämmereirendanten- und Communalkassenrendantenstellen, vom 1. August 1835 (Gesetz-Samml. S. 179) und der Allerhöchste Erlaß, betreffend die Verpflichtung der Stadtgemeinden in den neu erworbenen Landestheilen zur Besetzung der besoldeten städtischen Unterbedientenstellen mit versorgungsberechtigten Militärinvaliden, vom 22. September 1867 (Gesetz-Samml. S. 1667) außer Kraft.

Der Minister des Innern und der Kriegsminister sind mit der Ausführung dieses Gesetzes beauftragt und erlassen die hierzu erforderlichen Anordnungen und Instruktionen.

Urkundlich unter Unserer Höchsteigenhändigen Unterschrift und beigedrucktem Königlichen Insiegel.

Gegeben an Bord Meiner Yacht „Kaiseradler", Drontheim, den 21. Juli 1892.

(L. S.) **Wilhelm.**

Gr. zu Eulenburg. v. Boetticher. Herrfurth. v. Schelling. Frhr. v. Berlepsch. Miquel. v. Kaltenborn. Thielen.

2.

Ministerielle Ausführungsanweisung zum Militäranwärter-Anstellungsgesetz vom 21. Juli 1892.

Vom 30. September 1892 bezw. 1. Dezember 1899.
(Ministerialblatt für die innere Verwaltung Jahrgang 1892 S. 285, 1899 S. 235.)

Cirkular an sämmtliche Königliche Regierungs-Präsidenten vom 30. September 1892*) über Ausführung des Gesetzes, betr. die Besetzung der Subaltern- und Unterbeamtenstellen in der Verwaltung der Communalverbände mit Militäranwärtern.

In Nummer 24 der Gesetz-Sammlung (S. 214) ist das Gesetz, betr. die Besetzung der Subaltern- und Unterbeamtenstellen in der Verwaltung der Communalverbände mit Militäranwärtern, vom 21. Juli 1892, zur Veröffentlichung gelangt. Dasselbe tritt nach §. 16 mit dem 1. Oktober d. Js. in Kraft.

Zur Ausführung des Gesetzes ertheile ich auf Grund des §. 16 Abs. 3 im Einverständnisse mit dem Herrn Kriegsminister die nachstehenden Weisungen.

Das Gesetz verfolgt die Absicht, unter Aufhebung

*) Abgeändert durch Allg. Vf. vom 1. Dezember 1899 (M.-Bl. f. d. i. V. S. 235), welche auf Grund der Bekanntmachung des Bundesrathes vom 25. Juli 1899 (Centralblatt für das Deutsche Reich S. 268) ergangen ist.

der für die Stadtgemeinden, die Kreis- und Provinzialverbände wegen der Anstellung von Militärinvaliden zur Zeit bestehenden Vorschriften, die Grundsätze, welche für die Reichs- und Staatsbehörden bei der Besetzung ihrer Subaltern- und Unterbeamtenstellen mit Militäranwärtern gelten, auf die Communalverbände mit denjenigen Maßgaben zu übertragen, welche aus der Verschiedenheit der beiderseitigen Verhältnisse sich ergeben. Wie die Vergleichung des Gesetzes und jener „Grundsätze" (Minist.-Bl. für die innere Verwaltung 1882 S. 225) erkennen läßt, ist der §. 1 des Gesetzes den §§. 1 und 2 der Grundsätze, es sind ferner die §§. 3 bis 6 des Gesetzes den entsprechenden Paragraphen der Grundsätze, der §. 7 des Gesetzes dem §. 11 der Grundsätze fast wörtlich nachgebildet. Bei der Ausführung des Gesetzes ist demnach im Allgemeinen in gleicher Weise zu verfahren, wie bei der Ausführung der „Grundsätze" bisher verfahren worden ist und weiterhin verfahren werden wird.

Im Einzelnen ist Folgendes zu beachten:

1. Das Gesetz betrifft die Besetzung von Subaltern- und Unterbeamtenstellen. Welche solcher Stellen und in welcher Anzahl dieselben den Militäranwärtern vorzubehalten sind, ist nach den Bestimmungen des Gesetzes gemäß §. 14 von den Communalaufsichtsbehörden festzustellen.

In den Berichten, welche bei der Vorbereitung

des Entwurfs des Gesetzes erfordert worden sind, ist mehrfach die Auffassung zum Ausdrucke gebracht worden, daß Personen, welche in den gewerblichen Unternehmungen der Communalverbände beschäftigt werden, überhaupt nicht Beamte seien und daß folglich die Stellen dieser Personen bei der Besetzung der Subaltern- und Unterbeamtenstellen der Communalverbände von vornherein ausschieden. Diese Auffassung ist irrig. Wie das Königl. Ober-Verwaltungsgericht in seiner Entscheidung vom 20. November 1891 (Entsch. Bd. 22 S. 67) zutreffend ausgeführt hat, „kann die Eigenschaft von Gemeindebeamten und mittelbaren Staatsbeamten auch solchen im Dienste der Stadt stehenden Personen zukommen, die keinerlei obrigkeitliche Befugnisse ausüben, sondern lediglich in industriellen oder sonst rein wirthschaftlichen Betrieben der Stadtgemeinde thätig sind." Hieraus folgt, wie das Ober-Verwaltungsgericht weiterhin dargelegt hat, nicht, daß alle diejenigen, welche eine Gemeindebehörde zu Diensten innerhalb eines abgegrenzten Geschäftsbereichs beruft, allein schon aus diesem Grunde Gemeindebeamte sind. Die Besorgung der Geschäfte kann auch lediglich als eine privatrechtliche Verpflichtung durch Vertrag übertragen werden, und dies ist bei der Uebertragung von Geschäften in den gewerblichen Unternehmungen der communalen und weiteren Verbände nicht selten der Fall. Ob in Fällen dieser Art ein Beamten- oder ein privatrechtliches Dienstverhältniß besteht, ist in jedem einzelnen Falle eine wesentlich thatsächliche Frage, deren Beantwortung vornehmlich von der Würdigung derjenigen Umstände abhängt, in denen der Wille der Betheiligten einen erkennbaren Ausdruck gefunden hat.

Welche Beamtenstellen sodann als Subaltern- und Unterbeamtenstellen zu erachten sind, ist, sofern Zweifel in dieser Beziehung bestehen, im Allgemeinen aus der Analogie der Festsetzungen über die den Militäranwärtern im Preußischen Staatsdienste vorbehaltenen Stellen zu beantworten, insbesondere im Hinblick auf das durch den Allerhöchsten Erlaß vom 30. Juni 1885 (Minist.-Bl. S. 165) genehmigte Stellenverzeichniß und dessen Nachträge. Aus dem Umstande, daß im §. 5 des Gesetzes — abweichend von dem demselben entsprechenden §. 4 der Regierungsvorlage, und nur an dieser Stelle — auf die sinngemäße Zugrundelegung der für die Reichs- und Staatsbehörden jeweilig geltenden Stellenverzeichnisse für den Fall dieses Paragraphen ausdrücklich hingewiesen worden ist, darf nicht gefolgert werden, daß die Stellenverzeichnisse bei der Ausführung der §§. 3, 4, 6 des Gesetzes nicht gleichfalls sinngemäß zu verwerthen seien. Insoweit auch auf diesem Wege zu einem Ergebnisse nicht zu gelangen ist, wird grundsätzlich davon auszugehen sein, daß diejenigen Stellen, deren Inhabern eine selbstständige Verwaltung übertragen ist, zu den Subaltern- und Unterbeamtenstellen nicht zu rechnen sind. Es gilt dies beispielsweise von den Stellen der Vorsteher der Irren-, Heil- und Pflegeanstalten, der Blinden-, Taubstummen-, Besserungs- und Erziehungsanstalten, der communalen Kur- und Bade-Etablissements, ferner der Branddirektoren, Standesbeamten, Polizei-Inspectoren- und -Kommissare.

Soweit hiernach das Gesetz auf Beamtenstellen überhaupt Anwendung findet, ist es unerheblich, ob die Stellen etatsmäßige oder nicht etatsmäßige sind.

2. Anlangend die Frage, welche Verbände als Communalverbände im Sinne des §. 1 zu gelten haben, so gehören zu denselben nicht nur die Land- und Stadtgemeinden, die Kreise und Provinzen, sondern namentlich auch die in den alten Provinzen noch bestehenden communalständischen Verbände und die landschaftlichen Verbände in der Provinz Hannover, die hohenzollernschen Amtsverbände, die Bezirksverbände der Regierungsbezirke Kassel und Wiesbaden, der hohenzollernsche und der Lauenburgische Landescommunalverband, ferner die aus Gemeinden bezw. aus Gemeinden und Gutsbezirken für bestimmte communale Zwecke gebildeten Verbände, die Gesammtarmenverbände und Wegeverbände, die Bürgermeistereien in der Rheinprovinz, die Aemter in Westfalen, die Zweckverbände im Sinne der §§. 128 ff. der Landgemeinde-Ordnung vom 3. Juli 1891,

— nicht dagegen die landschaftlichen Kreditverbände.

Im Uebrigen muß daran festgehalten werden, daß das Gesetz nur von Beamten in der Verwaltung der Communalverbände spricht. Das Gesetz findet somit keine Anwendung auf die Stellen solcher Personen, welche, wie dies z. B. in der Rheinprovinz und in Westfalen nicht selten der Fall ist, lediglich in einem persönlichen Dienstverhältnisse zu dem an der Spitze des Communalverbandes stehenden Beamten sich befinden und für die Besorgung von Geschäften in der diesem Beamten übertragenen communalen Verwaltung aus dem demselben bewilligten Kostenaversum besoldet werden.

Ergänzung zu Nr. 2. (Allg. Vf. v. 1. Dezember 1899 M.-Bl. f. d. i. V. S. 235.)

Zu den Beamtenstellen „in der Verwaltung der Communalverbände" (§ 1 Ges. vom 21. Juli 1892) gehören auch die Stellen in „ständischen und solchen Instituten, welche ganz oder zum Theil aus Mitteln . . . der Gemeinde unterhalten werden."

3. (Allg. Vf. v. 1. Dezember 1899 M.-Bl. f. d. i. V. S. 235.)

Während nach dem Gesetze vom 21. Juli 1892 (§. 1 al 2) der Stellenanspruch eines Inhabers des Civilversorgungsscheins von der doppelten Bedingung abhängig war, daß derselbe die Eigenschaft eines Preußischen Staatsangehörigen besaß und aus dem Preußischen Reichsmilitärkontingente hervorgegangen war, ist durch die „Grundsätze" des Bundesraths die letztere Bedingung fortgefallen und die erstere dahin abgeändert worden, daß der Inhaber des Civilversorgungsscheins, um in Preußischen Communen u. s. f. den Anspruch auf Berücksichtigung bei der Stellenbesetzung zu haben, zwei Jahre lang im Besitze der Preußischen Staatsangehörigkeit sein muß. Ist hiernach im einzelnen Falle diese letztere Bedingung erfüllt, so ist es für den Anspruch des Betreffenden gleichgiltig, ob er den Civilversorgungsschein in einem preußischen oder unter preußischer Verwaltung stehenden Militärkontingente bezw. in der Kaiserlichen Marine oder in dem bayrischen, sächsischen oder württembergischen Militärkontingente erdient hat. Nur hinsichtlich derjenigen Militäranwärter, welche den Civilversorgungsschein in einer militärisch organisirten preußischen Schutzmannschaft oder in der preußischen Gendarmerie erworben haben, verbleibt es bei der Bestimmung des §. 1 al. 2 des Gesetzes vom 21. Juli 1892.

4. Nach §. 3 der „Grundsätze" sind die ausschließlich mit Militäranwärtern zu besetzenden Stellen im Kanzleidienste diejenigen, deren Inhabern lediglich die Besorgung des Schreibwerks obliegt.

Das Wort „lediglich" fehlt im Gesetze. Im

Sinne des letzteren gehören zu den Stellen im Kanzleidienst auch diejenigen, deren Inhaber außer dem Schreibwerk nebenbei und in geringem Umfange auch sonstige Dienste zu besorgen haben, wogegen zu diesen Stellen diejenigen nicht gehören, deren Inhaber nur nebenbei auch zur Besorgung des Schreibwerks und der damit zusammenhängenden Dienstverrichtungen herangezogen werden. Das Gesetz hat dem Umstande Rechnung getragen, daß namentlich in den Verwaltungen der kleinen Communalverbände, Kanzlei- und sonstiger Bureaudienst nicht immer scharf geschieden sind.

5. Die Vorschrift im § 3 des Gesetzes wegen der Lohnschreiber findet auf junge Leute keine Anwendung, die, was namentlich bei den Verwaltungen der Communalverbände vielfach zutrifft, zwar beim Schreibwerk etwa auch gegen eine mäßige Vergütung beschäftigt werden, indessen der Hauptsache nach doch nur, um für den späteren Dienst als Subalternbeamte vorbereitet zu werden. Es bedarf im Uebrigen keines Hinweises darauf, daß eine derartige Beschäftigung nicht dazu dienen darf, um Stellen, welche Militäranwärtern vorzubehalten sind, denselben thatsächlich zu entziehen.

6. Nach §. 3 der „Grundsätze" sind ausschließlich mit Militäranwärtern zu besetzen: sämmtliche Stellen, deren Obliegenheiten im Wesentlichen in mechanischen Dienstleistungen bestehen und keine technischen Kennt-

nisse erfordern. Das Nichterforderniß der technischen Kenntnisse fehlt im §. 3 des Gesetzes. Es hat hierdurch jedoch keine Abweichung von den „Grundsätzen" herbeigeführt werden sollen, sondern es ist bei Aufstellung des Entwurfs des Gesetzes davon ausgegangen worden, daß Obliegenheiten, die im Wesentlichen in mechanischen Dienstleistungen bestehen, überhaupt nicht technische Kenntnisse erfordern werden, daß somit die Voraussetzung des Nichterfordernisses von technischen Kenntnissen einer besonderen Hervorhebung im Gesetze nicht bedarf.

7. Bei der Berathung der Regierungsvorlage in der Sitzung des Herrenhauses vom 15. Juni d. J. Sten. B. S. 315) ist eine Entscheidung darüber in Anregung gebracht worden, ob die Stellen der Polizeisergeanten als solche anzusehen sind, deren Obliegenheiten im Wesentlichen in mechanischen Dienstleistungen bestehen und die daher gemäß §. 3 des Gesetzes ausschließlich mit Militäranwärtern zu besetzen sind, oder ob die Besetzung dieser Stellen sich nach den Bestimmungen im §. 5 des Gesetzes regele. Bisher ist, soviel bekannt, bei den Verwaltungsbehörden im Allgemeinen davon ausgegangen worden, daß die Stellen der Polizeisergeanten zu denjenigen zu rechnen seien, deren Obliegenheiten im Wesentlichen in mechanischen Dienstleistungen bestehen. Auch ist ein Unterschied für die Ausführung des Gesetzes, je nachdem auf die Besetzung dieser Stellen der §. 3

oder der §. 5 des Gesetzes Anwendung findet, kaum erkennbar, weil nach dem durch den Allerhöchsten Erlaß vom 30. Juni 1885 (M.=Bl. S. 165) genehmigten, im §. 5 bezogenen Stellenverzeichniß unter VII, 3 die Stellen der Polizeiwachtmeister und Schutzmänner im Königlichen Dienst, denen die Stellen der Polizeiwachtmeister und Polizeisergeanten in den Stadtgemeinden insoweit gleichzustellen sind, in der Regel sämmtlich mit Militäranwärtern besetzt werden sollen. Gleichwohl bin ich im Hinblick auf die bei der Berathung der Regierungsvorlage im Herrenhause von dem Vertreter der Staatsregierung gegebene Zusage damit einverstanden, daß der in Anregung gebrachte Zweifel geprüft und daß namentlich erwogen werde, ob in den dazu geeigneten Fällen einzelne Stellen der Polizeiwachtmeister und Polizeisergeanten in den Communalverbänden, analog der im Stellenverzeichnisse vorgesehenen Ausnahme wegen des im Kriminaldienst verwendeten Personals von der ausschließlichen Besetzung mit Militäranwärtern auszunehmen sind.

8. §. 4 des Gesetzes spricht — im Gegensatze zu §. 5 desselben — nur von den Stellen der Subalternbeamten im Büreaudienste. Es gehören hierhin namentlich die Stellen im Journal=, Registratur=, Expeditions=, Kalkulator= und Kassendienste.

Von der Regel, wonach diese Stellen mindestens zur Hälfte mit Militäranwärtern zu besetzen sind, ist unter Ziffer 1 eine Ausnahme bezüglich derjenigen Stellen nachgelassen, für welche eine besondere wissenschaftliche oder technische Vorbildung erfordert wird. Zu diesen letzteren Stellen sind diejenigen der Sekretäre in größeren Communalverwaltungen, insbesondere auch der Kreisausschuß-Sekretäre ebenso wenig zu rechnen, wie nach den „Grundsätzen" die Stellen der Sekretäre bei den Oberpräsidien und Regierungen. Dagegen werden die beregten Stellen gleich den Stellen der Sekretäre bei den Oberpräsidien 2c., den Militäranwärtern nur im Wege des Aufrückens zugänglich zu machen sein. Ist die Möglichkeit des Aufrückens ausgeschlossen, weil — was bei den Kreisausschuß-Verwaltungen in der Regel der Fall sein wird — es an einer Klasse von Beamten fehlt, aus welcher aufgerückt werden kann, so muß nach §. 6 Abs. 3 des Gesetzes eine Stelle der erwähnten Art den Militäranwärtern vorbehalten oder versagt bleiben, je nachdem sie, unter Berücksichtigung der Anforderungen des Dienstes zur Besetzung mit einem Militäranwärter geeignet oder nicht geeignet ist.

Zusatz: (Allg. Vf. vom 1. Dezember 1899 M.-Bl. S. 235.)

Weiterhin ist aus den den „Grundsätzen" des Bundesraths beigegebenen „Erläuterungen" hervorzuheben, daß bei Besetzung der den Militäranwärtern ausschließlich oder zum Theil vorbehaltenen Stellen, welche nur im Wege des Aufrückens erreicht werden können, bei sonst gleichen Voraussetzungen hinsichtlich der Qualification ehemalige Militäranwärter hinter anderen Angestellten nicht zurückgesetzt werden dürfen.

Im Uebrigen mache ich, was insbesondere die Stadtsekretäre betrifft, darauf aufmerksam, daß dem Titel, welcher einem Beamten gegeben wird, eine bedeutende Entscheidung für die Frage, in welcher Weise die Bestimmungen des Gesetzes auf den Stelleninhaber in Anwendung zu bringen sind, nicht beizulegen ist; entscheidend sind die Funktionen, welche der Stelleninhaber zu erfüllen hat. Es ergiebt sich hieraus, daß die Stellen solcher Stadtsekretäre, die wie es vielfach in kleineren Communalverbänden der Fall ist, vornehmlich mit den untergeordneteren Geschäften im Büreaudienst beauftragt sind, nicht zu denjenigen gerechnet werden dürfen, die nur im Wege des Aufrückens zu erlangen sind, daß dieselben den Militäranwärtern vielmehr ohne eine solche Einschränkung zugänglich gehalten werden müssen.

Bezüglich der eigenartigen Stellen der Stadtsekretäre in der Provinz Hannover (§§. 41, 46, 56 der dortigen Städteordnung vom 24. Juni 1858) verbleibt es auch weiterhin dabei, daß dieselben den Militäranwärtern nicht vorzubehalten sind.

9. Was die im §. 4 unter Ziffer 2 erwähnten Kassenbeamten betrifft, so sind bei der Berathung der Regierungsvorlage in den Sitzungen des Hauses der

Abgeordneten vom 30. und 31. Mai d. J. (Sten. Ber. S. 193 ff. und S. 1960 ff.) die Verhältnisse der Gegenbuchführer und Kassenrevisoren in einigen größeren städtischen Verwaltungen der Provinz Westfalen eingehend erörtert worden. Wie schon zu Ziffer 8 bemerkt, ist der Titel eines Beamten für die Anwendung des Gesetzes auf die Besetzung der Stelle des Beamten nicht von entscheidender Bedeutung. Insofern daher insbesondere die Gegenbuchführer berufen sind, Kassengelder einzunehmen, zu verwahren oder auszugeben, fallen sie unter die Ausnahmebestimmung des §. 4 Ziffer 2. Im Uebrigen wird, was insbesondere die Revisoren betrifft, zu prüfen sein, ob die Stellen derselben denjenigen beizuzählen sind, welche den Militäranwärtern nur im Wege des Aufrückens mindestens zur Hälfte vorbehalten bleiben können.

10. Während die im §. 3 des Gesetzes bezeichneten Unterbeamtenstellen ausschließlich und die im §. 4 desselben bezeichneten Stellen der Subalternbeamten im Büreaudienst mindestens zur Hälfte mit Militäranwärtern zu besetzen sind, sollen alle übrigen Unterbeamten- und Subalternbeamtenstellen gemäß §. 5 nur unter Berücksichtigung der Anforderungen des Dienstes und unter sinngemäßer Zugrundelegung der für die Reichs- und Staatsbehörden jeweilig geltenden Verzeichnisse über die den Militäranwärtern vorbehaltenen Stellen mit Militäranwärtern be-

setzt werden. Es ist schon darauf hingewiesen worden, daß der Zusatz „und unter sinngemäßer Zugrundelegung ꝛc.“ auf einem Beschlusse des Abgeordnetenhauses beruht. Im §. 5 der Grundsätze ist die Berücksichtigung der Anforderungen des Dienstes als ausschließlich maßgebend hingestellt, und dasselbe war auch im §. 4 der Regierungsvorlage geschehen. Bei der Ausführung des Gesetzes wird darauf zu halten sein, daß, wo wegen der Verschiedenheit der Verwaltungen und deren Aufgaben die Anforderungen des Dienstes und die sinngemäße Zugrundelegung jener Verzeichnisse sich nicht ohne Weiteres decken, die Anforderungen des Dienstes in erster Linie zu berücksichtigen sind.

11. Die Bestimmung im §. 6 Abs. 1 hat während der Berathung des Entwurfs des Gesetzes im Landtage zu vielfachen Erörterungen Anlaß gegeben.

Zur Erläuterung der Anordnung nehme ich auf das während der kommissarischen Berathung des Entwurfs im Hause der Abgeordneten von dem Vertreter der Regierung konstruirte Beispiel ergebenst Bezug (H. d. Abg. Drucks. Nr. 205, S. 13).

12. Unter den Bediensteten im Sinne des §. 7 Ziffer 5, deren im §. 10 Ziffer 3 der „Grundsätze“ keine Erwähnung geschieht, sind solche Personen zu verstehen, die durch Privatvertrag in den Communaldienst aufgenommen worden sind. Es soll den Communalverbänden die Möglichkeit gewährt werden,

solche Personen, die zur ferneren Verrichtung eines vielleicht anstrengenden, besondere körperliche Tüchtigkeit erfordernden Dienstes untauglich geworden sind, in leichteren Stellen noch zu verwenden, die an sich mit Militäranwärtern zu besetzen sein würden. Macht ein Communalverband von dem ihm hiernach gewährten Rechte Gebrauch, so hat jedoch gemäß §. 8 Abs. 2 die dort angeordnete Ausgleichung zu erfolgen.

13. Gemäß §. 8 des Gesetzes sind Stellen, welche den Militäranwärtern nur theilweise (zur Hälfte u. s. w.) vorbehalten sind, bei eintretenden Vakanzen in einer dem Antheilsverhältnisse entsprechenden Reihenfolge mit Militäranwärtern oder Civilpersonen zu besetzen, also in denjenigen Fällen, in welchen die Hälfte der Stellen den Militäranwärtern vorbehalten ist, abwechselnd mit Militäranwärtern und Civilpersonen. Die Bedeutung dieser, dem §. 11 der „Grundsätze" entsprechenden Vorschrift tritt klar zu Tage, sobald beispielsweise der Fall berücksichtigt wird, daß die Zahl der Stellen, welche den Militäranwärtern zur Hälfte vorbehalten ist, eine ungrade ist.

Absatz 3 des §. 8, für welchen sich ein Vorgang in den „Grundsätzen" nicht findet, soll, wie sich aus dem Berichte der mit der Berathung des Entwurfs im Herrenhause beauftragt gewesenen Kommission ergiebt, den besonderen Interessen der Communalverbände Rechnung tragen, welche es für diese Verbände mitunter wünschenswerth machen, an die

Innehaltung der Regel bei Besetzung einer Stelle nicht unter allen Umständen gebunden zu sein (Herrenhaus, Session 1892, Drucks. Nr. 61, S. 8 ff.).

Im Uebrigen kann es nicht zweifelhaft sein, daß, wenn Stellen den Militäranwärtern, beispielsweise zur Hälfte vorbehalten sind und eine vacant gewordene Stelle, welche nach der bestehenden Reihenfolge mit einem Militäranwärter zu besetzen sein würde, mit einer Civilperson besetzt wird, weil die Besetzung mit einem Militäranwärter Mangels einer Bewerbung nicht ausführbar ist, die nächste frei werdende Stelle wiederum mit einer Civilperson besetzt werden darf.

14. Gemäß §. 10 des Gesetzes sind Bewerbungen um noch nicht frei gewordene Stellen alljährlich zum 1. Dezember zu erneuern, widrigenfalls dieselben als erloschen gelten.

Bei der Benachrichtigung über die erfolgte Notirung sind die Militäranwärter hierauf mit dem Bemerken hinzuweisen, daß die Erneuerung behufs Vermeidung des angegebenen Nachtheils alljährlich bis zum 1. Dezember, das erste Mal bis zum 1. Dezember des auf die Notirung folgenden Kalenderjahres bei der Anstellungsbehörde eingegangen sein muß.

15. Gemäß §. 9 des Gesetzes haben sich die Militäranwärter um die von ihnen begehrten Stellen bei den Anstellungsbehörden zu bewerben.

Mit Bezug hierauf bemerke ich, daß Militäranwärtern, deren Civil-Versorgungsschein abhanden gekommen ist, ein neuer Schein nicht ausgefertigt, sondern von dem betreffenden General-Kommando eine Bescheinigung dahin ertheilt wird, daß und wann ihnen ein Versorgungsschein ausgestellt ist.

16. Nach §. 11 des Gesetzes müssen Stellen, welche mit Militäranwärtern zu besetzen sind, im Falle der Erledigung und wenn keine Bewerbungen von Militäranwärtern für dieselben vorliegen, Seitens der Anstellungsbehörde der zuständigen Militärbehörde behufs der Bekanntmachung mittelst Einreichung einer Nachweisung bezeichnet werden.

Die Bezeichnung hat nachträglich zu erfolgen, wenn eine vorliegende Bewerbung nicht zur Besetzung der Stelle mit einem Militäranwärter geführt hat, etwa aus dem Grunde, weil der Bewerber zurückgetreten ist oder bei der Anstellung auf Probe sich nicht als befähigt erwiesen hat.

Die Nachweisung ist nach dem anliegenden Muster A einzureichen.

Zuständige Militärbehörden sind zur Zeit:

a) für den Bezirk des I. Armeekorps das Bezirkskommando Braunsberg,
b) für den Bezirk des II. Armeekorps das Bezirkskommando Stettin,
c) für den Bezirk des III. Armeekorps das Bezirkskommando Potsdam,
d) für den Bezirk des IV. Armeekorps das Bezirkskommando Magdeburg,

e) für den Bezirk des V. Armeekorps das Bezirkskommando Neusalz a. O.,
f) für den Bezirk des VI. Armeekorps das Bezirkskommando Breslau II,
g) für den Bezirk des VII. Armeekorps das Bezirkskommando Münster,
h) für den Bezirk des VIII. Armeekorps das Bezirkskommando Coblenz,
i) für den Bezirk des IX. Armeekorps das Bezirkskommando Schleswig,
k) für den Bezirk des X. Armeekorps das Bezirkskommando Hildesheim,
l) für den Bezirk des XI. Armeekorps das Bezirkskommando Marburg,
m) für den Bezirk des XVII. Armeekorps das Bezirkskommando Marienburg,
n) für den Bezirk des XVIII. Armeekorps das Bezirkskommando Fulda.

Da die Nachweisungen Seitens der vorbezeichneten Vermittelungsbehörden jeden Sonnabend abgeschlossen und der Redaktion des Deutschen Reichs- und Königlich Preußischen Staatsanzeigers eingesandt werden, so liegt es im eigenen Interesse der Communalverbände, bei der Einreichung einer Nachweisung den angegebenen Termin inne zu halten.

Sodann aber ist darauf hinzuwirken, daß die Communalbehörden Verzeichnisse derjenigen Militäranwärter anlegen, welche sich zu den mit Militäranwärtern zu besetzenden Stellen schon vor der Bekanntmachung der Erledigung dieser Stellen gemeldet haben und daß bei Besetzung der Stellen auf derartige Meldungen — insofern das dienstliche Interesse nicht entgegensteht — thunlichst gerücksichtigt werde.

Zusatz: Allg. Verf. vom 1. Dezember 1899. (M.Bl. S. 235.)

In Ausdehnung der Vorschrift am Ende der Nr. 16 der Anweisung vom 30. September 1892 und der Verfügung vom 25. November 1898 (Min.Bl. 1899 S. 4) werden die Gemeinde- u. -s. f. Behörden für die Zukunft verpflichtet, die aus der Anlage ersichtlichen Verzeichnisse über Bewerbungen von Militäranwärtern um noch nicht erledigte Stellen zu führen, auch darin in einem ersten Abschnitt die Bewerbung von Unteroffizieren nachzuweisen, welche mindestens acht Jahre im Heere oder in der Marine aktiv gedient haben und deshalb ein Vorzugsrecht bei der Stellenbesetzung genießen sollen. Innerhalb jeder der hiernach zu bildenden Klassen der civilversorgungsberechtigten Stellenanwärter ist bei der Einberufung die Reihenfolge in der Bewerberliste in Betracht zu ziehen. Die Anstellungsbehörden sind jedoch nicht unbedingt an die Innehaltung der Reihenfolge gebunden, sondern zu Abweichungen innerhalb jeder dieser beiden Anwärterklassen berechtigt, sofern diese Abweichungen nach ihrem pflichtmäßigen Ermessen durch dienstliche Rücksichten bedingt werden.

17. Nach erfolgter etatsmäßiger Anstellung des Militäranwärters (§. 9 des Gesetzes) ist der Civilversorgungsschein dem Militäranwärter abzunehmen und zu den Akten zu bringen. Die Anstellungsbehörden haben die Vermittelungsbehörden am Schlusse eines jeden Vierteljahres von den erfolgten Anstellungen durch Zusendung einer Nachweisung nach Anlage B zu benachrichtigen.

Scheidet der Militäranwärter aus der ihm übertragenen Stelle freiwillig, aber ohne Anspruch auf Pension aus, so ist ihm der Civilversorgungsschein mit einem entsprechenden Vermerk zurückzugeben.

Erfolgt das Ausscheiden unfreiwillig, so sind die Gründe desselben in dem Civilversorgungsschein zu vermerken, bevor dessen Rückgabe erfolgt. Hat die unfreiwillige Entlassung eines Militäranwärters in Folge eines nicht ehrenhaften Verhaltens oder wegen fortgesetzt schlechter Dienstführung stattgefunden, so ist dies in dem Civilversorgungsschein gleichfalls zu vermerken. Der Inhaber verliert in solchem Falle den Anspruch auf weitere Berücksichtigung.

Ingleichen erlischt der Civilversorgungsschein, sobald sein Inhaber aus dem Civildienst mit Pension in den Ruhestand tritt. Eine Rückgabe des Civilversorgungsscheines findet in diesem Falle nicht statt.

18. Gemäß §. 12 Absatz 2 des Gesetzes können

zu vorübergehender Beschäftigung als Hülfsarbeiter oder Vertreter auch Nichtversorgungsberechtigte angenommen werden. Der Vorbehalt im §. 9 Absatz 3 der „Grundsätze": „falls qualificirte Militäranwärter nicht vorhanden sind u. s. w." hat in dem Gesetze Aufnahme nicht gefunden. Die vorübergehende Beschäftigung Nichtversorgungsberechtigter darf sich aber nicht zu einer Umgehung der Vorschriften des Gesetzes gestalten, nach welchen Versorgungsberechtigte anzustellen sind.

19. Die genügende Befähigung im Sinne des §. 13 Abs. 1 des Gesetzes begreift die ausreichende körperliche und geistige Befähigung in sich. Darüber, ob der Bewerber genügende Befähigung besitzt, entscheidet auf Beschwerde die staatliche Aufsichtsbehörde. Hat zur Beurtheilung der Befähigung eine Prüfung stattgefunden, deren Ergebniß für den Bewerber ungünstig ausgefallen ist, so wird — wenn keine besonderen Bedenken entgegenstehen — die Entscheidung der Aufsichtsbehörde nur auf der Grundlage des pflichtmäßigen Ermessens der Prüfungsbehörde erfolgen können. Daß bei den abzulegenden Prüfungen an die Militäranwärter keine höheren Anforderungen gestellt werden dürfen, als an andere Anwärter, wird kaum einer besonderen Hervorhebung bedürfen. Stellenanwärter, welche sich noch im aktiven Militärdienst befinden, werden auf Veranlassung der Anstellungsbehörde durch die vorgesetzte Militärbehörde

für die Dauer der Probezeit bezw. informatorischen Beschäftigung abcommandirt.

Die Fassung im vorletzten Satze des §. 13 Abs. 3, welche von „Anstellungen im Büreau- oder Cassendienste" lautet und sich in der Regierungsvorlage nicht findet, ist insofern unzutreffend, als der Cassendienst Büreaudienst ist, wie sich auch aus dem §. 4 des Gesetzes ergiebt.

20. Der Umstand, daß die Vorschriften im §. 22 Abs. 3 und 4 der „Grundsätze ꝛc." in das Gesetz nicht aufgenommen worden sind, darf nicht zu der Annahme führen, daß das Gesetz etwa voraussetze, daß die aus Militäranwärtern hervorgegangenen Subaltern- und Unterbeamten im Communaldienste besonderen Beschränkungen hinsichtlich des Aufrückens in höhere Stellen unterworfen seien. Es wird vielmehr bei passender Gelegenheit und in geeigneter Weise darauf hinzuwirken sein, daß diesen Beamten Gelegenheit zur Erwerbung der Befähigung für das Aufrücken in höhere Dienststellen geboten wird. Im Uebrigen erscheint es nicht zweifelhaft, daß das Gesetz auch in Ansehung der ehemaligen Militäranwärter den Communalverbänden freie Hand darin gelassen hat, welche ihrer Subaltern- und Unterbeamten sie in höhere oder besser dotirte Stellen aufrücken lassen wollen.

21. Zum Zwecke der gemäß §. 14 des Gesetzes von der Communalaufsichtsbehörde zu treffenden

Feststellung, welche Subaltern- und Unterbeamtenstellen und in welcher Anzahl dieselben den Militäranwärtern vorzubehalten sind, hat die Aufsichtsbehörde erster Instanz von den ihr unterstellten Communalbehörden ein nach Klassen (§. 6 Abs. 2 des Gesetzes) zu ordnendes Verzeichniß der sämmtlichen Subaltern- und Unterbeamtenstellen zu erfordern, welche am 1. Oktober d. Js., als am Tage des Inkrafttretens des Gesetzes, im Dienste des Communalverbandes vorhanden sind. Bei der Einreichung des Verzeichnisses hat die Communalbehörde sich darüber zu äußern, ob und bejahendenfalls, welche Stellen in ihrer Verwaltung noch außerdem bestehen, jedoch, weil lediglich auf Grund eines Dienstvertrages zu besetzen (vergl. Ziffer 1), in das Verzeichniß der Subaltern- und Unterbeamtenstellen nicht aufgenommen worden sind. Entstehendenfalls ist bezüglich dieser letzteren Stellen ein zweites Verzeichniß einzureichen.

Nach stattgehabter Prüfung der Vorlagen sind sodann die weiteren Anordnungen im Sinne des Gesetzes zu treffen.

22. Die Communalbehörden haben die Verzeichnisse fortzuführen und die eingetretenen Veränderungen den Communalaufsichtsbehörden anzuzeigen. Die Fortführung muß in der Art erfolgen, daß aus den Verzeichnissen ersichtlich ist, ob bei Besetzung der Subaltern- und Unterbeamtenstellen des

Communalverbandes nach den Bestimmungen des Gesetzes verfahren, insbesondere, ob in den geeigneten Fällen eine Ausgleichung herbeigeführt worden ist.

Die Communalaufsichtsbehörden sind verpflichtet, die in ihrem Verwaltungsbezirk für Militäranwärter ermittelten Stellen den zuständigen Militärbehörden auf Erfordern mitzutheilen.

Ew. Hochwohlgeboren ersuche ich ergebenst, gefälligst das zur Ausführung des Gesetzes Erforderliche für den dortigen Bezirk, soweit es sich um Communalverbände handelt, welche Ihrer Aufsicht unterstellt sind, hiernach alsbald in die Wege zu leiten, auch in Zukunft in geeigneter Weise darüber zu wachen, daß bei der Besetzung der unter das Gesetz fallenden Stellen nach Maßgabe der Bestimmungen des Gesetzes verfahren werde.

Berlin, den 30. September 1892.

Der Minister des Innern.

Graf zu Eulenburg.

Abschrift des vorstehenden Erlasses lasse ich Ew. Excellenz zur gefälligen Kenntnißnahme und weiteren Veranlassung bezüglich derjenigen Communalverbände ganz ergebenst zugehen, welche in erster Instanz Ihrer Aufsicht unterstellt sind.

Der Minister des Innern.

Graf zu Eulenburg.

An sämmtliche Königl. Ober-Präsidenten.

Anlage A.

(Behörde.)

Nachweisung
einer (von) Vakanz(en) in den für Militäranwärter vorbehaltenen Stellen.

1. Nr.	2. Die Vakanz tritt ein: wann?	wo?	bei welcher Behörde?	3. Nähere Bezeichnung der Stelle.	4. Bezeichnung der Anforderungen, welche an die Bewerber gestellt werden.	5. Dauer der etwa der Anstellung vorangehenden Probezeit.	6. Die Anstellung erfolgt: a) auf Lebenszeit, b) auf Kündigung.	7. Betrag der zu bestellenden Kaution und ob dieselbe durch Gehaltsabzüge gedeckt werden kann.	8. Einkommen der Stelle.	9. Angabe, ob Aussicht auf Verbesserungen vorhanden.	10. Bemerkungen.
											Hier ist anzugeben, ob die erledigte Stelle pensionsberechtigt ist, und ob bei einer Pensionierung die zurückgelegte Militärdienstzeit als pensionsfähige Dienstzeit angerechnet wird oder nicht.

N. den ten 18 (Unterschrift.)

Abgesandt:

Eingegangen:

Anlage B. ist nicht mit abgedruckt.

IV. Beamte der Landgemeinden.

K.B.G. §§. 1—7, 18.

1.
Landgemeindeordnung für die Rheinprovinz

vom 23. Juli 1845

(G.S. S. 523)

in der heute gültigen Fassung.

Aenderungen sind erfolgt durch

1. das Gesetz betreffend die Gemeindeverfassung in der Rheinprovinz vom 15. Mai 1856 (G.S. S. 435);
2. das Gesetz über die allgemeine Landesverwaltung vom 30. Juli 1883 (G.S. S. 195);
3. das Gesetz über die Zuständigkeit der Verwaltungs- und Verwaltungsgerichtsbehörden vom 1. August 1883 (G.S. S. 237);
4. die Kreisordnung für die Rheinprovinz vom 30. Mai 1887 (G.S. S. 209).

v. Bitter, Ergänzungsband zu Brauchitsch für die Rheinprovinz. Berlin 1887, S. 4 ff.

A. Beamte der Landgemeinden, ausschließlich der Gemeindeeinnehmer.

(K.B.G. §§. 1--7, 18.)

Vorbemerkung: Die Rheinische Landgemeindeordnung kennt nur ehrenamtliche Gemeindevorsteher (Rh.L.G.O. §. 75, siehe V. A. am Ende.

Dagegen ist die Anstellung besoldeter **Unterbeamter** und **Diener** zulässig.

Rheinische Landgemeindeordnung vom 23. Juli 1845 (G.S. S. 523).

78. So weit zum Dienst der Gemeinden Unterbeamte und Diener erforderlich sind, werden diese, wenn sie zu blos mechanischen Dienstleistungen bestimmt sind, von dem Bürgermeister, nachdem der Gemeinderath mit seiner Erklärung über die Würdigkeit des Anzustellenden gutachtlich gehört worden ist, ernannt, sonst aber von dem Gemeinderathe gewählt. Auf die Wahl und Bestätigung dieser Beamten finden die Vorschriften im §. 72 Anwendung (Rh.Kr.O. §. 26 Abs. 1). Die Anstellung muß auf Lebenszeit erfolgen, soweit dies durch das Gesetz für gewisse Functionen des Beamten vorgeschrieben ist.

72 ersetzt durch Art. 20 Ges. v. 15. Mai 1856 (G.S. S. 435).

Der Gemeindevorsteher wird von dem Gemeinderathe aus der Zahl der zur Ausübung des Stimmrechts befähigten Gemeindemitglieder auf die Dauer von 6 Jahren durch absolute Stimmenmehrheit gewählt (Rh.Kr.O. §. 23). Derselbe muß im Gemeindebezirke wohnen und die zu seinen Geschäften nöthigen Kenntnisse besitzen. Die Wahl erfolgt nach näherer Vorschrift des der Kreisordnung für die Rheinprovinz beigefügten Wahlreglements.

Der Gewählte bedarf der Bestätigung durch den Landrath.

Vor der Bestätigung ist der Bürgermeister mit seinem Gutachten zu hören.

Die Bestätigung kann unter Zustimmung des Kreisausschusses versagt werden.

Wird die Bestätigung versagt, so ist eine Neuwahl anzuordnen. Erhält auch diese die Bestätigung nicht, so ernennt der Landrath auf den Vorschlag des Bürgermeisters unter Zustimmung des Kreisausschusses einen Stellvertreter auf so lange, bis eine erneute Wahl die Bestätigung erlangt hat. Dasselbe findet statt, wenn keine Wahl zu Stande kommt.

B Gemeindeeinnehmer.

(K.B.G. §§. 1—7, 12—15, 19.)

Rheinische Landgemeindeordnung vom 23. Juli 1845 (G.S. S. 523).

79. In Beziehung auf die Verwaltung der Gemeindekassen bleibt es dem Beschlusse der Bürgermeisterei-Versammlung überlassen, ob solche dem Elementarerheber der directen Steuern übertragen, oder ob ein besonderer Gemeindeerheber für sämmtliche Gemeinden der Bürgermeisterei bestellt werden soll. Entscheidet sich die Versammlung nicht für das letztere, so wird die Verwaltung der Gemeindekassen dem Steuererheber für die ganze Dauer seiner Amtszeit übertragen. Beschließt die Versammlung dagegen die Anstellung eines eigenen Einnehmers, so wird derselbe von der Bürgermeistereiversammlung gewählt (Rh.Kr.O. §. 26 Abs. 1).*) In beiden Fällen ist der Betrag der Remuneration sowie der Kaution des Erhebers nach Vernehmung der Bürgermeisterei-versammlung, und zwar der erstere von dem Kreis-ausschusse, der letztere von dem Landrathe zu bestimmen (Z.G. §. 32 Nr. 4 und §. 24 Abs. 1).

2.

Landgemeindeordnung für die Provinz Westfalen

vom 19. März 1856 (G.S. S. 265)

abgeändert durch die Westfälische Kreisordnung vom 31. Juli 1886 (G.S. S. 217) und das Zuständigkeits-gesetz vom 1. August 1883 (G.S. S. 237).

(Braunbehrens, Westfälische Gemeindeverfassungsgesetze. Ergänzungsband zu Brauchitsch, Berlin 1887).

a) Gemeindevorsteher.

Die Westfälische Landgemeindeordnung kennt, wie die rheinische, nur ehrenamtliche Gemeinde-vorsteher. Westf. L.G.O. §. 40 (abgedruckt Seite 167).

b) Unterbeamte und Diener der Gemeinde.

(K.B.G. §§. 1—7, 18.)

Westf.L.G.O. §. 43. Insoweit zum Dienst der Gemeinde Unterbeamte und Diener erforderlich sind,

---

*) Die Wahl unterliegt der Bestätigung nach Maßgabe des §. 23 Rh.Kr.O. §. 23 Rh.Kr.O. ist abgedruckt Seite 211.

werden diese, wenn sie blos zu mechanischen Dienstleistungen bestimmt sind, von dem Amtmann ernannt. Ueber die Würdigkeit der anzustellenden Personen ist die Gemeindeversammlung zuvor mit ihrer Erklärung zu hören.

Auf andere Beamte der Landgemeinden finden die Bestimmungen wegen der Wahl und Bestätigung des Gemeindevorstehers (§. 38)*) Anwendung. (Westf.Kr.O. §. 25 Abs. 3.)

c) Gemeindeeinnehmer.

(§§. 1—7, 12, 15, 19 K.B.G.)

Westf.L.G.O. § 44 (geändert durch Kr.O. §. 25 Abs. 3, Z.G. §. 32 Nr. 3 u. 4).

Abs. 3. Mit Genehmigung der Aufsichtsbehörde kann für einzelne oder mehrere Gemeinden ein besonderer Gemeindeeinnehmer bestellt werden. **Wegen der Wahl und Bestätigung dieses Beamten, sowie wegen der Festsetzung der Besoldung desselben kommen die Vorschriften der §§. 38, 40 zur Anwendung; die Festsetzung der Kaution** erfolgt durch den Landrath nach Anhörung der gutachtlichen Vorschläge der betheiligten Gemeindeversammlungen.

An Stelle des Abs. 4 §. 44 (Pensionirung der Gemeindeeinnehmer) tritt K.B.G. §. 12. (Seite 78).

---

*) Siehe Seite 167.

Zusatz zu §. 44 Westf.L.G.O.

Westf.L.G.O. §. 38 geändert durch §. 25 der Westf.Kr.O. Die Wahl des Vorstehers und dessen Stellvertreters erfolgt aus der Zahl der stimmberechtigten Gemeindemitglieder durch die Gemeindeversammlung auf sechs Jahre. Nach dreijähriger Dienstzeit kann der Gemeindevorsteher durch die Gemeindeversammlung auf zwölf Jahre gewählt werden. Die Wahl bedarf der Bestätigung durch den Landrath, welche nur unter Zustimmung des Kreisausschusses versagt werden kann. Wird die Bestätigung derselben versagt, so schreitet die Gemeindeversammlung zu einer neuen Wahl; wird auch diese nicht bestätigt, so ernennt der Landrath unter Zustimmung des Kreisausschusses einen Stellvertreter auf so lange, bis eine erneute Wahl die Bestätigung erlangt hat. Dasselbe findet statt, wenn keine Wahl zu Stande kommt.

Der Gemeindevorsteher und dessen Stellvertreter werden von dem Landrath oder in seinem Auftrage von dem Amtmann vereidigt.

Westf.L.G.O. §. 40 Der Gemeindevorsteher hat nur auf Entschädigung für Dienstunkosten Anspruch, welche nach Vernehmung der Gemeindeversammlung festgesetzt wird.

Dem Stellvertreter wird nur Ersatz baarer Auslagen gewährt.

Ueber die Festsetzung beschließt der Kreisausschuß (Z.G. §. 32 Nr. 4).

3.

(Hannoversches) Gesetz, die Landgemeinden betreffend vom 28. April 1859. (Hannov. G.S. S. 393.)

(Von Gostkowski, Hannoversche Gemeindeverfassungsgesetze, Ergänzungsband zu Brauchitsch 1891).

Vorbemerkung.

Das Hannoversche Landgemeindegesetz (H.L.G.O.) unterscheidet:

1. Gemeindebeamte (§. 22)
2. Gemeindeangestellte (§. 23) und
3. Gemeindediener (§. 24).

Diese 3 Categorien fallen nur dann unter das Kommunalbeamtengesetz, falls sie Besoldung beziehen (K.B.G. §. 1), was §. 35 Abs. 3 des Hannoverschen Landgemeindegesetzes zuläßt.

A. III. Landgemeindebeamten.

H.L.G.O. 22. In jeder Gemeinde muß ein Vorsteher und ein Beigeordneter zu seiner Unterstützung und Vertretung sein.

Größere Gemeinden können mehrere Vorsteher und Beigeordnete haben.

Vorsteher und Beigeordnete sind **Gemeindebeamte**.

Zusatz zu §. 22: §. 20 Abs. 2 des Hannov. Gesetzes vom 5. September 1848, verschiedene Aenderungen des Landesverfassungsgesetzes vom 6. August 1840 betreffend.

Die Landgemeinden sind berechtigt, ihre Gemeindebeamten mit Vorbehalt obrigkeitlicher Bestätigung zu wählen, welche Bestätigung ohne — noch zu bestimmende — gesetzliche Gründe nicht zu versagen ist.

H.L.G.O 23. Daneben können zur Wahrnehmung einzelner Geschäfte (Rechnungsführung, Forstverwaltung u. s. w.) besondere Anstellungen erfolgen.

Die Verhältnisse dieser Angestellten sind im einzelnen Falle festzustellen.

H.L.G.O. 24. Ferner sind **Gemeindediener** (Nachtwächter, Feldhüter, Boten) nach Bedürfniß mit Kündigungsvorbehalt anzunehmen.

Zusatz 1 zu §§. 22, 24. Hannoversche Kreisordnung §. 31.

Bestätigung der Gemeindevorsteher.

Die gewählten Gemeindevorsteher und Beigeordneten bedürfen der Bestätigung durch den Landrath.

Die Bestätigung kann unter Zustimmung des Kreisausschusses versagt werden.

Wird die Bestätigung versagt, so ist eine Neuwahl anzuordnen. Erhält auch diese die Bestätigung nicht, so ernennt der Landrath unter Zustimmung des Kreisausschusses einen Stellvertreter auf so lange, bis eine erneute Wahl die Bestätigung erlangt hat.

Dasselbe findet statt, wenn keine Wahl zu Stande kommt.

H.Kr.O §. 32. Die Bestimmungen des §. 31 finden auch auf Angestellte und Diener der Gemeinde (§§. 23 und 24 des Hannoverschen Gesetzes vom 28. April 1859, betreffend die Landgemeinden — Hannoversche Gesetzsammlung S. 393 —) Anwendung, deren Wahl nach Maßgabe des Gesetzes der Bestätigung bedarf.

Zusatz 2 zu §§. 22—24. Ausführungsbekanntmachung des Kgl. Hannov. Ministeriums des Innern vom 28. April 1859 zur Landgemeindeordnung.

VI. Dienstführung der Gemeindebeamten.

29. Die Gemeindevorsteher und Beigeordneten (Gesetz über Landgemeinden §. 22) sind auf mindestens sechs und höchstens zwölf Jahre zu wählen. Die Dienstzeit ist innerhalb dieser Grenzen durch Gemeindebeschluß zu bestimmen.

30. Sind mehrere Vorsteher oder Beigeordnete bestellt, so sind ihre Geschäfte, soweit nöthig, näher zu bestimmen.

VII. Insbesondere Rechnungsführung.

39. Wo ein besonderer Rechnungsführer verpflichtet ist, hat der Vorsteher die nächste Aufsicht auf dessen Dienstführung.

40. Die Gemeindeversammlung oder der Ausschuß hat über die etwaige Anstellung eines besonderen Rechnungsführers (§. 23 des Gesetzes über Landgemeinden), sowie eventuell über die Sicherheitsleistung desselben zu beschließen (vergl. §. 42 Nr. 9 ebendaselbst).

H.L.G.O. §. **25.** Nicht wählbar zu Gemeindebeamten sind solche Personen, welche die unter §. 8 Nr. 2 (Zusatz 1) als Bedingungen des Stimmrechts Nichtansässiger angegebenen Eigenschaften nicht sämmtlich besitzen oder sonst nach gesetzlicher Bestimmung zu öffentlichen Aemtern unfähig sind.

Jedoch können Pächter und Verwalter, welchen in Vertretung der betreffenden Güter ein Stimmrecht in der Gemeinde zusteht (§. 15 siehe Zusatz 2), mit Genehmigung der Obrigkeit auch ohne Wohnsitz in der Gemeinde zu Gemeindebeamten gewählt werden.

Zusatz 1 zu §. 25.

H.L.G.O. 8. Als stimmberechtigt gelten:

1. pp.
2. Alle Männer, welche in der Gemeinde wohnberechtigt sind und in derselben einen eigenen Haushalt führen, sofern sie
   a) im Besitze der bürgerlichen Ehrenrechte,
   b) sonst unbescholten,
   c) selbstständig

   sind.

Zusatz 2 zu §. 25.

H.L.G.O. §. 15. Als Bevollmächtigte sind zulässig:

1. ꝛc.

2. Die Pächter und Verwalter der betreffenden Güter, sofern sie nicht zu schwerer Strafe verurtheilt, sonst unbescholten und selbstständig sind. Verwalter sind jedoch zulässig, auch wenn sie in Kost und Lohn stehen.

H.L.G.O. §§. **26—28** betrafen die Versagung der obrigkeitlichen Bestätigung der Wahl der Gemeindebeamten, aufgehoben durch §. 31 der Hannov. Kreisordnung, abgedruckt als Zusatz zu §. 24 der Landgemeindeordnung. (Seite 169).

H.L.G.O. §. **29.** Gast- und Schankwirthe sind in der Regel als Gemeindebeamte nicht zugelassen.

H.L.G.O. §. **30.** Wählt die Gemeinde in demselben Falle zweimal gesetzlich nicht befähigte Personen, so ernennt der Landrath unter Zustimmung des Kreisausschusses einen Stellvertreter auf so lange, bis eine erneuerte Wahl die Bestätigung erlangt hat. (§ 31 Z.G.) Gleiches tritt ein, wenn die Gemeinde, mehrfacher Aufforderung ungeachtet, in angemessener Frist nicht wählt.

34. Die Gemeindebeamten sind von der Obrigkeit zu beeidigen.

35. Die Gemeindebeamten haben ihre Aemter als Ehrenämter zu betrachten.

Sie können jedoch für nöthige Wege außerhalb des Gemeindebezirks eine angemessene Vergütung in Anspruch nehmen.

Statt derselben kann eine mäßige Besoldung durch Gemeindebeschluß ausgesetzt und, wo sie besteht, beibehalten werden.

36. Die Gemeindebeamten haben für Besorgungen in Gemeindeangelegenheiten Gebühren von den Betheiligten nicht zu beziehen.

IV. Gemeindeversammlung.

41. Die Versammlung der sämmtlichen stimmberechtigten Gemeindemitglieder (Gemeindeversammlung) hat mitzuwirken:

1–10 2c.

11. bei Anstellung und Kündigung von Gemeindedienern (§. 24), sowie von etwaigen sonstigen Angestellten der Gemeinde (§. 23).

42. Die Beschlüsse der Gemeindeversammlung bedürfen zu ihrer Gültigkeit der Bestätigung der Verwaltungsbehörden:

1—8 2c.

9. bei Anstellung von Gemeinderechnungsführern und sonstigen Angestellten, außer den Gemeindebeamten und Gemeindedienern.

Die erfolgte Bestätigung ist der Gemeinde bekannt zu machen.

Zusatz zu §. 42.

Z.G. §. 31. Im Uebrigen beschließt der Kreisausschuß, soweit die Beschlußfassung in den Gemeindeverfassungsgesetzen der Aufsichtsbehörde zusteht über die Bestätigung von . . . sonstigen, die ländlichen Gemeindeangelegenheiten betreffenden Gemeindebeschlüssen.

H.L.G.O. §. 46. Bei den Wahlen der Gemeindebeamten ist eine Mehrheit erforderlich, welche die Hälfte der abgegebenen Stimmen überschreitet (absolute Mehrheit).

Ergiebt sich solche nicht, so ist die Wahl in der Art zu wiederholen, daß nur die bei der vorhergehenden Abstimmung Benannten ferner wählbar bleiben und von diesen derjenige ausscheidet, auf welchen die geringste Stimmenzahl gefallen ist. Sind deren mehrere, so bestimmt das Loos den Ausscheidenden.

Ist auf diese Weise absolute Mehrheit nicht zu erreichen, so wählt der Landrath unter den beiden zuletzt Gewählten.

48. Außer bei Wahlen hat der Gemeindebeamte, welcher die Verhandlung leitet, im Falle der Stimmengleichheit eine entscheidende Stimme.

B. Besondere Bestimmungen für Städte und Flecken, die nach der Landgemeindeordnung verwaltet werden.

H.St.O. §. 4 Abs. 2. Die Städte und Flecken, welche die erforderlichen Bedingungen nicht erfüllen können, erhalten die Landgemeindeverfassung unter den bei Regelung der Verhältnisse der Landgemeinden für sie zu treffenden besonderen Bestimmungen.

Ausführungsbekanntmachung des Kgl. Hannov. Ministeriums des Innern vom 28. April 1859 zur Landgemeindeordnung.

62. Insbesondere kann die Wahl und Dienstzeit des Vorstandes nach Maßgabe der Städteordnung geregelt, auch die Besoldung des Vorstandes nach anderen Grundsätzen als die der Landgemeindebeamten bestimmt werden.

63. Derartige Abweichungen von den Vorschriften für die Landgemeinden bedürfen, nach vorgängiger Verhandlung mit den Vertretern der betreffenden Gemeinden, der Genehmigung des Kreisausschusses (§. 31 Z.G.).

Die abweichenden Bestimmungen sind in einem Statute festzustellen.

§. 31 des Zuständigkeitsgesetzes ist abgedruckt als Zusatz zu §. 42 H.L.G.O. Seite 174.

4.

Landgemeindeordnung für die sieben östlichen Provinzen der Preußischen Monarchie vom 3. Juli 1891.

(G.S. S. 233.) (K.B.G. §§. 1—7, 18.)

(Brauchitsch Verwaltungsgesetze, 14. Auflage, 1897 Bd. III S. 133 ff.)

a) **Besoldete Gemeindevorsteher.**

75 Abs. 2. In Gemeinden mit mehr als 3000 Einwohnern kann die Gemeindevertretung die Anstellung eines besoldeten Gemeindevorstehers beschließen. Die Wahl desselben erfolgt auf die Dauer von zwölf Jahren und ist nicht beschränkt auf die Gemeindeglieder.

Zusatz: Anweisung III zur Ausführung der Landgemeindeordnung v. 3. Juli 1891.

Vom 29. Dezember 1891.

4. **Besoldete Gemeindevorsteher.**

In Gemeinden mit mehr als 3000 Einwohnern kann die Gemeindevertretung die Anstellung eines besoldeten Gemeindevorstehers beschließen, dessen Wahl auf zwölf Jahre erfolgt und nicht auf die Gemeindeglieder beschränkt ist (§. 75 Abs. 2 L.G.O.). Die Anwendung dieser Bestimmung wird sich, da dem Amte des Gemeindevorstehers der Charakter eines unbesoldeten Ehrenamts thunlichst zu erhalten ist, nur in dem Falle empfehlen, wenn der Umfang der Gemeindeverwaltung ein derartig gesteigerter ist, daß er die Kräfte einer ehrenamtlichen Verwaltung übersteigt und die Anstellung eines Berufsbeamten unentbehrlich erscheinen läßt. Liegt jedoch dieser Fall vor, so ist es auch die Aufgabe der Aufsichtsbehörde, diese Einrichtung in den bezüglichen Gemeinden in Anregung zu bringen, falls diese sich nicht aus eigenem Antriebe hierfür entscheiden.

b) **Besoldete Gemeindebeamte.**

Ö.L.G.O. §. 117. Die Landgemeinden sind befugt, die Anstellung besoldeter Gemeindebeamter für einzelne Dienstzweige oder Dienstverrichtungen zu beschließen.

88 Abs. 4. Insbesondere liegen dem Gemeindevorsteher folgende Geschäfte ob:

5. die Gemeindebeamten, nachdem die Gemeindeversammlung (Gemeindevertretung) darüber beschlossen hat, anzustellen und zu beaufsichtigen.

118 Abs. 1 und 2 ersetzt durch §. 18 K.B.G. (ortsstatutarische Regelung der Verhältnisse der Gemeindebeamten). (Seite 84.)

Abs. 3 ersetzt durch §. 7 K.B.G. (streitige Pensionsansprüche). (Seite 74.)

Zusatz 1: Anweisung III zur Ausführung der L.G.O. v. 3. Juli 1891.

Vom 29. Dezember 1891.

5. Andere besoldete Gemeindebeamte.

Für einzelne Dienstzweige oder Dienstverrichtungen kann nach §. 117 überall die Anstellung besoldeter Gemeindebeamter (Gemeindeeinnehmer, Gemeindeschreiber, Gemeindediener u. s. w.) von der Gemeinde beschlossen werden. Die Anstellung der Gemeindebeamten hat durch den Gemeindevorsteher zu erfolgen. Inwieweit diese Beamten staatlicher Bestätigung unterliegen, bestimmt sich nach den besonderen Gesetzen. Wegen der Gehalts- und Pensionsverhältnisse derselben enthält §. 118 die näheren Vorschriften. Ueber die Kautionsleistung des Gemeindeeinnehmers hat die Gemeinde zu beschließen.

Zusatz 2: Ö.L.G.O. **53.** Als Gemeindeverordnete sind nicht wählbar:

2. die besoldeten Gemeindebeamten.

c) Bestimmungen über die Verwaltung der Landgemeinden im Zusammenhang.

Landgemeindeordnung für die sieben östlichen Provinzen der Preußischen Monarchie v. 3. Juli 1891 (G.S. S. 233).

Sechster Abschnitt.

Verwaltung der Landgemeinden.

74. An der Spitze der Verwaltung der Landgemeinde steht der Gemeindevorsteher (Schulze, Scholze, Richter, Dorfrichter).

Dem Gemeindevorsteher stehen zwei Schöffen (Schöppen, Gerichtsmänner, Gerichts- oder Dorfgeschworene) zur Seite, welche ihn in den Amtsgeschäften zu unterstützen und in Behinderungsfällen zu vertreten haben.

Durch Ortsstatut kann die Zahl der Schöffen auf höchstens sechs vermehrt werden.

Wo die Zahl der Schöffen nach der bisherigen Ortsverfassung eine größere als zwei gewesen ist, aber die Zahl sechs nicht übersteigt, verbleibt es hierbei bis zu anderweiter ortsstatutarischer Festsetzung.

Wo dem Gemeindevorsteher nur zwei Schöffen zur Seite stehen, ist ein Stellvertreter zu wählen, welcher in Behinderungsfällen eines der beiden Schöffen für diesen eintritt.

In größeren Gemeinden kann durch Ortsstatut ein aus dem Gemeindevorsteher und den Schöffen bestehender kollegialischer Gemeindevorstand eingeführt werden.

75. Der Gemeindevorsteher und die Schöffen werden von der Gemeindeversammlung (Gemeindevertretung) aus der Zahl der Gemeindeglieder auf sechs Jahre gewählt. Nach dreijähriger Amtsdauer kann der Gemeindevorsteher auf weitere neun Jahre gewählt werden.

In Gemeinden mit mehr als 3000 Einwohnern kann die Gemeindevertretung die Anstellung eines besoldeten Gemeindevorstehers beschließen. Die Wahl desselben erfolgt auf die Dauer von zwölf Jahren und ist nicht beschränkt auf die Gemeindeglieder.

Vater und Sohn, sowie Brüder dürfen nicht gleichzeitig Gemeindevorsteher und Schöffen sein.

76. Bezüglich der Einladung der Mitglieder der Gemeindeversammlung (Gemeindevertretung) zur Wahl kommen die Vorschriften des §. 59 zur Anwendung.

59. Eine Woche vor dem Wahltage werden die in der Wählerliste verzeichneten Wähler durch den Gemeindevorsteher mittelst ortsüblicher Bekanntmachung zu den Wahlen berufen. Die Bekanntmachung muß den Raum, den Tag und die Stunden, in welchen die Stimmen bei dem Wahlvorstande abzugeben sind, genau bezeichnen.

77. Der Wahlvorstand besteht aus dem Gemeindevorsteher oder dem zu dessen Vertretung berufenen Schöffen, als Vorsitzenden, und aus zwei von der Gemeindeversammlung (Gemeindevertretung) zu wählenden Beisitzern. Der Vorsitzende ernennt einen der Beisitzenden zum Protokollführer. Erforderlichenfalls kann jedoch auch eine nicht zur Wahlversammlung gehörige Person zum Protokollführer ernannt werden.

78. Während der Wahlhandlung dürfen im Wahlraume weder Berathungen stattfinden, noch Ansprachen gehalten, noch Beschlüsse gefaßt werden. Ausgenommen hiervon sind Berathungen und Beschlüsse des Wahlvorstandes, welche durch die Leitung des Wahlgeschäfts erheischt werden.

79. Jede Wahl erfolgt in einem besonderen Wahlgange durch Stimmzettel.

80 Abs. 1. Die Wähler werden in der Reihenfolge, in welcher sie in der Wählerliste aufgeführt sind, aufgerufen.

Abs. 2. Die Aufgerufenen legen ihre Stimmzettel uneröffnet in die Wahlurne.

Abs. 4. Die nach der Eröffnung, jedoch vor

dem Schlusse der Wahlhandlung erscheinenden Wähler können noch an der Abstimmung theilnehmen.

Sind keine Stimmen mehr abzugeben, so erklärt der Wahlvorstand die Wahl für geschlossen; der Vorsitzende nimmt die Stimmzettel einzeln aus der Wahlurne und verliest die darauf verzeichneten Namen, welche von einem durch den Vorsitzenden zu ernennenden Beisitzer laut gezählt werden.

81. Ungültig sind diejenigen Stimmzettel,

1. welche nicht von weißem Papier oder welche mit einem äußeren Kennzeichen versehen sind,
2. welche keinen oder keinen lesbaren Namen enthalten,
3. aus welchen die Person des Gewählten nicht unzweifelhaft zu erkennen ist,
4. auf welchen mehr als ein Name oder der Name einer nicht wählbaren Person verzeichnet ist,
5. welche einen Protest oder Vorbehalt enthalten.

Alle ungültigen Stimmzettel werden als nicht abgegeben betrachtet Ueber die Gültigkeit der Stimmzettel entscheidet vorläufig der Wahlvorstand.

Die Stimmzettel sind dem Wahlprotokolle beizufügen und so lange aufzubewahren, bis über die gegen das Wahlverfahren erhobenen Einsprüche rechtskräftig entschieden ist.

82. Als gewählt ist derjenige zu betrachten, welcher bei der ersten Abstimmung mehr als die Hälfte der gültig abgegebenen Stimmen erhalten hat.

Ergiebt sich bei der ersten Abstimmung diese Stimmenmehrheit nicht, so kommen bei der sofort vorzunehmenden zweiten Abstimmung diejenigen zwei Personen, welche im ersten Wahlgange die meisten Stimmen erhalten haben, auf die engere Wahl. Haben mehr als zwei Personen die höchste oder zweithöchste Stimmenzahl in der Weise erhalten, daß auf sie eine gleiche Stimmenzahl entfallen ist, so entscheidet das durch die Hand des Vorsitzenden zu ziehende Loos darüber, wer auf die engere Wahl zu bringen ist. Bei dem zweiten Wahlgange sind außer den im §. 81 angegebenen ferner auch alle diejenigen Stimmzettel ungültig, welche den Namen einer nicht zur engeren Wahl stehenden Person enthalten. Als gewählt ist derjenige zu betrachten, welcher die meisten Stimmen erhalten hat. Bei Stimmengleichheit entscheidet das durch die Hand des Vorsitzenden zu ziehende Loos.

Die Wahlprotokolle sind von dem Wahlvorstande zu unterzeichnen.

83. Der Vorsitzende des Wahlvorstandes hat die Gewählten von der auf sie gefallenen Wahl mit der Aufforderung in Kenntniß zu setzen, sich über die Annahme oder Ablehnung der Wahl innerhalb längstens einer Woche zu erklären. Von demjenigen, welcher hierüber keine Erklärung abgiebt, wird angenommen, daß er die Wahl ablehne.

84. Die gewählten Gemeindevorsteher und

Schöffen bedürfen der Bestätigung durch den Landrath.

Vor der Bestätigung ist der Amtsvorsteher (Distriktskommissarius) mit seinem Gutachten zu hören.

Die Bestätigung kann nur unter Zustimmung des Kreisausschusses versagt werden. Dieser Zustimmung bedarf es auch dann, wenn der Wahl die Bestätigung wegen formaler Mängel des Verfahrens versagt wird.

Wird die Bestätigung versagt, so ist eine Neuwahl anzuordnen. Erhält auch diese die Bestätigung nicht, so ernennt der Landrath unter Zustimmung des Kreisausschusses einen Stellvertreter auf so lange, bis eine erneuerte Wahl die Bestätigung erlangt hat.

Dasselbe findet statt, wenn keine Wahl zu Stande kommt.

Die Bestimmungen dieses Paragraphen finden auch auf andere gewählte Gemeindebeamte Anwendung, deren Wahl der Bestätigung bedarf.

85. Die Gemeindevorsteher und die Schöffen werden vor ihrem Amtsantritte von dem Landrathe oder in seinem Auftrage von dem Amtsvorsteher, in der Provinz Posen von dem Distriktskommissarius, vereidigt.

86 Absatz 1 und 2. Die Gemeindevorsteher haben den Ersatz ihrer baaren Auslagen und die Gewährung einer mit ihrer amtlichen Mühewaltung in billigem Verhältnisse stehenden Entschädigung zu beanspruchen.

Die Aufbringung derselben liegt der Gemeinde ob.

87. Ueber die Festsetzung der baaren Auslagen und der Entschädigung der Gemeindevorsteher und der commissarischen Gemeindevorsteher, sowie über die baaren Auslagen der Schöffen beschließt der Kreisausschuß auf Antrag der Betheiligten.

5.

Landgemeindeordnung für Schleswig-Holstein

vom 10. Juli 1892.

(G.S. S. 154. K.B.G. §§. 1—7, 18).

a) Besoldete Gemeindevorsteher.

75 Absatz 2. In Gemeinden mit mehr als 2000 Einwohnern und in den Koogsgemeinden des Kreises Tondern kann die Gemeindevertretung die Anstellung eines besoldeten Gemeindevorstehers beschließen. Die Wahl desselben erfolgt auf die Dauer von zwölf Jahren und ist nicht beschränkt auf die Gemeindeglieder.

Anm. Siehe Seite 176 Zusatz.

Neunter Abschnitt.

b) Besoldete Gemeindebeamte, deren Gehälter und Pensionen.

Schl.-H.L.G.O. §. 117. Die Landgemeinden sind befugt, die Anstellung besoldeter Gemeindebeamter für einzelne Dienstzweige oder Dienstverrichtungen zu beschließen.

Wo die Anstellung von Gemeindebeamten bisher auf Grund der Wahl der Gemeindeversammlung (Gemeindevertretung) erfolgt ist, kann durch Ortsstatut (Gemeindestatut) dieses Verfahren auch ferner beibehalten werden.

88. Insbesondere liegen dem Gemeindevorsteher folgende Geschäfte ob:

1—4 pp.

5. die Gemeindebeamten, nachdem die Gemeindeversammlung (Gemeindevertretung) darüber beschlossen hat, anzustellen und zu beaufsichtigen, unbeschadet der Bestimmungen des §. 117 Absatz 2.

118. Absatz 1 und 2 (ortsstatutarische Regelung der Verhältnisse der Gemeindebeamten) ist ersetzt durch K.B.G. §. 18. (Seite 84.)

Absatz 3 (streitige Pensionsansprüche) durch K.B.G. §. 7. (Seite 74.)

Zusatz: Schl.-H.L.G.O. §. **53**. Als Gemeindeverordnete sind nicht wählbar:

1. pp.
2. die besoldeten Gemeindebeamten.

c) Bestimmungen über die Verwaltungen der Landgemeinden im Zusammenhang.

Sechster Abschnitt.

Verwaltung der Landgemeinden.

Schl.-H.L.G.O. §. **74**. An der Spitze der Verwaltung der Landgemeinde steht der Gemeindevorsteher (Lehnsmann).

Dem Gemeindevorsteher steht ein Stellvertreter zur Seite, welcher ihn in den Amtsgeschäften zu unterstützen und in Behinderungsfällen zu vertreten hat.

Durch Ortsstatut kann die Zahl der Stellvertreter auf höchstens sechs vermehrt werden.

Wo die Zahl der Stellvertreter nach der bisherigen Ortsverfassung zwei oder mehr, aber nicht mehr als sechs betragen hat, verbleibt es hierbei bis zu anderweiter ortsstatutarischer Festsetzung.

In größeren Gemeinden kann durch Ortsstatut ein aus dem Gemeindevorsteher und den Stellvertretern bestehender kollegialischer Gemeindevorstand eingeführt werden.

75. Der Gemeindevorsteher und die Stellvertreter werden von der Gemeindeversammlung (Gemeindevertretung) aus der Zahl der Gemeindeglieder auf sechs Jahre gewählt. Nach dreijähriger Amtsdauer kann der Gemeindevorsteher auf weitere neun Jahre gewählt werden.

In Gemeinden mit mehr als 2000 Einwohnern und in den Koogsgemeinden des Kreises Tondern kann die Gemeindevertretung die Anstellung eines besoldeten Gemeindevorstehers beschließen. Die Wahl desselben erfolgt auf die Dauer von zwölf Jahren und ist nicht beschränkt auf die Gemeindeglieder.

Vater und Sohn, sowie Brüder dürfen nicht gleichzeitig Gemeindevorsteher und Stellvertreter sein.

76. Bezüglich der Einladung der Mitglieder der Gemeindeversammlung (Gemeindevertretung) zur Wahl kommen die Vorschriften des §. 59 zur Anwendung.

59. Eine Woche vor dem Wahltage werden die in der Wählerliste verzeichneten Wähler durch den Gemeindevorsteher mittelst ortsüblicher Bekanntmachung zu den Wahlen berufen. Die Bekanntmachung muß den Raum, den Tag und die Stunden, in welchem die Stimmen bei dem Wahlvorstande abzugeben sind, genau bezeichnen.

77. Der Wahlvorstand besteht aus dem Gemeindevorsteher oder dessen Stellvertreter als Vorsitzenden, und aus zwei von der Gemeindeversammlung (Gemeindevertretung) zu wählenden Beisitzern. Der Vorsitzende ernennt einen der Beisitzenden zum Protokollführer. Erforderlichen Falles kann jedoch auch eine nicht zur Wahlversammlung gehörige Person zum Protokollführer ernannt werden.

78. Während der Wahlhandlung dürfen im Wahlraume weder Berathungen stattfinden, noch Ansprachen gehalten, noch Beschlüsse gefaßt werden. Ausgenommen hiervon sind Berathungen und Beschlüsse des Wahlvorstandes, welche durch die Leitung des Wahlgeschäftes erheischt werden.

79. Jede Wahl erfolgt in einem besonderen Wahlgange durch Stimmzettel.

80. Die Wähler werden in der Reihenfolge, in welcher sie in der Wählerliste aufgeführt sind, aufgerufen.

Die Aufgerufenen legen ihre Stimmzettel uneröffnet in die Wahlurne.

Findet die Wahl durch die Gemeindeversammlung statt, so wird das Stimmrecht nach Maßgabe der Bestimmungen des §. 48 ausgeübt.

Die nach der Eröffnung, jedoch vor dem Schlusse der Wahlhandlung erscheinenden Wähler können noch an der Abstimmung theilnehmen.

Sind keine Stimmen mehr abzugeben, so erklärt der Wahlvorstand die Wahl für geschlossen; der Vorsitzende nimmt die Stimmzettel einzeln aus der Wahlurne und verliest die darauf verzeichneten Namen, welche von einem durch den Vorsitzenden zu ernennenden Beisitzer laut gezählt werden.

81. Ungültig sind diejenigen Stimmzettel,

1. welche nicht von weißem Papier oder welche mit einem äußeren Kennzeichen versehen sind,
2. welche keinen oder keinen lesbaren Namen enthalten,
3. aus welchen die Person des Gewählten nicht unzweifelhaft zu erkennen ist,
4. auf welchen mehr als ein Name oder der Name einer nicht wählbaren Person verzeichnet ist,
5. welche einen Protest oder Vorbehalt enthalten.

Alle ungültigen Stimmzettel werden als nicht abgegeben betrachtet. Ueber die Gültigkeit der Stimmzettel entscheidet vorläufig der Wahlvorstand.

Die Stimmzettel sind dem Wahlprotokolle beizufügen und so lange aufzubewahren, bis über die gegen das Wahlverfahren erhobenen Einsprüche rechtskräftig entschieden ist.

82. Als gewählt ist derjenige zu betrachten, welcher bei der ersten Abstimmung mehr als die Hälfte der gültig abgegebenen Stimmen erhalten hat.

Ergiebt sich bei der ersten Abstimmung diese Stimmenmehrheit nicht, so kommen bei der sofort vorzunehmenden zweiten Abstimmung diejenigen zwei Personen, welche im ersten Wahlgange die meisten Stimmen erhalten haben, auf die engere Wahl. Haben mehr als zwei Personen die höchste oder zweithöchste Stimmenzahl in der Weise erhalten, daß auf sie eine gleiche Stimmenzahl entfallen ist, so entscheidet das durch die Hand des Vorsitzenden zu ziehende Loos darüber, wer auf die engere Wahl zu bringen ist. Bei dem zweiten Wahlgange sind außer den im §. 81 angegebenen ferner auch alle diejenigen Stimmzettel ungültig, welche den Namen einer nicht zur engeren Wahl stehenden Person enthalten. Als gewählt ist derjenige zu betrachten, welcher die meisten Stimmen erhalten hat. Bei Stimmengleichheit entscheidet das durch die Hand des Vorsitzenden zu ziehende Loos.

Die Wahlprotokolle sind von dem Wahlvorstande zu unterzeichnen.

83. Der Vorsitzende des Wahlvorstandes hat die Gewählten von der auf sie gefallenen Wahl mit der Aufforderung in Kenntniß zu setzen, sich über die Annahme oder Ablehnung der Wahl innerhalb längstens einer Woche zu erklären. Von demjenigen, welcher hierüber keine Erklärung abgiebt, wird angenommen, daß er die Wahl ablehne.

84. Die gewählten Gemeindevorsteher und Stellvertreter bedürfen der Bestätigung durch den Landrath.

Vor der Bestätigung ist der Amtsvorsteher mit seinem Gutachten zu hören.

Die Bestätigung kann nur unter Zustimmung des Kreisausschusses versagt werden. Dieser Zustimmung bedarf es auch dann, wenn der Wahl die Bestätigung wegen formaler Mängel des Verfahrens versagt wird.

Wird die Bestätigung versagt, so ist eine Neuwahl anzuordnen. Erhält auch diese die Bestätigung nicht, so ernennt der Landrath unter Zustimmung des Kreisausschusses einen Stellvertreter auf so lange, bis eine erneuerte Wahl die Bestätigung erlangt hat.

Dasselbe findet statt, wenn keine Wahl zu Stande kommt.

Die Bestimmungen dieses Paragraphen finden auch auf andere gewählte Gemeindebeamte Anwendung, deren Wahl der Bestätigung bedarf.

85. Die Gemeindevorsteher und die Stellvertreter werden vor ihrem Amtsantritte von dem Landrathe oder in seinem Auftrage von dem Amtsvorsteher vereidigt.

86. Die Gemeindevorsteher haben den Ersatz ihrer baaren Auslagen und die Gewährung einer mit ihrer amtlichen Mühewaltung in billigem Verhältnisse stehenden Entschädigung zu beanspruchen.

Die Aufbringung derselben liegt der Gemeinde ob.

Alle fortlaufenden Geld- und Naturalbeiträge des Gutsherrn zur Remuneration des Gemeindevorstehers fallen fort.

(Absätze 4, 5 und 6 fallen fort.)

Abs. 7. Die Stellvertreter haben ihr Amt in der Regel unentgeltlich zu verwalten und nur den Ersatz baarer Auslagen zu beanspruchen.

87. Ueber die Festsetzung der baaren Auslagen und der Entschädigung der Gemeindevorsteher und der kommissarischen Gemeindevorsteher, sowie über die baaren Auslagen der Stellvertreter beschließt der Kreisausschuß auf Antrag der Betheiligten.

d) Besondere Bestimmungen für Helgoland.

121 f. Für die Gemeinde Helgoland, Kreises Süderdithmarschen, bleibt es bis auf Weiteres bei der gegenwärtigen Gemeindeverfassung. Der Zeitpunkt des Inkrafttretens der Landgemeindeordnung für Helgoland wird durch Königliche Verordnung bestimmt.

6.

Landgemeindeordnung für die Provinz Hessen-Nassau

vom 4. August 1897.

(G.S. S. 301.) K.B.G. §§. 1—7, 18.

(von Trott zu Solz, Hessen-Nassauische Gemeindeverfassungsgesetze, Ergänzungsband zu Brauchitsch 1898.)

Vorbemerkung. §§. 81—87 sind aufrechterhalten durch K.B.G. §. 25 Nr. 2, §. 84 mit Aenderungen.

Zehnter Abschnitt.

Besoldungen und Pensionen.

I. Gehaltsverhältnisse.

A. Besoldete Bürgermeister.

82. Hat eine Gemeinde die Wahl eines besoldeten Bürgermeisters beschlossen (§. 46 Absatz 2), so kann die Aufsichtsbehörde verlangen, daß die zu einer zweckmäßigen Verwaltung angemessenen Besoldungsbeträge bewilligt werden.

Zusatz zu §. 82.

46 Abs. 2. In Landgemeinden mit mehr als 1200 Einwohnern kann die Gemeindevertretung die Wahl eines besoldeten Gemeindevorstehers beschließen. Die Wahl erfolgt alsdann auf die Dauer von zwölf Jahren und ist nicht auf Gemeindeglieder beschränkt.

B. Gemeinderechner.

90. 1. Zur Führung des Gemeinderechnungs- und Kassenwesens ist ein Gemeindebeamter als Gemeinderechner anzustellen, welcher der Bestätigung durch den Landrath nach Maßgabe des §. 55 (siehe unter IV, 6. IV) bedarf und vor seinem Amtsantritte von dem Landrathe vereidigt wird.

2. Der Gemeindeeinnehmer darf mit dem Bürgermeister in der in §. 46 Absatz 4 (siehe unter IV, 6. IV) bezeichneten Art weder verwandt noch verschwägert sein. Tritt eine solche Verwandtschaft oder Schwägerschaft während der Amtszeit eines Gemeinderechners ein, so hat dieser sein Amt niederzulegen. Die Aufsichtsbehörde ist befugt, hiervon Ausnahmen zuzulassen.

3. Der Gemeinderechner hat auf Verlangen eine genügende Sicherheit zu stellen, wogegen ihm der Anspruch auf eine mit seiner Amtsthätigkeit in billigem Verhältnisse stehende Besoldung zukommt.

4. Die Festsetzung der Höhe der Besoldung, sowie der Höhe und Form der Sicherheitsleistung unterliegt der Genehmigung der Aufsichtsbehörde.

5. In Landgemeinden, deren Verhältnisse dies unbedenklich erscheinen lassen, kann mit Genehmigung der Aufsichtsbehörde von der Anstellung eines besonderen Gemeindebeamten als Gemeinderechner abgesehen werden.

C. Sonstige besoldete Gemeindebeamte.

81. Die Landgemeinden sind befugt, die Anstellung besoldeter Gemeindebeamter für einzelne Dienstzweige oder Dienstverrichtungen zu beschließen.

Ueber die Besoldungs- und Pensionsverhältnisse dieser Beamten kann durch Ortsstatut Bestimmung getroffen werden.

83. Auf Antrag der Betheiligten oder der Aufsichtsbehörde beschließt der Kreisausschuß über die Festsetzung der Besoldungen und Dienstbezüge der Bürgermeister und sonstigen Gemeindebeamten.

II. Pensionsverhältnisse.

(Siehe unter XIII, III.)

III. Ausführungsbestimmungen zu I. A, B, C.

Ausführ. Anw. z. H.-N.L.G.O. v. 30. XI. 97.

6. Besoldete Bürgermeister.

In Gemeinden mit mehr als 1200 Einwohnern kann die Gemeindevertretung die Anstellung eines besoldeten Bürgermeisters beschließen, dessen Wahl auf zwölf Jahre erfolgt und nicht auf die Gemeindeglieder beschränkt ist (§. 46 Abs. 2 siehe Seite 192). Die Anwendung dieser Bestimmung wird sich, da dem Amte des Bürgermeisters der Charakter eines unbesoldeten Ehrenamts thunlichst zu erhalten ist, nur in dem Falle empfehlen, wenn der Umfang der Gemeindeverwaltung ein derartig gesteigerter ist, daß er die Kräfte einer ehrenamtlichen Verwaltung übersteigt und die Anstellung eines Berufsbeamten unentbehrlich erscheinen läßt. Liegt jedoch ein solcher Fall vor, so ist es auch die Aufgabe der Aufsichtsbehörde, diese Einrichtung in Anregung zu bringen, falls die Gemeinde sich nicht aus eigenem Antriebe dafür entscheidet.

Den besoldeten Bürgermeistern steht ein gesetzlicher Anspruch auf Pension und Versorgung ihrer Hinterbliebenen nach Maßgabe der §§. 84, 86 und 87 zu (siehe unter XIII, III).

7. Gemeinderechner.

Zur Führung des Gemeinderechnungs- und Kassenwesens ist in jeder Gemeinde, ohne daß die Errichtung der Stelle erst von der Gemeindeversammlung (Gemeindevertretung) beschlossen zu werden braucht (§. 59 Abs. 4 Nr. 5 siehe unter IV, 6. IV), ein besoldeter, der Bestätigung bedürfender Gemeinderechner anzustellen (§. 90 siehe Seite 192), welcher als Gemeindebeamter in erster Linie der Aufsicht des Bürgermeisters untersteht. Nur ausnahmsweise kann in Gemeinden, deren einfache Verhältnisse dies unbedenklich erscheinen lassen, mit Genehmigung der Aufsichtsbehörde die Anstellung eines Gemeinderechners unterbleiben, in welchem Falle dessen Geschäfte von dem Bürgermeister mit versehen werden. Der Gemeinderechner erhält eine feste, mit seiner Amtsthätigkeit in billigem Verhältniß stehende Besoldung; eine Vergütung durch bestimmte Prozente der Gemeindeeinnahmen ist also ausgeschlossen. Vor der Anstellung des Gemeinderechners ist die Höhe der ihm zu gewährenden Besoldung von der Gemeindeversammlung (Gemeindevertretung) festzusetzen, falls hierüber ortsstatutarische Bestimmungen nicht erlassen sind (§. 81 Abs. 2 siehe Seite 194). Diese Festsetzung sowie diejenige der Höhe und der Form der Sicherheitsleistung, insofern eine solche verlangt wird, unterliegt der Genehmigung der Aufsichtsbehörde. Das Verlangen auf Stellung einer geeigneten Sicherheit seitens des Rechners kann von der Gemeindeversammlung (Gemeindevertretung), von dem Bürgermeister (Gemeinderath) oder von der Aufsichtsbehörde erhoben werden.

Der Gemeinderechner wird von dem Bürgermeister (Gemeinderath) ernannt und ist auf Grund eines schriftlichen Dienstvertrages anzustellen, welchen der Bürgermeister (Gemeinderath) mit ihm unter dem Vorbehalt, daß die Ernennung von dem Landrathe bestätigt wird, abzuschließen und bei Einholung der Bestätigung mit vorzulegen hat. Die Anstellung des Gemeinderechners kann auf bestimmte Zeit, Kündigung oder Lebenszeit erfolgen. Zu seiner lebenslänglichen Anstellung bedarf es jedoch der Zustimmung der Gemeindeversammlung (Gemeindevertretung), da der Beamte in diesem Falle einen gesetzlichen Anspruch auf Pension und Versorgung seiner Hinterbliebenen hat (§§. 85 u. 87 siehe unter XIII, III).

Die am 1. April 1898 im Amte befindlichen Gemeinderechner bleiben nach Maßgabe ihrer Anstellungsbedingungen bis zum Ablaufe ihrer Dienstzeit im Amte (§. 122 Abs. 2), was indessen eine frühere Auflösung dieses Dienstverhältnisses durch Uebereinkommen nicht ausschließt.

8. Andere besoldete Gemeindebeamte.

Für einzelne Dienstzweige oder Dienstverrichtungen kann nach §. 81 (Seite 193) überall die Anstellung besoldeter Gemeindebeamten (Gemeindeschreiber, Gemeindediener u. s. w.) von der Gemeinde beschlossen werden. Die Anstellung des einzelnen Gemeindebeamten hat durch den Bürgermeister (Gemeinderath) zu erfolgen. Inwieweit diese Beamten staatlicher Bestätigung unterliegen, bestimmt sich nach den besonderen Gesetzen. Wegen ihrer Gehalts- und Pensionsverhältnisse enthalten die §§. 81 Abs. 2, 83 und 85—88 (siehe unter XIII, III) die näheren Vorschriften. Einen gesetzlichen Anspruch auf Pension und Versorgung ihrer Hinterbliebenen haben die besoldeten Gemeindebeamten nur dann, wenn sie auf Lebenszeit bezw. mit Pensionsberechtigung angestellt sind.

IV. Bestimmungen über die Verwaltung der Hessen-Nassauischen Landgemeinden im Zusammenhange.

Sechster Abschnitt.

Verwaltung der Landgemeinden.

H.-N.L.G.O. §. **45.** An der Spitze der Verwaltung der Landgemeinde steht der Bürgermeister.

Dem Bürgermeister stehen zwei Schöffen zur Seite, welche ihn in den Amtsgeschäften zu unterstützen und in Behinderungsfällen nach der unter ihnen von der Aufsichtsbehörde festzusetzenden Reihenfolge zu vertreten haben.

Durch Ortsstatut kann die Zahl der Schöffen auf höchstens sechs vermehrt werden.

Wo dem Bürgermeister nur zwei Schöffen zur Seite stehen, ist ein Stellvertreter zu wählen, welcher in Behinderungsfällen eines der beiden Schöffen für diesen eintritt.

In Landgemeinden mit mehr als 500 Einwohnern wird ein kollegialischer Gemeindevorstand (Gemeinderath) gebildet, welcher aus dem Bürgermeister, aus einem Beigeordneten als dessen Stellvertreter und in Gemeinden

von nicht mehr als 2500 Einwohnern aus 3 Schöffen, von mehr als 2500 Einwohnern aus 5 Schöffen

besteht. Wenn jedoch die Gemeindevertretung nach zweimaliger, mit einem Zwischenraume von mindestens acht Tagen vorgenommener Berathung darauf anträgt, kann mit Genehmigung des Kreisausschusses von der Bildung eines kollegialischen Gemeindevorstandes (Gemeinderathes) abgesehen werden.

In den kleineren Landgemeinden kann durch Ortsstatut ein kollegialischer Gemeindevorstand, welcher aus dem Bürgermeister, aus einem Beigeordneten als dessen Stellvertreter und aus zwei Schöffen besteht, eingeführt werden.

Unter Gemeindevorstand ist in Gemeinden mit kollegialischem Gemeindevorstande der Gemeinderath, in den übrigen Gemeinden der Bürgermeister zu verstehen.

46. Der Bürgermeister und die Schöffen werden von der Gemeindeversammlung (Gemeindevertretung) gewählt. In Gemeinden mit kollegialischem Gemeindevorstande werden der Bürgermeister und der Beigeordnete von dem Gemeinderathe und der Gemeindevertretung in gemeinschaftlicher Sitzung gewählt. In letzterem Falle ist die Versammlung beschlußfähig, wenn mehr als die Hälfte der Wahlberechtigten anwesend ist. In beiden Fällen beschränkt sich die Wahl auf Gemeindeglieder.

In Landgemeinden mit mehr als 1200 Einwohnern kann die Gemeindevertretung die Wahl eines besoldeten Bürgermeisters beschließen. Die Wahl erfolgt alsdann auf die Dauer von zwölf Jahren und ist nicht auf Gemeindeglieder beschränkt.

Im Uebrigen wird der Bürgermeister auf acht Jahre gewählt. Der Beigeordnete und die Schöffen werden auf die Dauer von sechs Jahren gewählt.

Vater und Sohn, Schwiegervater und Schwiegersohn, Großvater und Enkel, Brüder und Schwäger dürfen nicht gleichzeitig Bürgermeister, Beigeordneter und Schöffen sein. Die Aufsichtsbehörde ist befugt, hiervon Ausnahmen zuzulassen.

Entsteht die Schwägerschaft im Laufe der Wahlperiode, so scheidet derjenige aus, durch welchen das Hinderniß herbeigeführt worden ist.

Das Amt eines Beigeordneten und Schöffen ist mit einem besoldeten Gemeindeamte unvereinbar.

Personen, welche das Gewerbe der Gast- und Schankwirthschaft betreiben, können nicht Bürgermeister sein. Die Aufsichtsbehörde ist befugt, hiervon Ausnahmen zuzulassen.

47. Bezüglich der Einladung der Mitglieder der Gemeindeversammlung, der Gemeindevertretung, des Gemeinderaths (§. 46 Abs. 1) zur Wahl kommen die Vorschriften des §. 30*) zur Anwendung.

48. Der Wahlvorstand besteht aus dem Bürgermeister oder dessen Stellvertreter als Vorsitzenden und aus zwei von der Wahlversammlung zu wählenden Beisitzern. Der Vorsitzende ernennt einen der Beisitzer zum Schriftführer. Erforderlichenfalls kann jedoch auch eine nicht zur Wahlversammlung gehörige Person zum Schriftführer ernannt werden.

49. Während der Wahlhandlung dürfen im Wahlraume weder Berathungen stattfinden, noch Ansprachen gehalten, noch Beschlüsse gefaßt werden. Ausgenommen hiervon sind Berathungen und Be-

*) §. 30 verweist auf eine Reihe anderer Bestimmungen, die hier nicht näher interessiren.

schlüsse des Wahlvorstandes, welche durch die Leitung des Wahlgeschäfts erforderlich werden.

50. Jede Wahl erfolgt in einem besonderen Wahlgange durch Stimmzettel.

51. Die Wähler werden in der Reihenfolge, in welcher sie in der Wählerliste aufgeführt sind, aufgerufen.

Die Aufgerufenen legen ihre Stimmzettel uneröffnet in die Wahlurne.

Findet die Wahl durch die Gemeindeversammlung statt, so wird das Stimmrecht nach Maßgabe der Bestimmungen des §. 19 ausgeübt.

Die nach der Eröffnung, jedoch vor dem Schlusse der Wahlhandlung erscheinenden Wähler können noch an der Abstimmung Theil nehmen.

Sind keine Stimmen mehr abzugeben, so erklärt der Wahlvorstand die Wahl für geschlossen; der Vorsitzende nimmt die Stimmzettel einzeln aus der Wahlurne und verliest die darauf verzeichneten Namen, welche von einem durch den Vorsitzenden zu ernennenden Beisitzer laut gezählt werden.

52. Ungültig sind diejenigen Stimmzettel,

1. welche nicht von weißem Papier oder welche mit einem äußeren Kennzeichen versehen sind,
2. welche keinen oder keinen lesbaren Namen enthalten,
3. aus welchen die Person des Gewählten nicht unzweifelhaft zu erkennen ist,

4. auf welchen mehr als ein Name oder der Name einer nicht wählbaren Person verzeichnet ist,
5. welche einen Protest oder Vorbehalt enthalten.

Ungültige Stimmzettel werden als nicht abgegeben betrachtet. Ueber die Gültigkeit der Stimmzettel entscheidet vorläufig der Wahlvorstand.

Die Stimmzettel sind dem Wahlprotokolle beizufügen und so lange aufzubewahren, bis über die gegen das Wahlverfahren erhobenen Einsprüche rechtskräftig entschieden ist.

53. Als gewählt ist derjenige zu betrachten, welcher bei der ersten Abstimmung mehr als die Hälfte der gültig abgegebenen Stimmen erhalten hat.

Ergiebt sich bei der ersten Abstimmung diese Stimmenmehrheit nicht, so kommen bei der sofort vorzunehmenden zweiten Abstimmung diejenigen zwei Personen, welche im ersten Wahlgange die meisten Stimmen erhalten haben, auf die engere Wahl. Haben mehr als zwei Personen die höchste oder zweithöchste Stimmenzahl in der Weise erhalten, daß auf sie eine gleiche Stimmenzahl entfallen ist, so entscheidet das durch die Hand des Vorsitzenden zu ziehende Loos darüber, wer auf die engere Wahl zu bringen ist. Bei dem zweiten Wahlgange sind außer den im §. 52 angegebenen auch diejenigen Stimmzettel ungültig, welche den Namen einer nicht zur engeren Wahl stehenden Person enthalten. Als gewählt ist derjenige zu betrachten, welcher die meisten

Stimmen erhalten hat. Bei Stimmengleichheit entscheidet das durch die Hand des Vorsitzenden zu ziehende Loos.

Die Wahlprotokolle sind von dem Wahlvorstande zu unterzeichnen.

54. Der Vorsitzende des Wahlvorstandes hat die Gewählten von der auf sie gefallenen Wahl mit der Aufforderung in Kenntniß zu setzen, sich über die Annahme der Wahl innerhalb längstens einer Woche zu erklären. Von demjenigen, welcher hierüber keine Erklärung abgiebt, wird angenommen, daß er die Wahl ablehne.

55. Die gewählten Bürgermeister und Beigeordneten, sowie die Schöffen in denjenigen Landgemeinden, in welchen ein kollegialischer Gemeindevorstand nicht besteht, bedürfen der Bestätigung durch den Landrath.

Die Bestätigung kann nur unter Zustimmung des Kreisausschusses versagt werden. Dieser Zustimmung bedarf es auch dann, wenn der Wahl die Bestätigung wegen Mängel des Verfahrens versagt wird.

Lehnt der Kreisausschuß die Zustimmung ab, so kann sie auf den Antrag des Landraths durch den Regierungspräsidenten ergänzt werden. Wird die Bestätigung von dem Landrathe unter Zustimmung des Kreisausschusses versagt, so steht binnen zwei Wochen dem Wahlkörper die Beschwerde an den

Regierungspräsidenten zu, bei dessen Bescheide es verbleibt.

Wird die Bestätigung versagt, so ist eine Neuwahl anzuordnen. Erhält auch diese die Bestätigung nicht, so ernennt der Landrath unter Zustimmung des Kreisausschusses, in der Regel aus der Zahl der Gemeindeglieder, einen Stellvertreter auf so lange, bis eine erneuerte Wahl die Bestätigung erlangt hat.

Dasselbe findet statt, wenn keine Wahl zu Stande kommt.

Die Bestimmungen dieses Paragraphen finden auch auf andere gewählte Gemeindebeamte Anwendung, deren Wahl der Bestätigung bedarf.

56. Der Bürgermeister, der Beigeordnete und die Schöffen werden vor ihrem Amtsantritte von dem Landrathe vereidigt.

57. Die unbesoldeten Bürgermeister und Beigeordneten haben den Ersatz ihrer baaren Auslagen und die Gewährung einer mit ihrer amtlichen Mühewaltung in billigem Verhältnisse stehenden Entschädigung von der Gemeinde zu beanspruchen.

Die Schöffen haben ihr Amt in der Regel unentgeltlich zu verwalten und nur den Ersatz baarer Auslagen von der Gemeinde zu beanspruchen.

58. Ueber die Festsetzung der baaren Auslagen und der Entschädigung der Bürgermeister und der stellvertretenden Bürgermeister, sowie über die baaren Auslagen der Schöffen beschließt der Kreisausschuß auf Antrag der Betheiligten oder der Aufsichtsbehörde.

59 Abs. 3. Hat die Gemeindeversammlung (Gemeindevertretung) einen Beschluß gefaßt, welcher nach Ansicht des Bürgermeisters das Gemeinwohl oder das Gemeindeinteresse erheblich verletzt, so ist der Bürgermeister verpflichtet, die Ausführung des Beschlusses auszusetzen und, wenn die Gemeindeversammlung (Gemeindevertretung) bei nochmaliger Berathung bei ihrem Beschlusse beharrt, innerhalb zwei Wochen die Entscheidung des Kreisausschusses einzuholen.

Abs. 4. Insbesondere liegen dem Bürgermeister folgende Geschäfte ob:

....5. die Gemeindebeamten anzustellen und zu beaufsichtigen; über die Neuerrichtung von Stellen beschließt die Gemeindeversammlung (Gemeindevertretung).

60. Wo ein kollegialischer Gemeindevorstand (Gemeinderath) besteht (§. 45 Abs. 5), hat dieser.... die Gemeindebeamten anzustellen (§. 59 Nr. 5).

24. Gemeindeverordnete können nicht sein:

2. die besoldeten Beamten der Gemeinde.

V. Beamte der Rheinischen Landbürgermeistereien.

K.B.G. §§. 1—7, 8—13, 15, 19, 20.

insbesondere

Gemeindeeinehmer

K.B.G. §§. 1—7, 12, 13, 15, 19.

(Bitter, Rheinische Gemeindeverfassungsgesetze, Ergänzungsband zu Brauchitsch 1887.)

A. Bestimmungen des Kommunalbeamtengesetzes und der Rheinischen Landgemeindeordnung.

K.B.G. §. 19. Die Vorschriften der §§. 8 bis 15 dieses Gesetzes finden auf die Beamten der Bürgermeistereien in der Rheinprovinz, sowie im Umfange der §§. 12—15 auch auf die Gemeindeeinnehmer in dieser Provinz mit folgenden Maßgaben sinnentsprechende Anwendung:

1. Die Anstellung der Bürgermeister, sowie die Festsetzung der Besoldung und Dienstunkostenentschädigung für diese Beamten und die Gemeindeeinnehmer erfolgt nach den bisherigen Vorschriften;
3. an Stelle des Bezirksausschusses tritt überall der Kreisausschuß.

A. Landgemeindeordnung für die Rheinprovinz.

Vom 23. Juli 1845 (G.S. S. 523).

Dritter Titel.

Von den Bürgermeistereien.

103. Für jede Landbürgermeisterei wird von dem Oberpräsidenten ein Bürgermeister auf Lebenszeit ernannt.

Zu dem Amte eines Bürgermeisters sollen an erster Stelle angesehene Personen in dem Bürgermeistereibezirke, insbesondere größere Grundbesitzer, berufen werden. Das Amt soll zunächst denjenigen übertragen werden, welche dasselbe als ein unentgeltlich zu verwaltendes Ehrenamt zu übernehmen in der Lage sind. Ein Bürgermeister mit Besoldung soll nur angestellt werden, wenn ein geeigneter Ehrenbürgermeister nicht zu gewinnen ist.

Die Ernennung erfolgt auf Grund von Vorschlägen des Kreisausschusses, welche dieser nach Anhörung der Bürgermeistereiversammlung zu machen hat. Falls der Oberpräsident den sämmtlichen Vorschlägen des Kreisausschusses keine Folge geben will, so bedarf es hierzu der Zustimmung des Provinzialrathes. Lehnt der Provinzialrath die Zustimmung ab, so kann dieselbe auf Antrag des Oberpräsidenten durch den Minister des Innern ergänzt werden.

Wenn für die Besetzung einer erledigten Bürgermeisterstelle Vorschläge nicht gemacht worden sind, oder den gemachten Vorschlägen keine Folge gegeben wird, so kann die Verwaltung derselben nach eingeholter Aeußerung der betheiligten Bürgermeistereiversammlungen, sowie des Kreisausschusses auch dem Bürgermeister einer benachbarten ländlichen oder städtischen Bürgermeisterei übertragen werden. Die Uebertragung erfolgt in diesem Falle auf Widerruf und ist aufzuheben, sobald für die betreffende Bürgermeisterei nach Maßgabe der Vorschriften im dritten Absatze ein geeigneter Ehrenbürgermeister in Vorschlag gebracht wird.

Der definitiven Ernennung eines besoldeten Bürgermeisters soll in der Regel eine die Dauer eines Jahres nicht übersteigende kommissarische Beschäftigung vorangehen. Die kommissarische Verwaltung der Bürgermeisterei wird im Uebrigen von dem Oberpräsidenten angeordnet. (Rh.Kr.O. §. 24.)

Für jede Bürgermeisterei sind zwei oder, wo es das Bedürfniß erfordert, mehrere Beigeordnete zu bestellen, in Betreff deren die wegen Vorschlag und Ernennung der Bürgermeister geltenden Bestimmungen entsprechende Anwendung finden; (Rh.Kr.O. § 24 letzter Abs.) das Amt derselben dauert sechs Jahre, nach deren Ablauf sie wieder ernannt werden können. Die Beigeordneten sind bestimmt, einzelne Amtsgeschäfte, welche der Bürgermeister ihnen aufträgt, zu besorgen, und diesen in Behinderungsfällen und während der Erledigung des Amtes nach der unter ihnen von dem Landrathe (Z.G. § 24 Abs. 1) festzusetzenden Reihenfolge zu vertreten.

Zusatz zu Rh.L.G.O. §. 103.

K.B.G. §. 20. Für die Bürgermeistereien in der Rheinprovinz kann die Anstellung besoldeter Beigeordneter durch die Bürgermeistereiversammlung beschlossen werden. Die Art der Ernennung und die Bedingungen der Anstellung regeln sich nach den die Landbürgermeister betreffenden Bestimmungen.

Rh.L.G.O. §. 104. Die Unterbeamten und Diener der Bürgermeisterei werden von der Bürgermeistereiversammlung gewählt. Besteht die Bürgermeisterei nur aus einer Gemeinde, so verbleibt es bei den Bestimmungen des §. 78,*) welche auch im Uebrigen für die Wahl und Bestätigung der Unterbeamten und Diener der Bürgermeisterei, beziehungsweise für die Art und Weise ihrer Anstellung Geltung finden. (Rh.Kr.O. §. 26.)

105. Der Landrath ist der nächste Dienstvorgesetzte des Bürgermeisters.

106. Wo die Einrichtung einer besonderen Bürgermeistereikasse nöthig gefunden wird, finden die im §. 79**) gegebenen Vorschriften ebenfalls Anwendung, und bleibt es unter den dort bezeichneten Maßgaben der Beschlußnahme der Bürgermeisterei-

*) Siehe Seite 163.

**) Siehe Seite 164.

versammlung überlassen, ob die Verwaltung der Kasse dem Elementarerheber der direkten Steuern oder dem Gemeindeerheber übertragen werden soll.

107. Für jede Bürgermeisterei wird von der Bürgermeistereiversammlung ein Normalbesoldungsetat aufgestellt und von dem Kreisausschusse (Z.G. §. 32 Nr. 4) genehmigt. Die Besoldungen, sowie die Entschädigungen für Dienstunkosten müssen von der Bürgermeisterei aufgebracht werden.

Ueber die Festsetzung der Besoldung, beziehungsweise der Dienstunkostenentschädigung der Bürgermeister, beziehungsweise der Ehrenbürgermeister beschließt der Kreisausschuß nach Anhörung der Bürgermeistereiversammlung. (Rh.K.O. §. 24 Abs. 6.)

Neben seiner Besoldung und Dienstunkostenentschädigung kann der Bürgermeister, wenn er zugleich Gemeindevorsteher ist, die in §. 75 gedachte Entschädigung beziehen.

In Ansehung der Vergütung für Dienstreisen außerhalb der Bürgermeisterei, sowie der Gebühren und baaren Auslagen für Amtshandlungen des Bürgermeisters finden die Vorschriften des §. 75 Anwendung. Die Bürgermeisterei ist verpflichtet, ein angemessenes Geschäftslokal zu beschaffen.

§. 75. (Art. 21 Ges. v. 15. V. 56.) Das Amt des Vorstehers wird unentgeltlich verwaltet, und nur für Dienstunkosten eine Entschädigung gewährt, welche bis zum Betrage von zehn Pfennigen für den Kopf der Bevölkerung von dem Kreisausschusse nach Vernehmung des Gemeinderathes zu bestimmen ist, mit Genehmigung des Kreisausschusses aber auch höher festgesetzt werden kann. Für Dienstreisen nach einem mehr als zwei Meilen entfernten Orte kann besondere Vergütung verlangt werden. Gebühren für einzelne Amtshandlungen dürfen nur insoweit erhoben werden, als sie in den Gesetzen ausdrücklich gestattet sind; dagegen müssen die durch solche Handlungen verursachten baaren Auslagen jederzeit von den Betheiligten erstattet werden.

B. **Bestimmungen der Rheinischen Kreisordnung vom 30. Mai 1887 (G.S. S. 209) über die Gemeindevorsteher, Landbürgermeister sowie die Beamten der Gemeinden und Landbürgermeistereien im Zusammenhange abgedruckt.**

Zweiter Abs

Von dem Gemeindevorsteher und dem Bürgermeister in den Landbürgermeistereien, sowie von den Beamten der Gemeinden und Landbürgermeistereien.

Wahl der Gemeindevorsteher und deren Stellvertreter.

23. Der Gemeindevorsteher und dessen Stellvertreter (Beistand), sowie die Bezirks-, Dorfs- oder Bauerschaftsvorsteher werden von dem Gemeinderathe aus der Zahl der zur Ausübung des Stimmrechts befähigten Gemeindemitglieder auf die Dauer von sechs Jahren durch absolute Stimmenmehrheit gewählt.

Die Wahlen erfolgen nach näherer Vorschrift des diesem Gesetze beigefügten Wahlreglements.

Die Gewählten bedürfen der Bestätigung durch den Landrath.

Vor der Bestätigung ist der Bürgermeister mit seinem Gutachten zu hören.

Die Bestätigung kann unter Zustimmung des Kreisausschusses versagt werden.

Wird die Bestätigung versagt, so ist eine Neuwahl anzuordnen. Erhält auch diese die Bestätigung nicht, so ernennt der Landrath auf den Vorschlag des Bürgermeisters unter Zustimmung des Kreisausschusses einen Stellvertreter auf so lange, bis eine erneute Wahl die Bestätigung erlangt hat. Dasselbe findet statt, wenn keine Wahl zu Stande kommt. In denjenigen Gemeinden, welche für sich allein eine Landbürgermeisterei bilden, ist der Bürgermeister zugleich Gemeindevorsteher.

Ernennung der Bürgermeister der Landbürgermeistereien.

24. Für jede Landbürgermeisterei wird von dem Oberpräsidenten ein Bürgermeister auf Lebenszeit ernannt Zu dem Amte eines Bürgermeisters sollen an erster Stelle angesehene Personen in dem Bürgermeistereibezirke, insbesondere größere Grundbesitzer berufen werden. Das Amt soll zunächst den=

jenigen übertragen werden, welche dasselbe als ein unentgeltlich zu verwaltendes Ehrenamt zu übernehmen in der Lage sind Ein Bürgermeister mit Besoldung soll nur angestellt werden, wenn ein geeigneter Ehrenbürgermeister nicht zu gewinnen ist.

Die Ernennung erfolgt auf Grund von Vorschlägen des Kreisausschusses, welche dieser nach Anhörung der Bürgermeistereiversammlung zu machen hat. Falls der Oberpräsident den sämmtlichen Vorschlägen des Kreisausschusses keine Folge geben will, so bedarf es hierzu der Zustimmung des Provinzialrathes. Lehnt der Provinzialrath die Zustimmung ab, so kann dieselbe auf Antrag des Oberpräsidenten durch den Minister des Innern ergänzt werden.

Wenn für die Besetzung einer erledigten Bürgermeisterstelle Vorschläge nicht gemacht worden sind, oder den gemachten Vorschlägen keine Folge gegeben wird, so kann die Verwaltung derselben nach eingeholter Aeußerung der betheiligten Bürgermeistereiversammlungen, sowie des Kreisausschusses auch dem Bürgermeister einer benachbarten ländlichen oder städtischen Bürgermeisterei übertragen werden. Die Uebertragung erfolgt in diesem Falle auf Widerruf und ist aufzuheben, sobald für die betreffende Bürgermeisterei nach Maßgabe der Vorschriften im dritten Absatze ein geeigneter Ehrenbürgermeister in Vorschlag gebracht wird.

Der definitiven Ernennung eines besoldeten Bürgermeisters soll in der Regel eine die Dauer eines Jahres nicht übersteigende kommissarische Beschäftigung vorangehen. Die kommissarische Verwaltung der Bürgermeisterei wird im Uebrigen von dem Oberpräsidenten angeordnet.

Ueber die Festsetzung der Besoldung, beziehungsweise der Dienstunkostenentschädigung der Bürgermeister, beziehungsweise der Ehrenbürgermeister beschließt der Kreisausschuß nach Anhörung der Bürgermeistereiversammlung. (§. 32 Nr. 4 des Gesetzes über die Zuständigkeit der Verwaltungs- und Verwaltungsgerichtsbehörden vom 1. August 1883.)

(Letzter Absatz.) In Betreff der Beigeordneten finden die wegen Vorschlag und Ernennung der Bürgermeister geltenden Bestimmungen entsprechende Anwendung.*)

Wahl der Beamten der Landgemeinden und Landbürgermeistereien.

26. Die Bestimmungen des §. 23 finden bezüglich der Wahl und Bestätigung auch auf die Unterbeamten der Gemeinden, soweit deren Ernennung bisher dem Landrathe zustand, sowie auf die Unterbeamten der Landbürgermeistereien mit der Maßgabe Anwendung, daß die Wahl der letzteren durch die Bürgermeistereiversammlung zu vollziehen ist.

*) Siehe K.B.G. §. 20 Seite 86.

VI. Beamte der Westfälischen Aemter.

(Braunbehrens, Westfälische Gemeindeverfassungsgesetze, Ergänzungsband zu Brauchitsch 1887.)

Vorbemerkung.

Für die besoldeten Amtmänner und die besoldeten Beamten der Westfälischen Aemter gelten K.B.G. §§. 1—7, 8—13 und 15, 19;

für die Westfälischen Amts- und Gemeinde-einnehmer dagegen nur K.B.G. §§. 1—7, 12 und 15, 19.

K.B.G. §. 19. Die Vorschriften der §§. 8—15 dieses Gesetzes finden auf die Beamten der Aemter in der Provinz Westfalen, sowie im Umfange der §§. 12—15 auch auf die Gemeindeeinnehmer mit folgenden Maßgaben sinnentsprechende Anwendung:

1. die Anstellung der Amtmänner, sowie die Festsetzung der Besoldung und Dienstunkostenentschädigung für diese Beamten und die Gemeindeeinnehmer (Amtseinnehmer) erfolgt nach den bisherigen Vorschriften;
2. an Stelle des Bezirksausschusses tritt überall der Kreisausschuß.

1. Amtmänner.

Landgemeindeordnung für die Provinz Westfalen vom 19. März 1856 (G.S. S. 265).

4. Mehrere Gemeinden nebst den, den Gemeinden gleichgestellten Gütern (§. 3) bilden einen Ver-

waltungsbezirk (Amt), welchem ein Amtmann vorsteht; doch kann das Amt auch aus Einer Gemeinde bestehen.

3. Abgeändert durch Westfäl. Kr.O. §. 23. Güter, welche den Zwecken einer Gemeinde für sich allein zu genügen geeignet sind, können auf den Antrag der Besitzer oder der Gemeinde, mit welcher das Gut bisher vereinigt gewesen ist, selbstständige, den Gemeinden gleich zu achtende Güter (Gutsbezirke) bilden.

69. Für jeden Amtsbezirk (§. 4) wird ohne Unterschied, ob derselbe aus einer oder aus mehreren Gemeinden besteht, ein Amtmann und mindestens ein Stellvertreter (Beigeordneter) desselben bestellt.

Den Beigeordneten steht es zu, den Amtsversammlungen ohne Stimmrecht beizuwohnen.

In Aemtern, welche aus mehreren Gemeinden bestehen, kann der Amtmann zugleich Vorsteher der Gemeinde sein, in welcher er wohnt.

20. Für die Aemter in der Provinz Westfalen kann die Anstellung besoldeter Beigeordneter durch die Amtsversammlungen beschlossen werden. Die Art der Ernennung und die Bedingungen der Anstellung regeln sich nach den die Amtmänner betreffenden Bestimmungen. (Siehe weiter unten W.Kr.O. §. 27 Abs. 4.)

W.L.G.O. §. 71. Ein Amtmann mit Besoldung soll nur angestellt werden, wenn ein geeigneter Ehrenamtmann nicht zu gewinnen ist. Derselbe wird vom Oberpräsidenten ernannt, welcher dabei zunächst auf geeignete Eingesessene des Amts Rücksicht zu nehmen hat. (Abgeändert durch W.Kr.O. § 27.)

Zu der Stelle eines besoldeten Amtmanns soll, der Regel nach, keiner definitiv ernannt werden, welcher sich nicht zu derselben bereits durch eine kommissarische Verwaltung des Amtes als tüchtig bewährt hat; eine solche kommissarische Verwaltung darf in der Regel die Dauer eines Jahres nicht überschreiten.

W.Kr.O. §. 27. Abs. 1. Die Stelle des Amtmannes ist ein Ehrenamt, welches einem angesehenen und vorzugsweise aus den größeren Grundbesitzern auszuwählenden Amtseingesessenen übertragen werden soll. Ein Amtmann mit Besoldung soll nur angestellt werden, wenn ein geeigneter Ehrenamtmann nicht zu gewinnen ist. — Den Amtmann ernennt auf Grund der Vorschläge des Kreisausschusses, welche dieser nach Anhörung der Amtsversammlung zu machen hat, der Oberpräsident. Falls der Oberpräsident den sämmtlichen Vorschlägen des Kreisausschusses keine Folge geben will, so bedarf es hierzu der Zustimmung des Provinzialrathes. Lehnt der Provinzialrath die Zustimmung ab, so kann dieselbe auf den Antrag des Oberpräsidenten durch den Minister des Innern ergänzt werden. Die kommissarische Verwaltung des Amts wird von dem Oberpräsidenten angeordnet.

Abs. 2. Ueber die Festsetzung der Besoldung beziehungsweise der Dienstunkostenenentschädigung der Amtmänner beziehungsweise der Ehrenamtmänner beschließt der Kreisausschuß nach Anhörung der Amtsversammlung. (Z.G. §. 32 Nr. 4.)

Abs. 4. In Betreff der Beigeordneten finden die wegen Vorschlag und Ernennung der Amtmänner geltenden Bestimmungen entsprechende Anwendung.

2. Amtsbeamte.

W.L.G.O. §. 73. Wegen der zum Dienste des Amts erforderlichen Unterbeamten und Diener und wegen des Amtseinnehmers finden die resp. Bestimmungen der §§. 43 und 44 Anwendung. (Siehe Unterbeamte und Diener der Gemeinden und Gemeindeeinnehmer Seite 165 ff.)

VII. Beamte der Zweckverbände.

(K.B.G. §§ 1—7, 18.)

Vorbemerkung.

Für die Zweckverbände fehlt es an gesetzlichen Bestimmungen über die Anstellung besoldeter Beamter. (Aus der Begründung des Kommunalbeamtengesetzes in Freytags Kommentar S. 106.)

Abgedruckt sind die Bestimmungen über die Verwaltung der Zweckverbände.

a) Landgemeindeordnung für die sieben östlichen Provinzen vom 3. Juli 1891. (G.S. S. 233.)

b) Schleswig-Holsteinische Landgemeindeordnung vom 10. Juli 1892. (G.S. S. 154.)

§§ 128—138 wörtlich gleichlautend.

Vierter Titel.

Verbindung nachbarlich belegener Gemeinden und selbständiger Gutsbezirke behufs gemeinsamer Wahrnehmung kommunaler Angelegenheiten.

128. Landgemeinden und Gutsbezirke können mit nachbarlich belegenen Landgemeinden oder Gutsbezirken zur Wahrnehmung einzelner kommunaler Angelegenheiten nach Anhörung der betheiligten Gemeinden und Gutsbesitzer durch Beschluß des Kreisausschusses verbunden werden.

129 Abs 2. Es können diesen Verbänden auf ihren Antrag mit Königlicher Genehmigung die Rechte öffentlicher Körperschaften beigelegt werden.

131. Die nach Maßgabe des §. 128 gebildeten Verbände sind berechtigt, die Ausführung der in ihrem gemeinsamen Interesse liegenden Maßnahmen und Veranstaltungen auf gemeinsame Kosten zu beschließen. Sie bilden in den Fällen, wo die Fürsorge für die öffentliche Armenpflege von ihnen übernommen oder ihnen auferlegt wird, Gesammtarmen-

verbände im Sinne des §. 12 des Gesetzes vom 8. März 1871 (Gesetz-Samml. S. 130). Auf die bereits bestehenden Gesammtarmenverbände finden die Bestimmungen dieses Titels fortan sinngemäße Anwendung.

132. Das Statut muß enthalten:

1 - 4 2c.

5. eine Bestimmung über die Wahl oder die sonstige Art der Berufung des Verbandsvorstehers, sowie über die Vertretung des Verbandes nach außen.

133 Abs. 1. Verbandsvorsteher können nur solche Personen sein, bei welchen die Voraussetzungen zur Uebernahme des Amts als Gemeinde- oder Gutsvorsteher vorliegen.

134. Die Wahl des Verbandsvorstehers bedarf, wenn der Gewählte nicht zugleich Gemeinde-, Guts- oder Amtsvorsteher ist, der Bestätigung durch den Landrath unter sinngemäßer Anwendung der Bestimmungen des §. 84 dieses Gesetzes.

Wird gegen die Gültigkeit der Wahl eines Verbandsvorstehers, welcher nach der vorstehenden Bestimmung einer besonderen Bestätigung nicht bedarf, Einspruch erhoben, so entscheidet hierüber die Versammlung der Verbandsmitglieder. Gegen den Beschluß findet die Klage im Verwaltungsstreitverfahren statt.

Zusatz zu §. 134: **§. 84.** Die gewählten Gemeindevorsteher und Schöffen bedürfen der Bestätigung durch den Landrath.

Vor der Bestätigung ist der Amtsvorsteher (Distriktskommissarius) mit seinem Gutachten zu hören.

Die Bestätigung kann nur unter Zustimmung des Kreisausschusses versagt werden. Dieser Zustimmung bedarf es auch dann, wenn der Wahl die Bestätigung wegen formaler Mängel des Verfahrens versagt wird.

Wird die Bestätigung versagt, so ist eine Neuwahl anzuordnen. Erhält auch diese die Bestätigung nicht, so ernennt der Landrath unter Zustimmung des Kreisausschusses einen Stellvertreter auf so lange, bis eine erneuerte Wahl die Bestätigung erlangt hat.

Dasselbe findet statt, wenn keine Wahl zu Stande kommt.

Die Bestimmungen dieses Paragraphen finden auch auf andere gewählte Gemeindebeamte Anwendung, deren Wahl der Bestätigung bedarf.

137 Abs. 1. Kommt ein Statut durch freie Vereinbarung der Betheiligten nicht zu Stande, so ist dasselbe nach Anhörung der letzteren durch den Kreisausschuß festzusetzen. Hierbei kommen folgende Grundsätze zur Anwendung:

Abs. 2. Der Verband wird in seinen Angelegenheiten durch den Verbandsausschuß und den Verbandsvorsteher vertreten. Der letztere ist die ausführende Behörde.

Zusatz zu §. 137: **§. 47** Abs. 3. Der Verbandsausschuß, welcher über alle Angelegenheiten des Verbandes zu beschließen hat, besteht aus Vertretern sämmtlicher zu dem Verbande gehörigen Gemeinden und Gutsbezirken. Jede Gemeinde und jeder Gutsbezirk ist wenigstens durch einen Abgeordneten zu vertreten.

Abs. 6. Der Verbandsausschuß wählt aus seiner Mitte einen Verbandsvorsteher und einen Stellvertreter desselben auf die Zeitdauer von sechs Jahren nach den für die Wahl des Gemeindevorstehers geltenden Vorschriften (§§. 76 ff.) mit der Maßgabe hinsichtlich des §. 77, daß der Verbandsausschuß aus seiner Mitte einen Wahlvorsteher wählt und von der Wahl von zwei Beisitzern Abstand nehmen kann. Siehe Seite 178 ff.: Verwaltung der Landgemeinden.

138. Die Bestimmungen der §§. 128 bis 137 finden auch auf die Verbindung von Landgemeinden oder Gutsbezirken mit Stadtgemeinden sinngemäße Anwendung mit den Maßgaben, daß an die Stelle des Kreisausschusses der Bezirksausschuß, an die Stelle des Landraths der Regierungspräsident tritt, und daß die Vertretung der Stadtgemeinden in den Verbandsausschüssen durch den Bürgermeister, den Beigeordneten (zweiten Bürgermeister), sonstige Magistratsmitglieder und erforderlichen Falles durch andere von der Stadtgemeinde zu wählende Abgeordnete erfolgt.

c) Landgemeindeordnung für Hessen-Nassau vom 4. August 1897.

(G.S. S. 301.)

Beamte der Zweckverbände.

Vierter Titel.

Verbindung nachbarlich belegener Gemeinden und selbständiger Gutsbezirke zur gemeinsamen Wahrnehmung kommunaler Angelegenheiten.

100. Landgemeinden und Gutsbezirke können mit nachbarlich belegenen Landgemeinden oder Gutsbezirken zur Wahrnehmung einzelner kommunaler Angelegenheiten durch Beschluß des Kreisausschusses verbunden werden.

101 Abs. 2. Es können diesen Verbänden auf ihren Antrag mit Königlicher Genehmigung die Rechte öffentlicher Körperschaften beigelegt werden.

110. Die Bestimmungen der §§. 100 bis 109 finden auf die Verbindung von Landgemeinden oder Gutsbezirken mit Stadtgemeinden sinngemäß Anwendung mit der Maßgabe, daß an die Stelle des Kreisausschusses der Bezirksausschuß, an die Stelle des Landraths der Regierungspräsident tritt, und daß die Vertretung der Stadtgemeinden in den Verbandsausschüssen durch den Bürgermeister, den Beigeordneten, sonstige Magistratsmitglieder und erforderlichenfalls durch andere von der Stadtverordnetenversammlung zu wählende Abgeordnete erfolgt.

103. Die nach Maßgabe des §. 100 gebildeten Verbände sind berechtigt, die Ausführung der in ihrem gemeinsamen Interesse liegenden Maßnahmen und Veranstaltungen auf gemeinsame Kosten zu beschließen. Sie bilden in den Fällen, wo die Fürsorge für die öffentliche Armenpflege von ihnen übernommen oder ihnen auferlegt wird, Gesammtarmenverbände im Sinne des §. 12 des Gesetzes vom 8. März 1871 (Gesetz-Samml. S. 130). Auf die bereits bestehenden Gesammtarmenverbände finden die Bestimmungen dieses Titels fortan sinngemäß Anwendung.

Im Uebrigen werden die Rechtsverhältnisse der Verbände durch ein Statut geregelt, welches von den Betheiligten im Wege freier Vereinbarung festzustellen ist und der Bestätigung des Kreisausschusses unterliegt.

104. Das Statut muß enthalten:

1—4 2c.

5. eine Bestimmung über die Wahl oder die sonstige Art der Berufung des Verbandsvorstehers, sowie über die Vertretung des Verbandes nach außen.

105. Verbandsvorsteher können nur solche Personen sein, bei welchen die Voraussetzungen zur

Uebernahme des Amtes als Bürgermeister oder Gutsvorsteher vorliegen.

106. Die Wahl des Verbandsvorstehers bedarf, wenn der Gewählte nicht zugleich Bürgermeister oder Gutsvorsteher ist, der Bestätigung durch den Landrath nach Maßgabe des §. 55.

Wird gegen die Gültigkeit der Wahl eines Verbandsvorstehers, welcher nach der vorstehenden Bestimmung einer besonderen Bestätigung nicht bedarf, Einspruch erhoben, so entscheidet hierüber die Versammlung der Verbandsmitglieder. Gegen den Beschluß findet die Klage im Verwaltungsstreitverfahren statt.

109 Abs. 1. Kommt ein Statut durch freie Vereinbarung der Betheiligten nicht zu Stande, so ist es nach Anhörung der letzteren durch den Kreisausschuß festzusetzen. Hierbei gelten folgende Grundsätze:

Abs. 2. Der Verband wird in seinen Angelegenheiten durch den Verbandsausschuß und den Verbandsvorsteher vertreten. Der letztere ist die ausführende Behörde.

Abs. 3. Der Verbandsausschuß, welcher über alle Angelegenheiten des Verbandes zu beschließen hat, besteht aus Vertretern sämmtlicher zu dem Verbande gehörigen Gemeinden und Gutsbezirke. Jede Gemeinde und jeder Gutsbezirk ist wenigstens durch einen Abgeordneten zu vertreten.

Abs. 7. Die Berufung des Verbandsvorstehers ist entweder in der Weise zu regeln, daß der Verbandsausschuß aus seiner Mitte den Verbandsvorsteher und einen Stellvertreter für ihn auf die Dauer von acht Jahren wählt, oder in der Weise, daß einer der betheiligten Bürgermeister und Gutsvorsteher oder dessen gesetzlicher Vertreter zum Verbandsvorsteher und ein anderes bestimmt zu bezeichnendes Mitglied des Verbandsausschusses zum Stellvertreter für ihn von Amtswegen bestellt wird. Für die Wahl des Verbandsvorstehers und seines Stellvertreters gelten die Vorschriften über die Wahl des Bürgermeisters (§§. 47ff.) mit der Maßgabe hinsichtlich des §. 48, daß der Verbandsausschuß aus seiner Mitte einen Wahlvorsteher wählt und von der Wahl von zwei Beisitzern Abstand nehmen kann.

VIII. Beamte der Amtsverbände.

(Oestliche Provinzen und Schleswig-Holstein.)

K.B.G. §§. 1—7, 18.

Beamte der Amtsverbände.

1. Alte Provinzen.

Die einzige gesetzliche Bestimmung über die Anstellung besoldeter Beamten der Amtsverbände ist 69 Abs. 2 der Kreisordnung vom $\frac{\text{13. Dez. 1872}}{\text{19. März 1881}}$. (§ 60 Abs. 2 Sch.H.Kr.O.)

Kosten der Amtsverwaltung.

Ö.Kr.O. § 69 Abs. 1. Der Amtsvorsteher ist berechtigt, eine Amtsunkostenentschädigung zu beanspruchen, welche nach Anhörung der Betheiligten von dem Kreisausschusse als ein Pauschquantum festgesetzt wird.

Abs. 2. In gleicher Weise erfolgt die Festsetzung der einem kommissarischen Amtsvorsteher zu gewährenden Remuneration.

Zusatz zu Ö.Kr.O. §. 69: §. **47.** Behufs Verwaltung der Polizei und Wahrnehmung anderer öffentlicher Angelegenheiten wird jeder Kreis, mit Ausschluß der Städte, in Amtsbezirke getheilt.

58. Ist nach der Erklärung des Kreistages für einen Amtsbezirk weder eine zum Amtsvorsteher geeignete Person zu ermitteln, noch die zeitweilige Wahrnehmung der Amtsverwaltung durch den Vorsteher eines benachbarten Amtsbezirkes oder durch den Bürgermeister einer benachbarten Stadt thunlich, so bestellt der Oberpräsident auf Vorschlag des Kreisausschusses einen kommissarischen Amtsvorsteher.

Für die Uebernahme der Verwaltung eines benachbarten Amtsbezirkes durch einen Bürgermeister ist die Zustimmung der städtischen Vertretung erforderlich.

Sofern die Verhältnisse es gestatten, kann ein kommissarischer Amtsvorsteher mit der Verwaltung zweier oder mehrerer Amtsbezirke gleichzeitig beauftragt werden.

71. In denjenigen Gemeinden und Gutsbezirken, welche einen Amtsverband für sich bilden, werden die Kosten der Amtsverwaltung gleich den übrigen Kommunalbedürfnissen aufgebracht.

Art. 4, Nr. 5 der Ministerialinstruktion vom 18. Juni 1873

(M.Bl. d. J. S. 160),

betreffend

Anstellung der kommissarischen Amtsvorsteher.

Auf Grund der von dem Kreistage bez. dem Kreisausschusse gemachten Vorschläge vollzieht der Oberpräsident die Bestellung der kommissarischen Amtsvorsteher und fertigt für jeden derselben nach den unter B anliegenden Formularen eine besondere Bestallungsurkunde aus.

Was die Bestellung der kommissarischen Amtsvorsteher anbetrifft, so wird nach den in jedem Falle obwaltenden Verhältnissen auf Vorschlag des Kreisausschusses zu bestimmen sein, ob dieselbe auf Kündigung, auf eine bestimmte Zeit oder auf Lebenszeit zu erfolgen hat und ob in dem letzteren Falle, eventuell nach welchen Grundsätzen ein Anspruch auf Pension zu gewähren ist. Ein solcher Pensionsanspruch darf jedoch nur unter Zustimmung der Betheiligten eingeräumt werden. (Vergl. §. 18 K.B.G. Seite 84.)

Die Bestallungsurkunden werden durch Vermittelung des Regierungspräsidenten dem Landrath zugefertigt, welcher dieselben dem Ernannten aushändigt und nach Maßgabe der Verordnung vom 6. Mai 1867 (G.S. S. 715)*) deren Vereidigung vornimmt, sofern sie den in dieser Verordnung vorgeschriebenen Dienfteid noch nicht geleistet haben.

Zugleich vermittelt der Landrath die Uebergabe der auf die Polizeiverwaltung der zu den einzelnen Amtsbezirken gehörigen Ortschaften bezüglichen Akten und Schriftstücke, soweit dieselbe für die Amtsverwaltung erforderlich ist.

Anlage B.

Bestallungs-Urkunde
für den . . . . zu . . . . als kommissarischer Amtsvorsteher des Amtsbezirks . . . . im Kreise . . . .
(Stempel 1,50 Mk.)**)

Auf Vorschlag des Kreisausschusses des Kreises . . . . wird der . . . . zu . . . . gemäß §. 58 der Kreisordnung vom 13. Dezember 1872 zum kommissarischen Amtsvorsteher des Amtsbezirks . . . . auf . . . . hierdurch bestellt und ist zu diesem Behufe die gegen-

*) Siehe Seite 10.

**) Stempelgesetz vom 31. Juli 1895 Pos. 12 Abs. 2.

wärtige Bestallungsurkunde unter Unterschrift und Siegel des Königl. Oberpräsidenten der Provinz .... ausgefertigt worden.

...., den ..ten .... 19 ..

(Siegel.) (Unterschrift.)

2. Provinz Schleswig-Holstein.

Kreisordnung für die Provinz Schleswig-Holstein vom 26. Mai 1888.

(G.S. S. 139.)

Kosten der Amtsverwaltung.

60. Der Amtsvorsteher ist berechtigt, eine Amtsunkostenentschädigung zu beanspruchen, welche auf den Antrag des Landrathes, nach Anhörung der Betheiligten, von dem Kreisausschusse durch Beschluß als ein Pauschquantum festgesetzt wird.

In gleicher Weise erfolgt die Festsetzung der einem kommissartschen Amtsvorsteher zu gewährenden Remuneration und der demselben etwa zu gewährenden Pension.

Instruktion des Ministers des Innern vom 19. Juni 1888 zur Ausführung der Bestimmungen der Kreisordnung für die Provinz Schleswig-Holstein vom 28. Mai 1888 über die Bildung der Amtsbezirke, die Berufung der Amtsvorsteher und deren Stellvertreter, sowie die Bestellung kommissarischer Amtsvorsteher.

Art. 4 Nr. 5 im Wesentlichen gleichlautend mit

Art. 4 Nr. 5 der vorabgedruckten Ministerialinstruktion vom 18. Juni 1873 zu §. 69 Kr.O. vom 13. Dezember 1872: Nur ist statt §. 56 Abs. 4 dieser Kr.O. angeführt der gleichlautende §. 48 Abs. 4 Schl.-H. Kr.O. und der §. 49 Abs. 1 (Ernennung des Stellvertreters des Amtsvorstehers gemäß §. 48 Abs. 4).

Im Uebrigen entspricht

§. 47	Ö.Kr.O.	dem §. 33	Schl.-H.Kr.O.
§§. 56—58	„	den §§. 48–50	„
§. 71	„	dem §. 63	„
§. 8	„	dem §. 8	„

IX. Beamte der Stadtgemeinden.

A. Magistratsmitglieder bezw. Bürgermeister und Beigeordnete.

Auf dieselben finden nur die §§. 4—7, 14, 15 K.B.G. Anwendung.

(Brauchitsch, Verwaltungsgesetze. 14. Auflage. 1897. Bd. III S. 7 ff. und die Ergänzungsbände).

1. Städteordnung für die Provinzen Preußen,*)

*) Jetzt in zwei Provinzen Ost- und Westpreußen getheilt. Gesetz vom 19. März 1877 (G.S. S. 107). Für Neuvorpommern und Rügen ist ein besonderes Gesetz ergangen. (§. 1 Abs. 3 St.O. v. 30. Mai 1853.) Gesetz betreffend die städtischen Verfassungen für Neuvorpommern und Rügen vom 31. Mai 1853 (G.S. S. 291).

Brandenburg, Pommern, Schlesien, Posen und Sachsen vom 30. Mai 1853. (G.S. S. 261).

Titel III.

Von der Zusammensetzung und Wahl des Magistrats.

29. Der Magistrat besteht aus dem Bürgermeister, einem Beigeordneten oder zweiten Bürgermeister als dessen Stellvertreter, einer Anzahl von Schöffen (Stadträthen, Rathsherren, Rathsmännern) und wo das Bedürfniß es erfordert, noch aus einem oder mehreren besoldeten Mitgliedern (Syndikus, Kämmerer, Schulrath, Baurath 2c.). Es gehören zum Magistrat in Stadtgemeinden von weniger als

		2500	Einwohnern	2	Schöffen,
2500	bis	10000	Einwohnern	4	"
10001	"	30000	"	6	"
30001	"	60000	"	8	"
60001	"	100000	"	10	"

Bei mehr als 100000 Einwohnern treten für jede weiteren 50000 Einwohner zwei Schöffen hinzu.

Wo die Zahl der Mitglieder des Magistrats bisher eine andere gewesen ist, verbleibt es bei dieser Zahl, bis durch statutarische Anordnung, welcher überhaupt abweichende Festsetzungen über die Zahl der Magistratsmitglieder vorbehalten werden, eine Aenderung getroffen ist.

30. Mitglieder des Magistrats können nicht sein:

1. diejenigen Beamten und die Mitglieder der=

jenigen Behörden, durch welche die Aufsicht des Staats über die Städte ausgeübt wird (§. 76);[1])

2. die Stadtverordneten, ingleichen Gemeinde-Unterbeamte und in Städten über 10000 Seelen die Gemeinde-Einnehmer (§. 56 Nr. 6);[2])
3. Geistliche, Kirchendiener und Lehrer an öffentlichen Schulen;
4. die richterlichen Beamten, zu denen jedoch die technischen Mitglieder der Handels-, Gewerbe- und ähnlicher Gerichte nicht zu zählen sind;
5. die Beamten der Staatsanwaltschaft;
6. die Polizeibeamten.

Vater und Sohn, Schwiegervater und Schwiegersohn, Brüder und Schwäger dürfen nicht zugleich Mitglieder des Magistrates sein.

Entsteht die Schwägerschaft im Laufe der Wahl-

---

[1]) Jetzt Zuständigkeitsgesetz §. 7. Die Aufsicht des Staates über die Verwaltung der städtischen Gemeindeangelegenheiten wird in erster Instanz von dem Regierungspräsidenten, in höherer und letzter Instanz von dem Oberpräsidenten geübt, unbeschadet der in den Gesetzen geordneten Mitwirkung des Bezirksausschusses und des Provinzialrathes. Für die Stadt Berlin tritt an die Stelle des Regierungspräsidenten der Oberpräsident, an die Stelle des Oberpräsidenten der Minister des Innern.

[2]) St.O. §. 56 Nr. 6. In Städten bis zu 10000 Einwohnern können die Geschäfte des Gemeindeeinnehmers nach Vernehmung der Stadtverordnetenversammlung und mit Zustimmung des Bezirksausschusses dem Kämmerer übertragen werden.

periode, so scheidet dasjenige Mitglied aus, durch welches das Hinderniß herbeigeführt worden ist.

Vater und Sohn, Schwiegervater und Schwiegersohn, sowie Brüder, dürfen nicht zugleich Mitglieder des Magistrats und der Stadtverordneten-Versammlung sein.

Personen, welche die in dem Gesetze vom 7. Februar 1835 (Gesetz-Sammlung Seite 18) bezeichneten Gewerbe betreiben, können nicht Bürgermeister sein.

Letztere Gewerbe sind Gast- und Schankwirthschaft.

31. Der Beigeordnete und die Schöffen (§. 29) werden auf sechs Jahre, der Bürgermeister und die übrigen besoldeten Magistrats-Mitglieder dagegen auf zwölf Jahre von der Stadtverordneten-Versammlung gewählt. Auch können Beigeordnete mit Besoldung angestellt werden, und erfolgt in diesem Falle deren Wahl gleichfalls auf zwölf Jahre.

Alle drei Jahre scheidet die Hälfte der Schöffen aus und wird durch neue Wahlen ersetzt. Die das erste Mal Ausscheidenden werden durch das Loos bestimmt. Die Ausscheidenden können wieder gewählt werden. Wegen der außergewöhnlichen Ersatzwahlen kommt die Bestimmung §. 21 zur Anwendung.

Die Wahl des Bürgermeisters und der übrigen besoldeten Magistratsmitglieder kann auch auf Lebenszeit erfolgen. G. v. 25.2.56. (G.S. S. 129).

21. Die Wahlen zur regelmäßigen Ergänzung

der Stadtverordneten-Versammlung finden alle zwei Jahre im November statt. Bei dem zunächst vorhergehenden wöchentlichen Hauptgottesdienst ist auf die Wichtigkeit dieser Handlung hinzuweisen. Die Wahlen der dritten Abtheilung erfolgen zuerst, die der ersten zuletzt.

Außergewöhnliche Wahlen zum Ersatze innerhalb der Wahlperiode ausgeschiedener Mitglieder müssen angeordnet werden, wenn die Stadtverordneten-Versammlung oder der Magistrat es für erforderlich erachten, oder wenn der Bezirksausschuß[1]) dies beschließt. Der Ersatzmann bleibt nur bis zum Ende derjenigen sechs Jahre in Thätigkeit, auf welche der Ausgeschiedene gewählt war.

Alle Ergänzungs- oder Ersatzwahlen werden von denselben Abtheilungen und Wahlbezirken vorgenommen, von denen der Ausgeschiedene gewählt war. Ist die Zahl der zu wählenden Stadtverordneten nicht durch drei theilbar, so ist, wenn nur einer übrig bleibt, dieser von der zweiten Abtheilung zu wählen. Bleiben zwei übrig, so wählt die erste Abtheilung den einen und die dritte Abtheilung den andern.

Der in dem §. 21 bestimmte Termin kann durch statutarische Anordnung abgeändert werden.

32. Für jedes zu wählende Mitglied des

---

[1]) Z.G. §. 12 Nr. 2, in Berlin der Oberpräsident. L.V.G. §. 43.

Magistrats wird besonders abgestimmt. Die Wahl erfolgt durch Stimmzettel. Wird die absolute Stimmenmehrheit bei der ersten Abstimmung nicht erreicht, so werden diejenigen vier Personen, auf welche die meisten Stimmen gefallen sind, auf eine engere Wahl gebracht. Wird auch hierdurch die absolute Stimmenmehrheit nicht erreicht, so findet unter denjenigen zwei Personen, welche bei der zweiten Abstimmung die meisten Stimmen erhalten haben, eine engere Wahl statt. Bei Stimmengleichheit entscheidet das Loos.

33. Die gewählten Bürgermeister, Beigeordneten, Schöffen und besoldeten Magistrats-Mitglieder bedürfen der Bestätigung. Die Bestätigung steht zu:

1. dem Könige hinsichtlich der Bürgermeister und Beigeordneten in Städten von mehr als 10000 Einwohnern;
2. dem Regierungs-Präsidenten[1]) hinsichtlich der Bürgermeister und Beigeordneten in Städten, welche nicht über 10000 Einwohner haben, sowie hinsichtlich der Schöffen und der besoldeten Magistratsmitglieder in allen Städten, ohne Unterschied ihrer Größe (Z.G. §. 13, Abs. 1).

Die Bestätigung kann von dem Regierungs-Präsidenten nur unter Zustimmung des Bezirksausschusses[1]) versagt werden. Lehnt der Bezirksausschuß die Zustimmung ab, so kann dieselbe auf den Antrag des Regierungs-Präsidenten durch den Minister des Innern ergänzt werden.

Wird die Bestätigung von dem Regierungs-Präsidenten unter Zustimmung des Bezirksausschusses[1]) versagt, so kann dieselbe auf Antrag des Magistrats oder der Stadtverordneten-Versammlung von dem Minister des Innern ertheilt werden. (Z.G. § 13 Abs. 2, 3.)

Wird die Bestätigung endgültig versagt, so schreitet die Stadtverordneten-Versammlung zu einer neuen Wahl. Wird auch diese Wahl nicht bestätigt, so ist der Regierungs-Präsident[2]) berechtigt, die Stelle einstweilen auf Kosten der Stadt kommissarisch verwalten zu lassen.

Dasselbe findet statt, wenn die Stadtverordneten die Wahl verweigern, oder den nach der ersten Wahl nicht Bestätigten wieder erwählen sollten.

Die kommissarische Verwaltung dauert so lange, bis die Wahl der Stadtverordneten-Versammlung, deren wiederholte Vornahme ihr jederzeit zusteht, die Bestätigung des Königs, beziehungsweise des Regierungs-Präsidenten[1]) erlangt hat.

34. Die Mitglieder des Magistrats werden

---

[1]) In Berlin der Oberpräsident bezüglich der Stadträthe, ohne Mitwirkung des Bezirks-Ausschusses.

[2]) In Berlin der Oberpräsident.

vor ihrem Amtsantritt durch den Bürgermeister in öffentlicher Sitzung der Stadtverordneten-Versammlung in Eid und Pflicht genommen; der Bürgermeister wird vom Regierungspräsidenten[1]) oder einem von diesem zu ernennenden Kommissar in öffentlicher Sitzung der Stadtverordneten-Versammlung vereidet.

Magistrats-Mitgliedern, welche ihr Amt mindestens neun Jahre mit Ehren bekleidet haben, kann in Uebereinstimmung mit der Stadtverordneten-Versammlung von dem Magistrat das Prädikat „Stadtältester" verliehen werden.

Titel VI.

Von den Gehältern und Pensionen.

64. Der Normaletat aller Besoldungen wird von dem Magistrat entworfen und von den Stadtverordneten festgesetzt.

Ist ein Normal-Besoldungsetat überhaupt nicht oder nur für einzelne Theile der Verwaltung festgestellt, so werden die in solcher Weise nicht vorgesehenen Besoldungen vor der Wahl festgesetzt.

Hinsichtlich der Bürgermeister und der besoldeten Magistrats-Mitglieder unterliegt die Festsetzung der Besoldungen in allen Fällen der Genehmigung des

---

[1]) In Berlin der Oberpräsident.

Bezirksausschusses[1]). Der Regierungs-Präsident[2]) ist ebenso befugt als verpflichtet, zu verlangen, daß ihnen die zu einer zweckmäßigen Verwaltung angemessenen Besoldungsbeträge bewilligt werden. (Z.G. §. 16 Abs. 3 und §. 7.)

Den Beigeordneten, insofern ihnen nicht eine Besoldung besonders beigelegt ist (§. 31), können mit Genehmigung des Bezirksausschusses[3]) feste Entschädigungsbeträge bewilligt werden. Schöffen und Stadtverordnete erhalten weder Gehalt noch Remuneration, und ist nur die Vergütung baarer Auslagen zulässig, welche für sie aus der Ausrichtung von Aufträgen entstehen. (Z.G. §. 16.)

65. Den Bürgermeistern und den besoldeten Mitgliedern des Magistrats sind, sofern nicht mit Genehmigung des Bezirksausschusses[3]) (Z.G. §. 16) eine Vereinbarung wegen der Pension getroffen ist, bei eintretender Dienstunfähigkeit, oder wenn sie nach abgelaufener Wahlperiode nicht wieder gewählt werden, folgende Pensionen zu gewähren:

1/4 des Gehalts nach 6jähriger Dienstzeit,
1/2 " " " 12 " "

Die Pension steigt vom vollendeten zwölften Dienstjahre ab bis zum vierund-

---

1) In Berlin des Oberpräsidenten. L.V.G. §. 42.
2) In Berlin der Oberpräsident. L.V.G. §§. 42, 43.
3) Für Berlin des Oberpräsidenten. L.V.G. §§. 42, 43.

zwanzigsten alljährlich um 1/60. (K.B.G. §. 14 Abs. 1.)

(Siehe Pensionsansprüche XIII, 1.)

Abs. 3 ersetzt durch K.B.G. §. 7 (Streitige Pensionsansprüche) Seite 74.

2. Gesetz, betreffend die Verfassung der Städte in Neuvorpommern und Rügen, vom 31. Mai 1853 (G.S. S. 291.)

3. Für jede Stadt ist ein besonderer Stadtrezeß festzustellen.

5. Bei diesen Stadtrezessen sind folgende Grundbestimmungen festzuhalten:

I. Für die Besetzung erledigter Bürgermeisterstellen behält es bei den darauf bezüglichen Bestimmungen des Patents vom 18. Februar 1811 sein Bewenden.

Nach diesem Königlich Schwedischen Patente werden die Bürgermeister vom Könige auf Lebenszeit ernannt.

3. Städteordnung für die Provinz Westfalen vom 19. März 1856. (G.S. S. 237.)

Titel III.

Von der Zusammensetzung und Wahl des Magistrats.

29. Der Magistrat besteht aus dem Bürgermeister, einem Beigeordneten oder zweiten Bürgermeister als dessen Stellvertreter, einer Anzahl von

Schöffen (Stadträthen, Rathsherren, Rathsmännern) und, wo das Bedürfniß es erfordert, noch aus einem oder mehreren besoldeten Mitgliedern (Syndikus, Kämmerer, Schulrath, Baurath 2c.). Es gehören zum Magistrat in Stadtgemeinden von weniger als

		2500	Einwohnern	2	Schöffen,
2501	bis	10000	„	4	„
10001	„	30000	„	6	„

Bei mehr als 30000 Einwohnern treten für jede weiteren 20000 Einwohner zwei Schöffen hinzu.

Wo die Zahl der Mitglieder des Magistrats bisher eine andere gewesen ist, verbleibt es bei dieser Zahl, bis durch statutarische Anordnung, welcher überhaupt abweichende Festsetzungen über die Zahl der Magistrats-Mitglieder vorbehalten werden, eine Aenderung getroffen ist.

30. Mitglieder des Magistrats können nicht sein:

1. diejenigen Beamten und die Mitglieder derjenigen Behörden, durch welche die Aufsicht des Staats über die Städte ausgeübt wird (Z.G. §. 7).

Z.G. §. 7. Die Aufsicht des Staates über die Verwaltung der städtischen Gemeindeangelegenheiten wird in erster Instanz von dem Regierungspräsidenten, in höherer und letzter Instanz von dem Oberpräsidenten geübt, unbeschadet der in den Gesetzen geordneten Mitwirkung des Bezirksausschusses und des Provinzialrathes.

Beschwerden bei den Aufsichtsbehörden in städtischen Gemeindeangelegenheiten sind in allen Instanzen innerhalb zwei Wochen anzubringen.

2. die Stadtverordneten und die Gemeinde-Unterbeamten;

3. Geistliche, Kirchendiener und Lehrer an öffentlichen Schulen;

4. die richterlichen Beamten, zu denen jedoch die technischen Mitglieder der Handels-, Gewerbe- und ähnlicher Gerichte nicht zu zählen sind;

5. die Beamten der Staatsanwaltschaft;

6. die Polizeibeamten.

Vater und Sohn, Schwiegervater und Schwiegersohn, Brüder und Schwäger dürfen nicht zugleich Mitglieder des Magistrats sein.

Entsteht eine Schwägerschaft im Laufe der Wahlperiode, so scheidet dasjenige Mitglied aus, durch welches das Hinderniß herbeigeführt worden ist.

Vater und Sohn, Schwiegervater und Schwiegersohn, sowie Brüder dürfen nicht zugleich Mitglieder des Magistrats und der Stadtverordneten-Versammlung sein.

Personen, welche die in dem Gesetze vom 7. Februar 1835 (G.S. S. 18) bezeichneten Gewerbe betreiben, können nicht Bürgermeister sein. (Gast- und Schankwirthe.)

31. Die Beigeordneten und die Schöffen (§. 29) werden auf sechs Jahre, der Bürgermeister und die übrigen besoldeten Magistratsmitglieder auf zwölf Jahre von den Stadtverordneten gewählt. Auch können Beigeordnete mit Besoldung angestellt werden, und erfolgt in diesem Falle deren Wahl gleichfalls auf zwölf Jahre. Die Wahl des Bürgermeisters und der übrigen besoldeten Magistratsmitglieder kann auch auf Lebenszeit erfolgen. Alle drei Jahre scheidet die Hälfte der Schöffen aus und wird durch neue Wahlen ersetzt. Die das erstemal Ausscheidenden werden durch das Loos bestimmt. Die Ausscheidenden können wieder gewählt werden. Wegen der außergewöhnlichen Ersatzwahlen findet die Bestimmung im §. 21 Anwendung.

21. Die Wahlen zur regelmäßigen Ergänzung der Stadtverordnetenversammlung finden alle zwei Jahre im November statt. Die Wahlen der dritten Abtheilung erfolgen zuerst, die der ersten zuletzt.

Außergewöhnliche Wahlen zum Ersatze innerhalb der Wahlperiode ausgeschiedener Mitglieder müssen angeordnet werden, wenn die Stadtverordnetenversammlung oder der Magistrat oder der Bezirksausschuß durch Beschluß (Z.G. §. 12 Nr. 2) es für erforderlich erachten. Der Ersatzmann bleibt nur bis zum Ende derjenigen Wahlperiode in Thätigkeit, auf welche der Ausgeschiedene gewählt war.

Alle Ergänzungs- oder Ersatzwahlen werden von denselben Abtheilungen und Wahlbezirken vorgenommen, von denen der Ausgeschiedene gewählt war. Ist die Zahl der zu wählenden Stadtverordneten nicht durch drei theilbar, so ist, wenn nur Einer übrig bleibt, dieser von der zweiten Abtheilung zu wählen. Bleiben zwei übrig, so wählt die erste Abtheilung den Einen und die dritte Abtheilung den Anderen.

32. Für jedes zu wählende Mitglied des Magistrats wird besonders abgestimmt. Die Wahl erfolgt durch Stimmzettel. Wird die absolute Stimmenmehrheit bei der ersten Abstimmung nicht erreicht, so werden diejenigen vier Personen, auf welche die meisten Stimmen gefallen sind, auf eine engere Wahl gebracht. Wird auch hierdurch die absolute Stimmenmehrheit nicht erreicht, so findet unter denjenigen zwei Personen, welche bei der zweiten Abstimmung die meisten Stimmen erhalten haben, eine engere Wahl statt. Bei Stimmengleichheit entscheidet das Loos.

33. Die gewählten Bürgermeister, Beigeordneten, Schöffen und besoldeten Magistrats-Mitglieder bedürfen der Bestätigung. Die Bestätigung steht zu:

1. dem Könige hinsichtlich der Bürgermeister und Beigeordneten in Städten von mehr als 10 000 Einwohnern.

2. dem Regierungspräsidenten (Z.G. §. 13 Abs. 1) hinsichtlich der Bürgermeister und Beigeordneten in Städten, welche nicht über 10 000 Einwohner haben, sowie hinsichtlich der Schöffen und der besoldeten Magistrats-Mitglieder in allen Städten, ohne Unterschied ihrer Größe.

Die Bestätigung kann von dem Regierungspräsidenten nur unter Zustimmung des Bezirksausschusses versagt werden. Lehnt der Bezirksausschuß die Zustimmung ab, so kann dieselbe auf den Antrag des Regierungspräsidenten durch den Minister des Innern ergänzt werden.

Wird die Bestätigung von dem Regierungspräsidenten unter Zustimmung des Bezirksausschusses versagt, so kann dieselbe auf Antrag des Gemeindevorstandes oder der Gemeindevertretung von dem Minister des Innern ertheilt werden. (Z.G. §. 13 Abs. 2, 3.)

Wird die Bestätigung versagt, so schreitet die Stadtverordneten-Versammlung zu einer neuen Wahl. Wird auch diese Wahl nicht bestätigt, so ist der Regierungspräsident berechtigt, die Stelle einstweilen auf Kosten der Stadt kommissarisch verwalten zu lassen.

Dasselbe findet statt, wenn die Stadtverordneten die Wahl verweigern, oder den nach der ersten Wahl nicht Bestätigten wieder erwählen sollten.

Die kommissarische Verwaltung dauert so lange, bis die Wahl der Stadtverordneten-Versammlung, deren wiederholte Vornahme ihr jeder Zeit zusteht, die Bestätigung des Königs, beziehungsweise des Regierungspräsidenten erlangt hat.

34. Die Mitglieder des Magistrats werden vor

ihrem Amtsantritt durch den Bürgermeister in öffentlicher Sitzung der Stadtverordneten-Versammlung in Eid und Pflicht genommen; der Bürgermeister wird vom Regierungspräsidenten oder einem von diesem zu ernennenden Kommissar in öffentlicher Sitzung der Stadtverordneten-Versammlung vereidet.

Titel VI.

Von den Gehältern und Pensionen.

64. Der Normaletat aller Besoldungen wird von dem Magistrat entworfen und von den Stadtverordneten festgesetzt.

Ist ein Normal-Besoldungsetat überhaupt nicht, oder nur für einzelne Theile der Verwaltung festgestellt, so werden die in solcher Weise nicht vorgesehenen Besoldungen vor der Wahl festgesetzt.

Hinsichtlich der Bürgermeister und der besoldeten Magistrats-Mitglieder unterliegt die Festsetzung der Besoldungen in allen Fällen der Genehmigung des Bezirksausschusses. (Z.G. §. 16 Abs. 3.) Der Regierungspräsident ist ebenso befugt als verpflichtet zu verlangen, daß ihnen die zu einer zweckmäßigen Verwaltung angemessenen Besoldungsbeträge bewilligt werden.

Den Beigeordneten, sofern ihnen nicht eine Besoldung besonders beigelegt ist (§. 31), können mit Genehmigung des Bezirksausschusses feste Entschädigungsbeträge bewilligt werden. Schöffen und

Stadtverordnete erhalten weder Gehalt noch Remuneration und ist nur die Vergütung der baaren Auslagen zulässig, welche für sie aus der Ausrichtung von Aufträgen entstehen.

65. Den nicht auf Lebenszeit angestellten Bürgermeistern und den besoldeten Mitgliedern des Magistrats sind, sofern nicht mit Genehmigung des Bezirksausschusses (Z.G. §. 16 Abs. 3) eine Vereinbarung wegen der Pension getroffen ist, bei eintretender Dienstunfähigkeit, oder wenn sie nach abgelaufener Wahlperiode nicht wieder gewählt werden, folgende Pensionen zu gewähren:

ein Viertel des Gehalts nach sechsjähriger Dienstzeit,

die Hälfte des Gehalts nach zwölfjähriger Dienstzeit.

Die Pension steigt vom vollendeten zwölften Dienstjahre ab bis zum vierundzwanzigsten Dienstjahre alljährlich um 1/60. (K.B.G. §. 14.)

(Siehe Pensionsansprüche XIII, 1).

Abs. 3 ersetzt durch K.B.G. §. 7 (Streitige Pensionsansprüche) Seite 74.

4. Städteordnung für die Rheinprovinz vom 15. Mai 1856. (G.S. S. 406.)

Titel III.

Von der Wahl des Bürgermeisters und der Beigeordneten (Magistratspersonen).

28. Neben dem Bürgermeister sind zwei, oder wo es das Bedürfniß erfordert mehrere Beigeordnete zu wählen. Die Beigeordneten sind bestimmt, einzelne Amtsgeschäfte, welche der Bürgermeister ihnen aufträgt, zu besorgen, und diesen in Verhinderungsfällen und während der Erledigung des Amts nach der mit Genehmigung des Regierungspräsidenten von der Stadtverordnetenversammlung festzusetzenden Reihenfolge zu vertreten. (L.V.G. §. 18, Z.G. §. 7.)

29. Magistratspersonen (Bürgermeister und Beigeordnete) können nicht sein:

1. diejenigen Beamten und die Mitglieder derjenigen Behörden, durch welche die Aufsicht des Staats über die Städte ausgeübt wird. (Z.G. §. 7); [1])
2. die Gemeinde-Unterbeamten;
3. Geistliche, Kirchendiener und Lehrer an öffentlichen Schulen;
4. die richterlichen Beamten, zu denen jedoch die Mitglieder der Handelsgerichte und der Gewerbegerichte hier nicht zu rechnen sind;

---

[1]) Z.G. §. 7 ist abgedruckt Seite 241 als Zusatz zu §. 30 der W.St.O.

5. die Beamten der Staatsanwaltschaft;

6. die Polizeibeamten.

Vater und Sohn, Schwiegervater und Schwiegersohn, Brüder und Schwäger, dürfen nicht zugleich Magistratspersonen sein.

Entsteht die Schwägerschaft im Laufe der Wahlperiode, so scheidet dasjenige Mitglied aus, durch welches das Hinderniß herbeigeführt worden ist.

Vater und Sohn, Schwiegervater und Schwiegersohn, sowie Brüder dürfen nicht zugleich Magistratspersonen und Mitglieder der Stadtverordneten-Versammlung sein.

Personen, welche die in dem Gesetze vom 7. Februar 1835 (G.S. S. 18) bezeichneten Gewerbe[1]) betreiben, können nicht Bürgermeister sein.

30. Der Bürgermeister wird auf zwölf Jahre, die Beigeordneten dagegen werden auf sechs Jahre von der Stadtverordneten-Versammlung gewählt. Auch können Beigeordnete durch Beschluß der Stadtverordneten-Versammlung mit Besoldung angestellt werden. Ihre Wahl erfolgt in diesem Falle auf zwölf Jahre.

Die Wahl des Bürgermeisters und der besoldeten Beigeordneten kann auch auf Lebenszeit erfolgen.

31. Für jede zu wählende Magistratsperson wird besonders abgestimmt; die Wahl erfolgt durch

---

[1]) Kleinhandel mit Getränken, sowie Gast- und Schankwirthschaft.

Stimmzettel. Wird die absolute Stimmenmehrheit bei der ersten Abstimmung nicht erreicht, so werden diejenigen vier Personen, auf welche die meisten Stimmen gefallen sind, auf eine engere Wahl gebracht. Wird auch hierdurch die absolute Stimmenmehrheit nicht erreicht, so findet unter denjenigen zwei Personen, welche bei der zweiten Abstimmung die meisten Stimmen erhalten haben, eine engere Wahl statt. Bei Stimmengleichheit entscheidet das Loos.

32. Die gewählten Bürgermeister und Beigeordneten bedürfen der Bestätigung. Die Bestätigung steht zu:

1. dem Könige in Städten von mehr als 10 000 Einwohnern;
2. dem Regierungspräsidenten in Städten, welche nicht über 10 000 Einwohner haben. (Z.G. §. 13 Abs. 1.)

Die Bestätigung kann vom Regierungspräsidenten nur unter Zustimmung des Bezirksausschusses versagt werden. Lehnt der Bezirksausschuß die Zustimmung ab, so kann dieselbe auf den Antrag des Regierungspräsidenten durch den Minister des Innern ergänzt werden. (Z.G. §. 13 Abs. 2.)

Wird die Bestätigung von dem Regierungspräsidenten unter Zustimmung des Bezirksausschusses versagt, so kann dieselbe auf Antrag des Bürgermeisters, beziehungsweise dessen Vertreters oder der Stadtverordneten-Versammlung von dem Minister des Innern ertheilt werden. (Z.G. §. 13 Abs. 3.)

Wird die Bestätigung versagt, so schreitet die Stadtverordneten-Versammlung zu einer neuen Wahl. Wird auch diese Wahl nicht bestätigt, so steht dem Könige, beziehungsweise dem Regierungspräsidenten die Ernennung auf höchstens zwölf Jahre zu.

Dasselbe findet statt, wenn die Stadtverordneten die Wahl verweigern oder den nach der ersten Wahl nicht Bestätigten wieder erwählen sollten.

33. Die Beigeordneten werden vor ihrem Amtsantritte durch den Bürgermeister in öffentlicher Sitzung der Stadtverordneten-Versammlung in Eid und Pflicht genommen; der Bürgermeister wird vom Regierungspräsidenten oder einem von diesem zu ernennenden Kommissar in öffentlicher Sitzung der Stadtverordneten-Versammlung vereidet.

Titel VI.

Von den Gehältern und Pensionen.

58. Der Normaletat aller Besoldungen wird von dem Bürgermeister entworfen und von der Stadtverordneten-Versammlung festgesetzt.

Ist ein Normal-Besoldungsetat überhaupt nicht, oder nur für einzelne Theile der Verwaltung festgestellt, so werden die in solcher Weise nicht vorgesehenen Besoldungen vor der Wahl festgesetzt.

Hinsichtlich der Bürgermeister und der besoldeten Beigeordneten unterliegt die Festsetzung der Besoldungen in allen Fällen der Genehmigung des Bezirksausschusses (Z.G. §. 16 Abs. 3). Der Regierungspräsident (Z.G. §. 7 Abs. 1) ist ebenso befugt als verpflichtet, zu verlangen, daß ihnen die zu einer zweckmäßigen Verwaltung angemessenen Besoldungs-Beträge bewilligt werden.

Den Beigeordneten, sofern ihnen nicht eine Besoldung besonders beigelegt ist (§. 30), können mit Genehmigung des Bezirksausschusses feste Entschädigungs-Beträge bewilligt werden.

Stadtverordnete erhalten weder Gehalt noch Remuneration, und ist nur die Vergütung der baaren Auslagen zulässig, welche für sie aus der Ausrichtung von Aufträgen entstehen.

59. Den nicht auf Lebenszeit angestellten Bürgermeistern und besoldeten Beigeordneten sind, sofern nicht mit Genehmigung des Bezirksausschusses*) eine Vereinbarung wegen der Pension getroffen ist, bei eintretender Dienstunfähigkeit, oder wenn sie nach abgelaufener Dienstperiode nicht wieder bestellt werden, folgende Pensionen zu gewähren:

---

*) Z.G. §. 16 Abs. 3.

ein Viertel des Gehalts nach sechsjähriger Dienstzeit,

die Hälfte des Gehalts nach zwölfjähriger Dienstzeit.

Die Pension steigt vom vollendeten zwölften Dienstjahre ab bis zum vierundzwanzigsten Dienstjahre alljährlich um $^1/_{60}$. (K.B.G. §. 14 Abs. 1.)

(Siehe Pensionsansprüche XIII, 1.)

Abs. 3 ersetzt durch K.B.G. §. 7 (Streitige Pensionsansprüche) Seite 74.

5. Hannoversche revidirte Städteordnung vom 24. Juni 1858.

(Hannov. G.=S. S. 141.)

III. Von der Obrigkeit der Stadt.

1. Einrichtung und Wahl des Magistrats.

38. Der Magistrat ist Verwalter der Gemeindeangelegenheiten und zugleich Organ der Staatsgewalt.

Landesverfassungsgesetz vom 6. August 1840.

(Hannov. G.=S. S. 141.)

58. In der Fassung des §. 5 der Verordnung vom 1. August 1855 (Hannov. G.=S. S. 165.)

Die städtischen Obrigkeiten und deren Mitglieder ... sind zur Verwaltung der Gemeindesachen, sowie zur Besorgung der ihnen durch Gesetz, Verfassung oder Herkommen oder von den höheren Behörden übertragenen Landesangelegenheiten in ihrer Gemeinde verpflichtet. In Fällen, wo ein Gemeindebeamter die Erfüllung dieser Verpflichtungen vermöge seiner Eigenschaft ablehnen zu können vermeint, entscheidet hierüber die Aufsichtsbehörde.

H.St.=O **§. 39.** Der Magistrat bildet ein Kollegium und besteht aus einem Bürgermeister, zwei oder mehreren Senatoren und aus etwa durch das Ortsstatut zu bestimmenden sonstigen Mitgliedern.

40. Ein Theil der Senatoren muß der Klasse der Handel= und Gewerbetreibenden angehören oder angehört haben.

Ausnahmen können durch das Ortsstatut festgestellt werden.

Einer der Senatoren ist als regelmäßiger Stellvertreter des Bürgermeisters zu bezeichnen.

In den Städten, in welchen eins oder mehrere rechtskundige Magistratsmitglieder für die Verwaltung erforderlich sind, wird einem derselben unter dem Titel eines Syndikus diese Vertretung übertragen.

43. Der Bürgermeister, der Syndikus und diejenigen Senatoren in den größeren Städten, welche nach dem Ortsstatute rechtskundig sein müssen, werden besoldet.

Das Amt der übrigen Senatoren ist ein Ehrenamt und der damit nach Bestimmung der Orts=

statuten etwa zu verbindende Gehalt nur als Entschädigung anzusehen. Wegen der Verpflichtung zur Annahme dieses Amtes gelten die Bestimmungen des §. 31. Jedoch sind diese Senatoren berechtigt, nach sechsjähriger Dienstzeit das Amt niederzulegen und eine Wiederwahl abzulehnen.

31. Jeder Bürger ist verbunden, städtische Ehrenämter, wozu er durch Wahl berufen wird, zu übernehmen. Ausgenommen sind:

1 königliche Civil- und Hofdiener,
2. Militärpersonen im Dienste,
3. Geistliche und Schullehrer,
4. Aerzte, Wundärzte und Apotheker,
5. Bürger über 60 Jahre alt, und
6. Personen, welche durch Gebrechlichkeit oder anhaltende Krankheit verhindert sind.

Bürger, welche nach Annahme der Wahl in eins der unter 1—3 erwähnten Dienstverhältnisse treten, sind zur Niederlegung des Amtes verpflichtet, jedoch wieder wählbar.

Die unter 4—6 benannten Personen sind, wenn die zur Ablehnung der Wahl berechtigenden Gründe nach deren Annahme eintreten, zur Niederlegung des Amtes berechtigt.

44. Die Mitglieder des Magistrats werden auf Lebenszeit gewählt. Jedoch können dieselben auch wider ihren Willen nach Ablauf von je 12 Jahren nach der Wahl auf Antrag des Magistrats und der Bürgervorsteher vom Minister des Innern in den Ruhestand versetzt werden.

Dieser Antrag erfordert, wenn er sich auf ein besoldetes Magistratsmitglied bezieht, den übereinstimmenden Beschluß des Magistrats und der Bürgervorsteher; wogegen hinsichtlich der unbesoldeten Magistratsmitglieder bei etwa eintretender Meinungsverschiedenheit beider Kollegien das in § 107 bezeichnete Verfahren Anwendung findet

Das Maß des den besoldeten Magistratsmitgliedern in solchem Falle zu bewilligenden Ruhegehalts ist nach Maßgabe des § 64 zu bestimmen.*)

107. Abs. 5. Z.G. §. 17. Ist der Beschluß des Magistrats abweichend von dem der Bürgervorsteher und eine Einigung auch durch eine weitere, jedoch nicht an demselben Tage vorzunehmende Verhandlung nicht zu erreichen, so tritt Beschlußfassung des Bezirksausschusses ein, wenn selbige vom Magistrat oder von den Bürgervorstehern beantragt wird. Der Magistrat ist verpflichtet, solche Entscheidung zu erwirken, wenn dies von den Bürgervorstehern beantragt wird, oder wenn die Angelegenheit nicht ruhen bleiben kann. Vor Einholung der Entscheidung des Bezirksausschusses kann sowohl von dem Magistrate, als von dem Bürgervorsteher-Kollegium ,zur Herbeiführung einer Verständigung

*) §. 64 ist weiter unten abgedruckt.

die Einsetzung einer gemeinschaftlichen Kommission verlangt werden.

47. Das Diensteinkommen der besoldeten Mitglieder .... des Magistrats ist durch das Ortsstatut zu bestimmen.

48. Abs. 1. Die Gehalte der besoldeten Magistratsmitglieder, ... dürfen nur in bestimmten Geldbeträgen bestehen; die Verleihung einer Dienstwohnung ist dadurch nicht ausgeschlossen.

Abs. 2. Alle Gebühren und Naturalbezüge, mit Ausnahme der Vergütung für Geschäftsaufträge, welche einzelnen Magistratsmitgliedern von der höheren Behörde ertheilt werden, fließen in die Stadtkasse.

49. Ausgeschlossen von der Wahl zum Magistratsmitgliede sind diejenigen, welche

noch nicht 25 Jahre alt sind, in väterlicher Gewalt, unter Kuratel oder

in Kost und Lohn eines Anderen stehen,

in Konkurs befangen sind, öffentliche Armenunterstützung erhalten oder im letzten Jahre erhalten haben, bis diese erstattet ist,

mit dem Verlust der bürgerlichen Ehrenrechte bestraft, oder nach sonstigen gesetzlichen Bestimmungen zu öffentlichen Aemtern unfähig sind,

oder endlich wegen eines nach der öffentlichen Meinung entehrenden Verbrechens oder Vergehens bestraft worden oder in Untersuchung gewesen sind, ohne außer Verfolgung gesetzt oder völlig freigesprochen zu sein.

50. Der Eintritt in den Magistrat wird durch Verwandtschaft oder Verschwägerung in den beiden ersten Graden nach zivilrechtlicher Berechnung gehindert.

. . . . . .

Sind dergleichen Verwandte oder Verschwägerte zugleich gewählt, so ist derjenige allein zuzulassen, welcher die meisten Stimmen hat. Bei gleicher Stimmenzahl entscheidet das Loos. Eine nach Uebernahme der Stelle eingetretene Verschwägerung schließt jedoch nicht aus.

B.G.B. §. 1589. (Verwandtschaft.) Personen, deren eine von der anderen abstammt, sind in gerader Linie verwandt. Personen, die nicht in gerader Linie verwandt sind, aber von derselben dritten Person abstammen, sind in der Seitenlinie verwandt. Der Grad der Verwandtschaft bestimmt sich nach der Zahl der sie vermittelnden Geburten.

Ein uneheliches Kind und dessen Vater gelten nicht als verwandt.

B.G.B. §. 1590. (Schwägerschaft.) Die Verwandten des einen Ehegatten sind mit dem anderen Ehegatten verschwägert. Die Linie und der Grad der Schwägerschaft bestimmen sich nach der Linie und dem Grade der sie vermittelnden Verwandtschaft.

Die Schwägerschaft dauert fort, auch wenn die Ehe, durch die sie begründet wurde, aufgelöst wurde.

H St.O. §. **51.** Die Wiederbesetzung der Stellen im Magistrate, ... geschieht durch Wahl Ein Aufrücken aus einer Stelle in eine höhere findet nicht statt.

53. Abs. 1. Die Magistratsmitglieder werden von den vorhandenen Magistratspersonen und einer gleichen Anzahl Bürgervorsteher in vereinigter Versammlung durch absolute Stimmenmehrheit erwählt. Die zur Theilnahme an der Wahl zu berufenden Bürgervorsteher sind durch das Bürgervorsteher-Kollegium zu erwählen. Wenn jedoch hiernach das Wahlkollegium aus vier oder weniger Mitgliedern bestehen sollte, so ist dasselbe durch den Magistrat bezw. durch die Bürgervorsteher zu gleichen Theilen aus den Bürgervorstehern auf die Zahl von sechs zu ergänzen.

Abs. 2. Durch das Ortsstatut kann jedoch bestimmt werden, daß die Wahl von dem Magistrate und sämmtlichen Bürgervorstehern in getrennter Versammlung geschehen soll. Erfolgt in diesem Falle eine Uebereinstimmung der Beschlüsse beider Kollegien nicht und wird selbige auch bei wiederholter Abstimmung nicht erreicht, so sind beide Gewählte dem Regierungspräsidenten zu präsentiren.

Ein Mitglied des Magistrats leitet das Wahlgeschäft, wozu ihm zwei Gehülfen durch Wahl der Versammlung beigegeben werden.

Die Stimmabgabe kann durch mündliche Abstimmung zu Protokoll oder durch verschlossene Stimmzettel, nach Entschließung jedes Wählenden, geschehen.

Ergiebt sich nicht sogleich eine absolute Mehrheit, so ist die Wahl in der Art zu wiederholen, daß nur die bei der vorhergehenden Abstimmung Benannten ferner wählbar bleiben und von diesen derjenige ausscheidet, auf welchen die geringste Stimmenzahl gefallen ist. Sind deren mehrere, so bestimmt das Loos den Ausscheidenden.

Wird auf diese Weise, auch nach Wiederholung der Wahl, eine absolute Mehrheit nicht erreicht, so werden die beiden letzten Gewählten zur Auswahl dem Regierungspräsidenten angezeigt.

Zu §. 53 Abs. 1.

Bekanntmachung des Hannoverschen Ministeriums des Innern vom 28. August 1859 (Nr. 937).

1. Die Aufforderung zur Wahl der mitwählenden Bürgervorsteher (Vorwahl) ergeht vom Magistrate an das Bürgervorsteher-Kollegium. Dabei ist unter Mittheilung des für die Wahl des oder der betreffenden Magistratsmitglieder (Hauptwahl) angesetzten Termines eine Frist zu bestimmen, bis zu welcher die Vorwahl vorgenommen und dem Magistrate angezeigt sein muß.

Diese Frist ist mit Rücksicht darauf zu bestimmen, daß einerseits dem Magistrate eine ausreichende Zeit zur Prüfung der Gültigkeit der Vorwahlhandlung und zur Ladung der ernannten Bürgervorsteher zur Hauptwahl bleibt, andererseits aber die Vorwahl und die Hauptwahl durch eine größere Zwischenzeit, als für diesen Zweck erforderlich, nicht getrennt wird.

2. Die Leitung der Vorwahl liegt dem Wortführer, die Protokollführung dem Schriftführer des Bürgervorsteher-Kollegiums ob.

Der Wortführer hat den Vorwahltermin innerhalb der gesetzten Frist, unter Beachtung der am Schlusse des vorigen Paragraphen erwähnten Rücksicht anzuberaumen. Das Vorwahlprotokoll ist dem Magistrate ungesäumt einzureichen.

3. Die Vorwahl selbst geschieht nach folgenden Bestimmungen:

a) die Vorschrift des §. 102 der rvidirten Städteordnung findet auch auf diese Wahlen Anwendung;

H.St.O. §. **102.** Gültige Beschlüsse können von den Bürgervorstehern nur dann gefaßt werden, wenn dieselben sämmtlich eingeladen und mehr als die Hälfte anwesend sind.

Eine geringere Anzahl genügt ausnahmsweise zur Beschlußnahme, wenn die Bürgervorsteher nach einmaliger erfolglos gebliebener Berufung durch den Magistrat zum zweiten Male zur Verhandlung über denselben Gegenstand zusammengerufen, dennoch nicht in genügender Anzahl erschienen sind. Bleiben in solchem Falle alle aus, so ist das Bürgervorsteher-Kollegium für diesmal des Rechts der Mitwirkung in der betreffenden Angelegenheit verlustig.

Bei der zweiten Zusammenberufung muß auf diese Bestimmung hingewiesen werden.

b) die Stimmabgabe kann durch mündliche Abstimmung zu Protokoll oder durch verschlossene Stimmzettel nach Entschließung jedes einzelnen Wählenden geschehen;

c) die einzelnen Wahlmänner sind nacheinander in getrennter Abstimmung zu erwählen;

d) zur Gültigkeit der Wahl ist für jeden der zu Wählenden absolute Mehrheit der abgegebenen Stimmen erforderlich;

e) ergiebt sich nicht sogleich eine absolute Stimmenmehrheit, so ist die Wahl in der Art zu wiederholen, daß nur die bei der vorhergehenden Abstimmung Benannten ferner wählbar bleiben und von diesen derjenige ausscheidet, auf welchen die geringste Stimmenzahl gefallen ist. Sind deren Mehrere, so bestimmt das Loos den Ausscheidenden. Die Wahl ist in dieser Weise so oft zu wiederholen, bis sich für einen der Gewählten Stimmenmehrheit entscheidet. Sollten sich die Stimmen auf zwei Gewählte vertheilen, so bestimmt das Loos.

4. Wird nach Vorschrift des dritten Satzes des §. 53 der revidirten Städteordnung eine Ergänzung

des Wahl-Kollegiums bis auf die Zahl sechs erforderlich, so hat der Magistrat den, bezw. die von ihm und zwar ebenfalls mit absoluter Stimmenmehrheit zu erwählenden Bürgervorsteher vorab zu erwählen und die Namen der Erwählten dem Bürgervorsteher-Kollegium gleichzeitig mit der Aufforderung zur Wahl der bestimmt anzugebenden Anzahl von Wahlmännern mitzutheilen.

5. Sind gleichzeitig mehrere der Magistratsstellen, oder der im §. 56 der revidirten Städteordnung genannten Dienststellen erledigt, so hängt es von dem Vorbeschlusse des Bürgervorsteher-Kollegiums ab, ob dasselbe zu jenen mehreren Hauptwahlen dieselben, durch eine Vorwahl, — unter Beachtung jedoch der Litt. C. des §. 3 dieser Verfügung — zu erwählenden Wahlmänner abordnen, oder für jede Hauptwahl besondere Wahlmänner wählen will.

6. Dasselbe gilt von den im §. 4 erwähnten Ergänzungswahlen.

Auch der Magistrat kann bei denselben durch einen Vorbeschluß darüber bestimmen, ob zu den mehreren Hauptwahlen dieselben Wahlmänner abgeordnet, oder ob für jede Hauptwahl besondere Wahlmänner gewählt werden sollen.

7. Wird der Wahl eines Magistratsmitgliedes die Bestätigung versagt, so ist behuf der Neuwahl ein neues Wahl-Kollegium zu bilden.

Zu H.St.O. §. 53 Abs. 2.

Bekanntmachung des Hann. Ministeriums des Innern vom 13. Dezember 1860.

1. Sobald die Stelle eines Magistratsmitgliedes zu besetzen ist, hat der Magistrat das Bürgervorsteher-Kollegium zur Vornahme der Wahl aufzufordern.

In dieser Aufforderung ist die Frist zu bestimmen, innerhalb welcher die Wahl vorgenommen und dem Magistrate neben Vorlegung der Wahlprotokolle angezeigt sein muß.

2. Der Magistrat hat innerhalb der dem Bürgervorsteher-Kollegium für die Vornahme und Anzeige der Wahl bestimmten Frist auch seinerseits ebenfalls zur Wahl zu schreiten.

3. Ist die Wahl der beiden städtischen Kollegien eine verschiedene, so hat der Magistrat das Bürgervorsteher-Kollegium zu einer Wiederholung der Wahl innerhalb einer bestimmten Frist zu veranlassen und auch seinerseits bis dahin ebenfalls die Wahl zu wiederholen.

4. Wird auch bei dieser Wiederholung der Wahl, worüber dem Magistrate Seitens des Bürgervorsteher-Kollegiums die Wahlprotokolle gleichfalls vollständig vorzulegen sind, ein übereinstimmendes Ergebniß nicht erreicht, so sind beide Gewählte dem Regierungspräsidenten zu präsentiren.

5. Die Wahl selbst geschieht sowohl im Magi-

strate, wie im Bürgervorsteher-Kollegium und zwar bei der ersten, wie betreffenden Falls bei der zweiten Wahlhandlung nach folgenden Grundsätzen:

a) Im Magistrate leitet der Bürgermeister, bei dessen Behinderung der durch das Ortsstatut bestimmte Stellvertreter desselben, im Bürgervorsteher-Kollegium der Wortführer (eventuell dessen Stellvertreter) das Wahlgeschäft;

   Die Protokollführung im Bürgervorsteherkollegium liegt dem Schriftführer ob.

b) die Stimmabgabe kann durch mündliche Abstimmung zu Protokoll oder durch verschlossene Stimmzettel nach Entschließung jedes einzelnen Wählenden geschehen;

c) zur Gültigkeit der Wahl ist für den zu Wählenden absolute Mehrheit der abgegebenen Stimmen erforderlich;

d) ergiebt sich nicht bei der ersten Abstimmung eine absolute Stimmenmehrheit, so ist die Wahl in der Art zu wiederholen, daß nur die, auf welche bei der vorhergehenden Abstimmung Stimmen gefallen sind, bei der darauffolgenden Abstimmung wählbar bleiben, und daß von diesen derjenige jedes Mal ausscheidet, auf welchen die geringste Stimmenzahl gefallen ist. Sind deren Mehrere, so bestimmt das Loos den Ausscheidenden. Die Wahl ist in dem betreffenden Wahlkollegium in dieser Weise so oft zu wiederholen, bis sich für einen der Gewählten entweder absolute Stimmenmehrheit entscheidet, oder die abgegebenen Stimmen auf zwei Gewählte vertheilen, in welchem letztern Falle das Loos entscheidet.

H.St.O. §. **54.** Zur Stelle eines Magistratsmitgliedes wird immer nur Eine Person gewählt (vergl. jedoch §. 53 Abs. 2 und 6) und durch den Magistrat dem Regierungspräsidenten zur Bestätigung präsentirt.

Allerh. Erlaß vom 8 Mai 1867.
(G.S. S. 728.)

Die Bürgermeister und deren regelmäßige Stellvertreter in Städten von mehr als 10 000 Einwohnern bedürfen der Königlichen Bestätigung.

Landesverfassungsgesetz vom 6. August 1840.
(Hannov. G.S. S. 141.)

59 Abs. 3. (In der Fassung des §. 6 der Verordnung vom 1. August 1855. (Hannov. G.S. S. 165.)

Die höhere Bestätigung ist nur bei den Wahlen der stimmführenden Mitglieder des Magistrats erforderlich.

Z.G. §. **13.** Soweit die Bestätigung der Wahlen von Gemeindebeamten nach Maßgabe der Gemeindeverfassungsgesetze den Aufsichtsbehörden zusteht, erfolgt dieselbe durch den Regierungspräsidenten.

Die Bestätigung kann nur unter Zustimmung

des Bezirksausschusses versagt werden. Lehnt der Bezirksausschuß die Zustimmung ab, so kann dieselbe auf den Antrag des Regierungspräsidenten durch den Minister des Innern ergänzt werden.

Wird die Bestätigung vom Regierungspräsidenten unter Zustimmung des Bezirksausschusses versagt, so kann dieselbe auf Antrag des Gemeindevorstandes oder der Gemeindevertretung von dem Minister des Innern ertheilt werden.

H.St.O. §. 55. Wird die Bestätigung verweigert, so ist eine neue Wahl vorzunehmen. Ist in demselben Falle zweimal die Bestätigung der gewählten Person versagt oder wird die Wahl verweigert, so hat der Minister des Innern für provisorische Versehung des Dienstes bis dahin, daß die Stadt eine geeignete Wahl wird getroffen haben, auf Kosten der Stadt zu sorgen.

58. Die Magistratsmitglieder sind bei der Einführung in ihr Amt dahin zu verpflichten, daß sie das ihnen anvertraute Amt nach den Gesetzen und der Stadtverfassung getreulich versehen, die vermöge des Dienstes zu ihrer Kenntniß gelangenden, Geheimhaltung erfordernden Angelegenheiten Niemanden, als dem es zu wissen gebührt, offenbaren, auch nach Kräften und ohne alle Nebenrücksichten das Wohl der Stadt, sowie auch bei den von ihnen zu besorgenden Regierungsangelegenheiten das Wohl des Staates befördern wollen.

Im Falle der Wiedererwählung eines Magistratsmitgliedes zu dem bis zur Wahl von ihm bekleideten Amte bedarf es nur der Verweisung auf den früher geleisteten Eid.

Außerdem haben die Magistratsmitglieder als mittelbare Staatsbeamte den allgemeinen Staatsdienereid zu leisten. (Siehe unter Nr. 2 Allgemeine Bedingungen der Anstellung -- Diensteid. Seite 10.)

65. Die Zuordnung eines Hülfsarbeiters statt der Versetzung in den Ruhestand kann jedoch nur unter Zustimmung der Bürgervorsteher verfügt werden.

70. Entlassung der Magistratsmitglieder auf deren Ansuchen (§§. 175 und 176 des Landesverfassungsgesetzes, bezw. §. 43 dieses Gesetzes) ertheilt der Magistrat nach Anhörung der Bürgervorsteher.

Landesverfassungsgesetz vom 6. August 1840.

(Hannov. G.S. S. 141.)

175. Diejenigen Königlichen Diener, welche wegen Altersschwäche oder anderer körperlichen oder geistigen Gebrechen ihrer Dienstpflicht nicht mehr Genüge leisten können und daher in den Ruhestand gesetzt werden müssen, sollen eine ihren Dienstjahren und ihrer Diensteinnahme angemessene Pension erhalten.

176. Keinem Königlichen Zivildiener soll die nachgesuchte Entlassung vom Amte verweigert werden.

Indeß muß er sich vor dem wirklichen Austritt aus dem Dienste, auf Verlangen seiner vorgesetzten Behörde, aller ihm deshalb obliegenden Verbindlichkeiten vollständig entledigen.

6. Gemeindeverfassungsgesetz für die Stadt Frankfurt a. M. Vom 25. März 1867.

(G.S. S. 401.)

Von der Zusammensetzung und Wahl des Magistrats.

38. Der Magistrat besteht aus einem ersten Bürgermeister, einem zweiten (Beigeordneten) Bürgermeister als dessen Stellvertreter und soviel theils unbesoldeten, theils besoldeten Stadträthen, wie die Stadtverordneten-Versammlung bei ihrem ersten Zusammentreten nach Verkündigung dieses Gesetzes mit Genehmigung der Regierung beschließen wird. Der so gefaßte Beschluß kann demnächst nur durch statutarische Anordnung abgeändert werden.

39. Mitglieder des Magistrats können nicht sein:

1. alle sonstigen Gemeindebeamten;
2. diejenigen Beamten und die Mitglieder derjenigen Behörden, durch welche die Aufsicht des Staats über die Stadtgemeinde ausgeübt wird;[1])

---

[1]) Z.G. §. 7 abgedruckt unter c als Zusatz zu §. 30 W.St.O. (Seite 241.)

3. Geistliche, Kirchendiener und Lehrer an öffentlichen Schulen;
4. die richterlichen Beamten, zu denen jedoch die technischen Mitglieder der Handels-, Gewerbe- und ähnlicher Gerichte nicht zu zählen sind;
5. die Beamten der Staatsanwaltschaft;
6. die Polizeibeamten.

Vater und Sohn, Schwiegervater und Schwiegersohn, Brüder und Schwäger, dürfen nicht zugleich Mitglieder des Magistrats sein.

Entsteht die Schwägerschaft im Laufe der Amtsperiode, so scheidet dasjenige Mitglied aus, durch welches das Hinderniß herbeigeführt worden ist.

40. Der erste Bürgermeister wird vom Könige auf zwölf Jahre ernannt.

Die Stadtverordneten-Versammlung hat zu dem Ende dem Könige drei Kandidaten zu präsentiren. Wird keiner der letzteren geeignet befunden, so erfolgt die Ernennung, ohne daß eine Wiederholung der Präsentation statthaft ist.

41. Der zweite Bürgermeister und die besoldeten Stadträthe werden auf zwölf, die unbesoldeten Stadträthe auf sechs Jahre von der Stadtverordneten-Versammlung gewählt. Alle drei Jahre scheidet die Hälfte der unbesoldeten Stadträthe aus und wird durch neue Wahlen ersetzt. Die das erste Mal Ausscheidenden werden durch das Loos bestimmt. Die Ausscheidenden können wieder gewählt werden.

Wegen der außergewöhnlichen Ersatzwahlen kommen die Bestimmungen in §. 31 zur Anwendung.

31. Die Wahlen zur regelmäßigen Ergänzung der Stadtverordneten-Versammlung finden alle zwei Jahre im November statt. Außergewöhnliche Wahlen zum Ersatze der innerhalb der Wahlperiode ausgeschiedenen Mitglieder müssen angeordnet werden, wenn die Stadtverordneten-Versammlung oder der Magistrat oder der Bezirksausschuß[1]) es für erforderlich erachten. Der Ersatzmann bleibt nur bis zum Ende derjenigen sechs Jahre in Thätigkeit, auf welche der Ausgeschiedene gewählt war. Alle Ergänzungs- und Ersatzwahlen werden von denselben Wahlbezirken vorgenommen, von denen der Ausgeschiedene gewählt war.

Der in dem §. 31 festgesetzte Termin kann durch statutarische Anordnung anders bestimmt werden.

42. Der gewählte zweite Bürgermeister bedarf der Bestätigung des Königs. Wird die Bestätigung versagt, so schreitet die Stadtverordneten-Versammlung zu einer neuen Wahl. Wird auch diese Wahl nicht bestätigt, so ist der Regierungspräsident[2]) berechtigt, die Stelle einstweilen auf Kosten der Stadt kommissarisch verwalten zu lassen.

Dasselbe findet statt, wenn die Stadtverordneten-Versammlung die Wahl verweigern oder den nach

---

[1]) Z.G. §. 12 Nr. 2.
[2]) L.V.G. §. 18. Z.G. §. 7.

der ersten Wahl nicht Bestätigten wieder erwählen sollte.

Die kommissarische Verwaltung dauert so lange, bis die Wahl der Stadtverordneten-Versammlung, deren wiederholte Vornahme ihr jederzeit zusteht, die Bestätigung des Königs erlangt hat.

43. Für jeden zu der Stelle des ersten Bürgermeisters zu präsentirenden Kandidaten und für jedes zu wählende Magistratsmitglied wird besonders abgestimmt. Die Wahl erfolgt durch Stimmzettel. Wird die absolute Stimmenmehrheit bei der ersten Abstimmung nicht erreicht, so werden diejenigen vier Personen, auf welche die meisten Stimmen gefallen sind, auf eine engere Wahl gebracht. Wird auch hierdurch die absolute Stimmenmehrheit nicht erreicht, so findet unter denjenigen zwei Personen, welche bei der zweiten Abstimmung die meisten Stimmen erhalten haben, eine engere Wahl statt.

Bei Stimmengleichheit entscheidet das Loos.

44. Die Mitglieder des Magistrats werden vor ihrem Amtsantritte durch den Bürgermeister in öffentlicher Sitzung der Stadtverordneten-Versammlung in Eid und Pflicht genommen; der erste Bürgermeister wird vom Regierungspräsidenten oder einem von dem letzteren zu ernennenden Kommissar in öffentlicher Sitzung der Stadtverordneten-Versammlung vereidet.

Von den Gehältern und Pensionen.

71. Der Normal-Etat aller Besoldungen wird von dem Magistrate entworfen und von der Stadtverordneten-Versammlung festgesetzt. In Ermangelung eines Normal-Besoldungsetats werden die in solcher Weise nicht vorgesehenen Besoldungen vor der Wahl festgestellt.

Hinsichtlich der Bürgermeister und der besoldeten Magistratsmitglieder unterliegt die Feststellung der Besoldungen in allen Fällen der Genehmigung des Bezirksausschusses.[1]) Der Regierungspräsident[2]) ist ebenso befugt wie verpflichtet, zu verlangen, daß ihnen die zu einer zweckmäßigen Verwaltung angemessenen Besoldungsbeträge bewilligt werden.

72. Den Bürgermeistern und den besoldeten Magistratsmitgliedern sind, sofern nicht mit Genehmigung des Bezirksausschusses[1]) eine Vereinbarung wegen der Pension getroffen ist, bei eintretender Dienstunfähigkeit oder wenn sie nach abgelaufener Amtsperiode nicht wieder gewählt, beziehungsweise die Bürgermeister nicht wieder ernannt oder nicht wieder bestätigt werden, folgende Pensionen zu gewähren:

1/4 des Gehalts nach sechsjähriger Dienstzeit,

1/2 des Gehalts nach zwölfjähriger Dienstzeit,

---

[1]) Z.G. §. 16 Abs. 3.

[2]) Z.G. §. 7.

Die Pension steigt vom vollendeten zwölften Dienstjahre ab bis zum vierundzwanzigsten alljährlich um $^1/_{80}$. (K.B.G. §. 14 Abs. 1. Siehe Seite 82.)

(Siehe Pensionsansprüche XIII, 1).

Abs. 3 ersetzt durch K.B.G. §. 7 (Streitige Pensionsansprüche Seite 78).

7. Gesetz, betreffend die Verfassung und Verwaltung der Städte und Flecken in der Provinz Schleswig-Holstein.

(Vom 14. April 1869.) G.S. S. 589.

Eingeführt im Kreise Herzogthum Lauenburg durch Gesetz vom 16. Dezember 1870. (Offizielles Wochenblatt S. 521.)

Titel III.

Von dem Magistrate.

28. Der Magistrat bildet ein Kollegium und besteht aus dem Bürgermeister (oder Oberbürgermeister), einem Beigeordneten (oder zweiten Bürgermeister), als dessen regelmäßigen Stellvertreter, und aus mehreren Rathsverwandten (Stadträthen, Rathsherren, Senatoren), über deren Zahl, Titel und etwaige besondere Funktionen (Syndikus, Kämmerer ꝛc.) für jede Stadt in dem Ortsstatute das Nähere bestimmt wird. Das Amt des Beigeordneten kann von einem Rathsverwandten mit versehen werden.

Ein Theil der Stellen der Rathsverwandten, ebenso die Stelle des Beigeordneten, kann nach Festsetzung des Statuts besoldet sein.

29. Mitglieder des Magistrats können nicht sein:

1. diejenigen Beamten und die Mitglieder derjenigen Behörden, durch welche die Aufsicht des Staates über die Stadt ausgeübt wird[1]),
2. die Stadtverordneten und die Gemeinde-Unterbeamten,
3. Geistliche, Kirchendiener und Lehrer an öffentlichen Schulen,
4. die richterlichen Beamten, zu denen jedoch die technischen Mitglieder der Handels-, Gewerbe- und ähnlicher Gerichte nicht zu zählen sind,
5. die Beamten der Staatsanwaltschaft,
6. die Polizeibeamten,

   zu 5 und 6 jedoch unbeschadet der nach §§. 89, 90 von Magistratspersonen zu versehenden Funktionen eines Polizeiverwalters, sowie eines Hilfsbeamten der Staatsanwaltschaft.

Vater und Sohn, Schwiegervater und Schwiegersohn, Brüder und Schwäger, sowie offene Handelsgesellschafter dürfen nicht zugleich Mitglieder des Magistrats sein.

Entsteht die Schwägerschaft oder Geschäftsasso-

[1]) Z.G. §. 7 abgedruckt als Zusatz zu §. 30 W.St.O. S. 241.

ziation im Laufe der Wahlperiode, so scheidet im ersten Falle dasjenige Mitglied, durch welches das Hinderniß herbeigeführt worden ist, im andern Falle das den Lebensjahren nach ältere Mitglied aus.

30. Der erste Bürgermeister und die besoldeten Magistratsmitglieder werden auf zwölf Jahre gewählt; jedoch kann, in Folge Beschlusses der städtischen Kollegien, zu diesen Stellen die Wahl auch auf Lebenszeit erfolgen. Die unbesoldeten Magistratsmitglieder werden auf sechs Jahre gewählt.

In bestimmten Zeiträumen scheidet je ein Theil der unbesoldeten Rathsverwandten aus und wird durch neue Wahlen ersetzt, worüber im Ortsstatute das Geeignete festzusetzen ist.

Die Ausscheidenden können wieder gewählt werden.

Außergewöhnliche Wahlen zum Ersatze innerhalb der sechsjährigen Wahlperiode ausgeschiedener Mitglieder müssen angeordnet werden, wenn der Magistrat oder die Stadtverordneten-Versammlung oder der Bezirksausschuß[1]) es für erforderlich erachtet. Der Ersatzmann bleibt nur bis zum Ende derjenigen sechs Jahre in Thätigkeit, auf welche der Ausgeschiedene gewählt war.

31. Sämmtliche Mitglieder des Magistrats werden von der wahlberechtigten Bürgerschaft in

---

[1]) Z.G. §. 12 Nr. 2.

gleichem Verfahren, wie solches für die Wahl der Stadtverordneten vorgeschrieben ist (§§ 42 bis 45), gewählt. Die Wahl erfolgt für jede einzelne Stelle aus je drei Kandidaten, welche zu diesem Behufe von einer gemeinschaftlichen Kommission der beiden städtischen Kollegien präsentirt werden. Diese Kommission wird aus sämmtlichen vorhandenen Mitgliedern des Magistrats und aus einer gleichen Zahl durch die Stadtverordneten-Versammlung zu bestimmender Mitglieder der letzteren gebildet.

Die Wahl der drei Kandidaten durch die gemeinschaftliche Kommission geschieht mittelst Stimmzettel nach absoluter Stimmenmehrheit. Wird eine solche bei der ersten Abstimmung nicht erreicht, so ist mit der Abstimmung über diejenigen Personen, welche die meisten Stimmen gehabt haben, unter jedesmaliger Ausscheidung eines Kandidaten so lange fortzufahren, bis die absolute Stimmenmehrheit erzielt ist. Im Falle der Stimmengleichheit entscheidet das Loos.

Bei gleichzeitiger Erledigung mehrerer Stellen ist für jede Stelle eine besondere Präsentation und Wahl vorzunehmen.

Ob mit Rücksicht auf besondere örtliche Verhältnisse einzelne Mitglieder des Magistrats von einem bestimmten Wahlbezirke zu wählen sind, kann Gegenstand besonderer ortsstatutarischer Bestimmung sein.

42. Das Wahlgeschäft wird von einer Wahlkommission geleitet, welche durch zwei vom Bürgermeister bestimmte Mitglieder des Magistrats, von denen das ältere den Vorsitz und die bei Stimmengleichheit entscheidende Stimme führt, und zwei von der Stadtverordneten-Versammlung gewählte Mitglieder gebildet wird.

In gleicher Weise ist je ein Stellvertreter aus dem Magistrate und aus dem Stadtverordneten-Kollegium zu bestellen.

Mit der Protokollführung betraut die Wahlkommission eine geeignete Person.

Erfolgt die Wahl in Wahlbezirken (§. 39), so ist außerdem zur Leitung der Wahlhandlung in jedem Bezirke ein besonderer Wahlvorstand in der statutarisch zu regelnden Weise zu bilden.

43. Die vorzunehmende Wahlhandlung ist jedesmal spätestens 14 Tage vor dem Wahltage in der für amtliche Bekanntmachungen ortsüblichen Weise von dem Magistrate zur öffentlichen Kunde zu bringen, wobei Ort, Tag und Stunde des Wahlaktes genau zu bezeichnen sind.

Die Wahlkommission läßt, auf Grund der Bürgerrolle und der dagegen angebrachten und bereits erledigten Einsprüche, Verzeichnisse der Wahlberechtigten anfertigen und nöthigenfalls bezirksweise ordnen.

Diese von den Mitgliedern der Wahlkommission zu unterschreibenden Wahllisten werden 14 Tage vor der Wahl zu Jedermanns Einsicht auf dem Rathhause ausgelegt und demnächst dem Wahlprotokolle beigefügt.

Etwaige Erinnerungen gegen die Wahllisten, welche aber nur darin bestehen können, daß Jemand gegen den Inhalt der Bürgerrolle oder der Entscheidung eines dagegen erhobenen Einspruchs zuwider in dieselben aufgenommen oder darin übergegangen sei, müssen spätestens drei Tage vor dem Wahltermine bei dem Vorsitzenden der Wahlkommission eingereicht werden.

Dieser stellt hierüber die etwa erforderliche Untersuchung an und giebt baldmöglichst eine Entscheidung ab, welche dem Einsprechenden mitgetheilt und, insofern dadurch eine Abänderung nöthig werden sollte, den ausgelegten Verzeichnissen noch vor dem Wahltermine in beglaubigter Form einverleibt wird.

44. Mehr als drei Stadtverordnete dürfen nicht in einer Wahlhandlung gewählt werden.

Jeder Wähler muß der Wahlkommission, beziehentlich dem Wahlvorstande (§. 42), persönlich und mündlich zu Protokoll erklären, wem er seine Stimme geben will. Er hat so viele verschiedene Personen zu bezeichnen, als gleichzeitig zu wählen sind. Nach dem Schlusse der Wahlhandlung werden die Stimmen, welche auf je eine Person gefallen sind, zusammengezählt und nach jeder Zusammenzählung die Zahl der Stimmen in dem Wahlprotokolle notirt, welches demnächst von den Mitgliedern der Wahlkommission resp. des Wahlvorstandes zu unterschreiben ist.

Ist die Abstimmung für eine und dieselbe Wahl bezirksweise erfolgt, so werden die Ergebnisse der sämmtlichen Bezirksabstimmungen demnächst durch die Wahlkommission zusammengestellt und protokollarisch beglaubigt.

Diejenigen, welche hiernach die meisten Stimmen, wenn auch ohne absolute Mehrheit, erhalten haben, sind als gewählt anzusehen. Sind die relativ meisten Stimmen in gleicher Zahl auf mehr Personen gefallen, als zu wählen waren, so unterscheidet unter diesen das Loos.

Der Magistrat hat das Ergebniß der Wahlen sofort in ortsüblicher Weise bekannt zu machen.

32. Der Bürgermeister und der Beigeordnete bedürfen der Bestätigung. In Städten von mehr als 10 000 Einwohnern steht diese dem Könige, in kleineren Städten dem Regierungspräsidenten zu. Die Bestätigung kann von dem Regierungspräsidenten nur unter Zustimmung des Bezirksausschusses versagt werden. Lehnt der Bezirksausschuß die Zustimmung ab, so kann dieselbe auf den Antrag des Regierungspräsidenten durch den Minister des Innern ergänzt werden.

Wird die Bestätigung vom Regierungspräsidenten unter Zustimmung des Bezirksausschusses versagt, so kann dieselbe auf Antrag des Gemeindevorstandes oder der Gemeindevertretung von dem Minister des Innern ertheilt werden.[1])

33. Wird die Bestätigung versagt, so wird zu einer neuen Wahl geschritten. Wird auch diese nicht bestätigt, oder die Vornahme der Wahl verweigert, so ist der Regierungs-Präsident berechtigt, die Stelle einstweilen auf Kosten der Stadt kommissarisch verwalten zu lassen, bis eine zur Bestätigung geeignete Wahl getroffen ist.

34. Die Mitglieder des Magistrats werden vor ihrem Amtsantritte durch den Bürgermeister in öffentlicher Sitzung der Stadtkollegien in Eid und Pflicht genommen.

Der Bürgermeister wird von einem Kommissarius des Regierungspräsidenten in eben solcher Sitzung vereidet

Titel VII.

Von den Gehältern und Pensionen.

Gehälter und andere Dienstbezüge.

76. Die Gehälter und sonstigen Dienstbezüge aller städtischen Beamten sind, soweit sie nicht in

[1]) Z.G. §. 13.

gesetzlich statthaften, für einzelne Dienstgeschäfte von den Betheiligten zu erhebenden Gebühren (Sporteln) bestehen, aus der Stadtkasse zu gewähren. Aus Staatsmitteln finden dazu, abgesehen von den im §. 79 vorgesehenen vorübergehenden Entschädigungen und den für Ausrichtung besonderer staatlicher Aufträge (§. 59) etwa künftig ausdrücklich bewilligten Vergütungen, keinerlei Zuschüsse weiter statt.

77. Der Normaletat aller Besoldungen wird vor Einführung dieser Städteordnung (§. 100) durch Gemeidebeschluß festgesetzt, unbeschadet der Genußrechte der bereits Angestellten.

Hinsichtlich der Bürgermeister und der besoldeten Magistratsmitglieder unterliegt die Festsetzung der Besoldungen der Genehmigung des Bezirksausschusses. (Z.G. §. 16 Abs. 3.)

Spätere Aenderungen sind jedes Mal vor der neuen Wahl zu der betreffenden Stelle in gleicher Weise festzustellen.

Pensionen.

78. Den auf eine bestimmte Amtsperiode angestellten Bürgermeistern und besoldeten Mitgliedern des Magistrats sind, sofern nicht mit Genehmigung des Bezirksausschusses*) eine besondere Vereinbarung wegen der Pension getroffen ist, bei

*) Z.G. §. 16 Abs. 3.

eintretender Dienstunfähigkeit oder wenn sie nach abgelaufener Wahlperiode nicht wieder gewählt, beziehungsweise die Bürgermeister und Beigeordneten nicht wieder bestätigt werden, folgende Pensionen zu gewähren:

$^1/_4$ des Gehalts nach 6jähriger } Dienstzeit.
$^1/_2$ " " " 12 "

Die Pension steigt vom vollendeten zwölften Dienstjahre ab bis zum vierundzwanzigsten Dienstjahre alljährlich um $^1/_{60}$. (K.B.G. §. 14. Seite 82.)

(Siehe Pensionsansprüche XIII, 1).

Abs. 4 (Streitige Pensionsansprüche) ist ersetzt durch K.B.G. §. 7 (Seite 74).

8. Städteordnung für Hessen-Nassau vom 4. August 1897 (G.S. S. 254).

Dritter Titel.

Zusammensetzung und Wahl des Magistrats.

32. Der Magistrat besteht aus dem Bürgermeister, welcher in den Städten Cassel, Hanau, Marburg und Fulda, wie bisher, den Titel „Oberbürgermeister" führt, einem oder mehreren Beigeordneten als dessen Stellvertretern, einer Anzahl von Schöffen (Stadträthen, Rathsherren, Rathsmännern), und wo das Bedürfniß eine solche Ergänzung des Magistrats erfordert, noch aus einem oder mehreren besoldeten Mitgliedern (Syndikus, Kämmerer, Schulrath, Baurath 2c.).

Zum Magistrate gehören in Stadtgemeinden

von nicht mehr als		2500 Einwohnern	2	Schöffen,
von mehr als 2500	bis	10000 „	4	„
„ „ „ 10000	„	50000 „	6	„
„ „ „ 50000	„	100000 „	8	„
„ „ „		100000 „	10	„ .

Durch statutarische Anordnung können abweichende Festsetzungen über die Anzahl der Schöffen getroffen werden.

33. Mitglieder des Magistrats können nicht sein:

1. diejenigen Beamten und die vom Staate ernannten Mitglieder derjenigen Behörden, durch welche die Aufsicht des Staates über die Städte ausgeübt wird (§. 87),
2. die Stadtverordneten, desgleichen die Gemeindebeamten, soweit diese nicht besoldete Magistratsmitglieder (§. 32) sind, und in Städten über 10000 Einwohner die Gemeindeeinnehmer,
3. die Geistlichen, die Kirchendiener und die Lehrer an öffentlichen Schulen,
4. die richterlichen Beamten, zu denen jedoch die technischen Mitglieder der Handels-, Gewerbe- und ähnlicher Gerichte nicht zu zählen sind,
5. die Beamten der Staatsanwaltschaft,
6. die Polizeibeamten.

87. Die Aufsicht des Staates über die Verwaltung der städtischen Gemeindeangelegenheiten wird in erster Instanz von dem Regierungspräsidenten, in höherer und letzter Instanz von dem Oberpräsidenten geübt, unbeschadet der gesetzlich geordneten Mitwirkung des Bezirksausschusses und des Provinzialrathes.

Beschwerden bei den Aufsichtsbehörden in städtischen Gemeindeangelegenheiten sind in allen Instanzen innerhalb zwei Wochen anzubringen.

Vater und Sohn, Schwiegervater und Schwiegersohn, Großvater und Enkel, Brüder und Schwäger dürfen nicht zugleich Mitglieder des Magistrats sein.

Vater und Sohn, Schwiegervater und Schwiegersohn, sowie Brüder dürfen nicht zugleich Mitglieder des Magistrats und der Stadverordneten-Versammlung sein.

Entsteht die Schwägerschaft im Laufe der Wahlperiode, so scheidet dasjenige Mitglied aus, durch welches das Hinderniß herbeigeführt worden ist.

Personen, welche das Gewerbe der Gast- oder Schankwirthschaft betreiben, können nicht Bürgermeister sein. Die Aufsichtsbehörde ist befugt, hiervon Ausnahmen zuzulassen.

34. Die Bürgermeister und die Beigeordneten werden von der Stadtverordneten-Versammlung und den unbesoldeten Mitgliedern des Magistrats in

gemeinsamer Sitzung unter Leitung des Stadtverordneten-Vorstehers, der Bürgermeister und, falls besoldete Beigeordnete angestellt werden, auch diese auf zwölf, unbesoldete Beigeordnete auf sechs Jahre gewählt. Die Wahlversammlung ist beschlußfähig, wenn mehr als die Hälfte der Wahlberechtigten anwesend ist.

Die übrigen besoldeten Magistratsmitglieder werden von der Stadtverordneten-Versammlung auf zwölf Jahre gewählt.

Die Wahl der besoldeten Bürgermeister und Magistratsmitglieder kann auch auf Lebenszeit erfolgen.

35. Für jedes zu wählende Mitglied des Magistrats wird besonders abgestimmt. Die Wahl erfolgt durch Stimmzettel. Wird die absolute Stimmenmehrheit bei der ersten Abstimmung nicht erreicht, so werden diejenigen vier Personen, auf welche die meisten Stimmen gefallen sind, auf eine engere Wahl gebracht. Wird auch hierdurch die absolute Stimmenmehrheit nicht erreicht, so findet unter denjenigen zwei Personen, welche bei der zweiten Abstimmung die meisten Stimmen erhalten haben, eine engere Wahl statt. Bei Stimmengleichheit entscheidet das Loos.

36. Die gewählten Bürgermeister, Beigeordneten und besoldeten Magistratsmitglieder bedürfen der Bestätigung. Die Bestätigung steht zu:

1. dem Könige hinsichtlich der Bürgermeister und

Beigeordneten in Städten von mehr als 10000 Einwohnern;

2. dem Regierungspräsidenten hinsichtlich der Bürgermeister und Beigeordneten in Städten, welche nicht über 10000 Einwohner haben, sowie hinsichtlich der besoldeten Magistratsmitglieder in allen Städten ohne Unterschied ihrer Größe.

Die Bestätigung kann von dem Regierungspräsidenten nur unter Zustimmung des Bezirksausschusses versagt werden. Lehnt der Bezirksausschuß die Zustimmung ab, so kann sie auf den Antrag des Regierungspräsidenten durch den Minister des Innern ergänzt werden.

Wird die Bestätigung von dem Regierungspräsidenten unter Zustimmung des Bezirksausschusses versagt, so kann sie auf Antrag des Magistrats oder der Stadtverordneten-Versammlung von dem Minister des Innern ertheilt werden.

Wird die Bestätigung versagt, so schreitet die Wahlversammlung (§. 34) zu einer neuen Wahl. Wird auch diese Wahl nicht bestätigt, so ist der Regierungspräsident berechtigt, das Amt einstweilen auf Kosten der Stadt kommissarisch verwalten zu lassen. Der Kommissar ist in der Regel aus der Zahl der Bürger zu ernennen.

Dasselbe findet statt, wenn die Wahlversammlung die Wahl verweigert oder den nach der ersten Wahl nicht Bestätigten wieder wählt.

Die kommissarische Verwaltung dauert so lange, bis die Wahl, deren wiederholte Vornahme der Wahlversammlung jederzeit zusteht, die Bestätigung erlangt hat.

37. Die Mitglieder des Magistrats werden vor ihrem Amtsantritte durch den Bürgermeister in öffentlicher Sitzung der Stadtverordneten-Versammlung in Eid und Pflicht genommen; der Bürgermeister wird vom Regierungspräsidenten oder einem von diesem zu ernennenden Kommissar in öffentlicher Sitzung der Stadtverordneten-Versammlung vereidet.

Magistratsmitgliedern, welche ihr Amt mindestens neun Jahre mit Ehren bekleidet haben, kann in Uebereinstimmung mit der Stadtverordneten-Versammlung von dem Magistrate das Prädikat „Stadtältester" verliehen werden.

Siebenter Titel.

Besoldungen und Pensionen.

69. Der Normaletat aller Besoldungen wird von dem Magistrate entworfen und von der Stadtverordneten-Versammlung festgesetzt.

Ist ein solcher Etat überhaupt nicht oder nur für einzelne Theile der Verwaltung festgestellt, so werden die nicht vorgesehenen Besoldungen vor der Wahl festgesetzt.

Die Bürgermeister in Städten von mehr als

1200 Einwohnern erhalten eine Besoldung. Den Bürgermeistern in Städten von nicht mehr als 1200 Einwohnern und den Beigeordneten können, sofern ihnen nicht mit Genehmigung des Bezirksausschusses eine Besoldung besonders beigelegt worden ist, feste Entschädigungsbeträge bewilligt werden.

Hinsichtlich der Bürgermeister, der Beigeordneten und der besoldeten Magistratsmitglieder unterliegt die Festsetzung der Besoldungen und der Entschädigungsbeträge in allen Fällen der Genehmigung des Bezirksausschusses. Der Regierungspräsident kann verlangen, daß die zu einer zweckmäßigen Verwaltung angemessenen Besoldungs- und Entschädigungsbeträge bewilligt werden.

Schöffen und Stadtverordnete erhalten nur die Vergütung baarer Auslagen, welche ihnen aus der Ausrichtung von Aufträgen entstehen.

70. Den besoldeten Bürgermeistern, Beigeordneten und übrigen Mitgliedern des Magistrats sind, sofern nicht mit Genehmigung des Bezirksausschusses eine Vereinbarung wegen der Pension getroffen ist, bei eintretender Dienstunfähigkeit, oder wenn sie nach abgelaufener Wahlperiode nicht wieder gewählt werden, folgende Pensionen zu gewähren:

ein Viertel der Besoldung nach sechsjähriger Dienstzeit,

die Hälfte der Besoldung nach zwölfjähriger Dienstzeit.

Die Pension steigt vom vollendeten zwölften Dienstjahre ab bis zum vierundzwanzigsten Dienstjahre alljährlich um 1/60 (K.B.G. §. 14. Seite 82).

72. (Siehe Pensionsansprüche XIII 1.)

73. (Wittwen- und Waisenpension) ersetzt durch K.B.G. §. 15 (Seite 83).

74. (Streitige vermögensrechtliche Ansprüche aus dem Beamtenverhältnisse) ersetzt durch K.B.G. §. 7 (Seite 74).

B. Sonstige städtische Beamte.

(K.B.G. §§. 1—7, 8—13, 15—17.)

1. Städteordnung für die 6 östlichen Provinzen vom 30. Mai 1853.

(G.S. S. 261.)

56. Der Magistrat hat als Ortsobrigkeit und Gemeindeverwaltungsbehörde insbesondere folgende Geschäfte:

1—5 ꝛc.

6. Die Gemeindebeamten, nachdem die Stadtverordneten darüber vernommen worden, anzustellen und zu beaufsichtigen. Die Anstellung erfolgt nach den Vorschriften der §§. 1, 2, 8—10 des Kommunalbeamtengesetzes.

2. Westfälische Städteordnung vom 19. März 1856.

(G.S. S 237.)

55. Der Gemeindeeinnehmer wird von den Stadtverordneten gewählt, welche auch die von demselben, sowie von andern Gemeindebeamten zu leistenden Kautionen zu bestimmen haben.

Anm. Wegen der Anstellung siehe K.B.G. §§. 1, 8 Abs. 1, 9, 10.

56. Der Magistrat hat als Ortsobrigkeit und Gemeindeverwaltungsbehörde insbesondere folgende Geschäfte:

1–5 2c.

6. Die Gemeindebeamten, nachdem die Stadtverordneten darüber vernommen worden, anzustellen und dieselben, einschließlich des Gemeindeeinnehmers (§. 55) zu beaufsichtigen. Die Anstellung erfolgt nach den Vorschriften der §§. 1, 2, 8–10 des Kommunalbeamtengesetzes. (Siehe Seite 71.)

3. Rheinische Städteordnung vom 15. Mai 1856.

(G.S. S. 406.)

52. Der Gemeindeeinnehmer wird von der Stadtverordnetenversammlung gewählt, welche auch die von demselben, sowie von andern Gemeindebeamten zu leistenden Kautionen zu bestimmen hat. Die

Wahl sowie die Bestimmung der Kaution des Gemeindeeinnehmers, bedarf der Genehmigung des Regierungspräsidenten. (Z.G. §. 13.)

53. Der Bürgermeister hat als Ortsobrigkeit und Gemeindeverwaltungsbehörde insbesondere folgende Geschäfte:

1—5 2c.

6. Die Gemeindebeamten, nachdem die Stadtverordneten darüber vernommen und hinsichtlich der Polizeibeamten die nach §. 4 des Gesetzes über die Polizeiverwaltung vom 11. März 1850 erforderliche Bestätigung des Regierungspräsidenten eingeholt worden ist, anzustellen und dieselben, einschließlich des Gemeindeeinnehmers (§. 52), zu beaufsichtigen. Die Anstellung geschieht nach den Vorschriften der §§. 1, 2, 8—10 des Kommunalbeamtengesetzes.

4. Gemeindeverfassungsgesetz für Frankfurt a. M. vom 25. Mai 1867.

(G.S. S. 401.)

63. Der Magistrat hat insbesondere folgende Geschäfte:

1—5 2c.

6. Die Gemeindebeamten, nachdem die Stadtverordneten darüber vernommen worden, anzustellen und zu beaufsichtigen. Die Anstellung

geschieht nach den Vorschriften der §§. 1, 2, 8—10 des Kommunalbeamtengesetzes.

5. Schleswig-Holsteinsche Städteordnung vom 14. April 1869.

(G.S. S. 589.)

60. .... Insbesondere liegen dem Magistrat .... nachstehende Geschäfte ob:

1—5 2c.

6. Die Gemeinde-Unterbeamten nach Maaßgabe des §. 75 zu ernennen und dieselben zu beaufsichtigen.

75. Städtische Unterbeamte.

Die städtischen Unterbeamten werden, nachdem die Stadtverordneten darüber vernommen worden, vom Magistrate angestellt, vereidigt und eingeführt.

Der Stadtkassirer und die sonstigen städtischen Beamten, welche Hebungen oder sonstige wichtige Angelegenheiten zu besorgen haben und welche im Ortsstatut näher zu bezeichnen sind, werden von beiden Stadtkollegien dergestalt gewählt, daß der Magistrat drei Bewerber präsentirt, die Stadtverordneten einen derselben nach relativer Stimmenmehrheit wählen, bei einer ungeachtet zweimaliger Abstimmung stattfindenden Stimmengleichheit aber der Magistrat entscheidet. Die Anstellung erfolgt nach den Vorschriften der §§. 1, 2, 8—10 des Kommunalbeamtengesetzes.

Der Stadtkassirer muß wegen der ihm obliegenden Hebungen Kaution leisten. Die Höhe und Art der Bestellung derselben ist im Ortsstatute näher zu bestimmen, ebenso ob und welche Sicherheit von anderen Gemeindebeamten zu leisten ist.

Zusatz zu §. 75. Z.G. §. 14. Ueber die Gültigkeit von Wahlen solcher Gemeindebeamten, welche der Bestätigung nicht bedürfen, beschließt, soweit die Beschlußfassung der Aufsichtsbehörde zusteht, der Bezirksausschuß.

Anm. Gilt auch für den Kreis Herzogthum Lauenburg. Gesetz vom 16. Dezember 1870 (Offizielles Wochenblatt S. 521), durch welches die Schleswig-Holsteinsche Städteordnung mit verschiedenen hier nicht näher interessirenden Aenderungen in Lauenburg eingeführt wurde.

6. Die Hannoversche Städteordnung vom 24. Juni 1858

(Hannov. G.S. I. S. 141)

unterscheidet einerseits zwischen den Stellen des **Kämmerers** und der **Stadtsekretäre** und andrerseits den Stellen der **sonstigen Dienstuntergebenen**.

A. Kämmerer und Stadtsekretäre.

41. Den Magistraten sind Stadtsekretäre, wo das Bedürfniß es erfordert, beizuordnen. Außerdem ist in jeder Stadt ein Kämmerer anzustellen.

Das Amt desselben ist mit dem eines Magistratsmitgliedes unvereinbar.

Abs. 3 ist aufgehoben durch K.B.G. §. 35 Abs. 1.

45. Abs. 1. Die Anstellung des Kämmerers und der Stadtsekretäre geschieht nach den Vorschriften der §§. 1, 2, 8—10 des Kommunalbeamtengesetzes.

47 ist aufgehoben durch K.B.G. §. 25 Abs. 1.

48. Abs. 1. Die Gehalte .... der Sekretäre und des Kämmerers dürfen nur in bestimmten Geldbeträgen bestehen; die Verleihung einer Dienstwohnung ist dadurch nicht ausgeschlossen.

50. Der Eintritt in den Magistrat wird durch Verwandtschaft oder Verschwägerung in den beiden ersten Graden nach civilrechtlicher Berechnung gehindert.

Dasselbe gilt hinsichtlich des Kämmerers. Sind dergleichen Verwandte oder Verschwägerte zugleich gewählt, so ist derjenige allein zuzulassen, welcher die meisten Stimmen hat. Bei gleicher Stimmenzahl entscheidet das Loos. Eine nach Uebernahme der Stelle eingetretene Verschwägerung schließt jedoch nicht aus.

4. Vergleiche die Zusätze zu §. 50 Seite 258.

51. Die Wiederbesetzung der Stellen des Stadtsekretärs und des Kämmerers geschieht durch Wahl. Ein Aufrücken aus einer Stelle in eine höhere findet nicht statt.

56. Die Wahl des Stadtsekretärs, des Kämmerers sowie der technischen Beamten geschieht nach den Vorschriften des §. 53 (siehe diesen Seite 259). Nicht wählbar sind Personen, welche die in §. 49 (siehe Seite 257) genannten Ausschließungsgrunde — mit Ausnahme des Alters unter 25 Jahren und väterlicher Gewalt — entgegenstehen. Einer höheren Bestätigung bedarf es bei diesen Wahlen nur insofern, als diesen Beamten ein Stimmrecht im Magistrat beigelegt wird (§. 39, siehe Seite 254), oder als es die Oberaufsicht auf die Gemeindeforsten mit sich bringt (§. 119).

119. Abs. 1. Die Oberaufsicht darf sich nicht weiter erstrecken, als dahin, daß das Vermögen erhalten, bei Anordnung und Umlegung der Gemeindeabgaben angemessene Grundsätze befolgt und begründete Beschwerden über die Gemeindeverwaltung beseitigt werden.

Abs. 3. Die weitere Bestimmung über die Oberaufsicht hinsichtlich der Gemeindeforsten bleibt der Provinzialgesetzgebung vorbehalten. Bis zu deren Erlassen bleiben die bisherigen Bestimmungen in Kraft.

B. Sonstige städtische Beamte, außer Kämmerer und Stadtsekretär.

(Dienstuntergebene des Magistrats.)

52. Die Dienstuntergebenen werden vom Magistrat angesetzt.

Derselbe hat jedoch zuvor die Bürgervorsteher über ihre Würdigkeit zu hören.

45 Abs. 2—4 Die Anstellung der Dienstuntergebenen des Magistrats geschieht nach den Vorschriften der §§. 1, 2, 8—10 des Kommunalbeamtengesetzes.

48 Abs. 3. Die Untergebenen des Magistrats dürfen Gebühren statt oder neben fester Besoldung beziehen.

7. Hessen-Nassauische Städteordnung vom 4. August 1897.

(G.S. S. 254.)

61. Der Magistrat hat als Ortsobrigkeit und Gemeindeverwaltungsbehörde insbesondere folgende Geschäfte:

1—5 rc.

6. Die Gemeindebeamten nach Anhörung der Stadtverordnetenversammlung anzustellen und sie zu beaufsichtigen.

Die Anstellung erfolgt nach den Vorschriften der §§. 1, 2, 8—10 des Kommunalbeamtengesetzes.

Die von den Gemeindebeamten zu leistenden Kautionen bestimmt der Magistrat nach Anhörung der Stadtverordnetenversammlung.

Abs. 4. In Städten bis zu 10000 Einwohnern (§ 33 Abs. 1 Nr. 2) können die Geschäfte des Gemeindeeinnehmers nach Anhörung der Stadtverordnetenversammlung und mit Zustimmung des Bezirksausschusses dem Kämmerer (§ 32) übertragen worden.

33. Abs. 1 Nr. 2. Mitglieder des Magistrats können nicht sein: .... in Städten über 10000 Einwohner die Gemeindeeinnehmer (§. 61 Nr. 6 Abs. 4).

32. Der Magistrat besteht .... wo das Bedürfniß eine solche Ergänzung des Magistrats erfordert, noch aus einem oder mehreren besoldeten Mitgliedern (Syndikus Kämmerer 2c).

X. Beamte der Kreisverbände.

(K.B.G. §§. 21, 1—7, 8—15.)

A. Einrichtung von Kreisämtern.

Ö.Kr.O. v. 13. Dezember 1872 / 19. März 1881 (G.S. 1881 S. 180) §. 116 Nr. 7.

Insbesondere ist der Kreistag befugt:

1—6 2c.

7. Die Einrichtung von Kreisämtern zu beschließen, die Zahl und Besoldung der Kreisbeamten zu bestimmen.

Gleichlautend sind die §§. 73 Nr. 7 der Kreisordnung für die Provinz Hannover v. 6. Mai 1884 (G.S. S. 181); 74 Nr. 7 der Kreisordnung für die

Provinz Hessen-Nassau v. 7. Juni 1885 (G.S. S. 193); 61 Nr. 7 der Kreisordnung für die Provinz Westfalen v. 31. Juli 1886 (G.S. S. 217); 61 Nr. 7 der Kreisordnung für die Rheinprovinz v. 30. Mai 1887 (G.S. S. 209); 103 Nr. 7 der Kreisordnung für die Provinz Schleswig-Holstein v. 26. Mai 1888 (G.S. S. 139.)

B. Ernennung der Kreisbeamten.

Ö.Kr.O. v. $\frac{\text{13. Dezember 1872}}{\text{19. März 1881}}$ (G.S. 1881 S. 180)

§. 134 Nr. 3.

Der Kreisausschuß hat:

1—2 ꝛc.

3. Die Beamten des Kreises zu ernennen und deren Geschäftsführung zu leiten und zu beaufsichtigen; hinsichtlich der Besetzung der Kreisbeamtenstellen mit Militärinvaliden gelten die in Ansehung der Städte erlassenen Vorschriften ....

Ebenso §. 91 Nr. 3 Hannoversche Kr.O.; §. 92 Nr. 3 Hessen-Nassauische Kr.O.; §. 79 Nr. 3 W.Kr.O.; §. 79 Nr. 3 Rh.Kr.O.; §. 122 Nr. 3 Schl.-H.Kr.O.

C. Besondere Bestimmungen für die Provinz Posen:

1. In der Kreisordnung für die Provinz Posen v. 20. Dezember 1828 (G.S. 29 S. 3) fehlt eine dem §. 116 Nr. 7 Ö.Kr.O. ähnliche Bestimmung.

2. Gesetz über die allgemeine Landesverwaltung &c. in der Provinz Posen v. 19. Mai 1889 (G.S. S. 8.) Art. V B. Nr. 2.

Durch Beschluß des Kreistages kann dem Kreisausschusse die Verwaltung der Angelegenheiten des Kreises übertragen werden. Hinsichtlich dieser Verwaltung gelten die Bestimmungen .... des §. 134 Nr. 3 der Kreisordnung für die Provinzen Ostpreußen, Westpreußen, Pommern, Sachsen und Schlesien v. $\frac{\text{13. Dezember 1872}}{\text{19. März 1881}}$ (G.S. 1881 S. 179.)

Anm. Wo dies nicht geschehen ist, erfolgt die Anstellung der Kreisbeamten durch den Landrath allein.

XI. Beamte der Provinzialverbände, der Hessen-Nassauischen Bezirksverbände und des Lauenburgischen Landeskommunalverbandes.

(K.B.G. §§. 22, 1—7.)

(Bornhak, synoptische Ausgabe der Kreis- und Provinzialordnungen Berlin 1887.)

1. Provinzialordnung für die Provinzen Preußen (jetzt Ost- und Westpreußen Ges. v. 19. März 1877 (G.S. S. 107), Brandenburg, Pommern, Schlesien und Sachsen v. 29. Juni 1875 in der Fassung des

Gesetzes v. 22. März 1881 (G.S. S. 176), bezeichnet mit A (Altländische).

2. Provinzialordnung für die Provinz Hannover v. 7. Mai 1884 (G.S. S. 243) bezeichnet mit H.

3. Provinzialordnung für die Provinz Hessen-Nassau v. 8. Juni 1885 (G.S. S. 247), bezeichnet mit H.-N.

4. Provinzialordnung für die Provinz Westfalen v. 1. August 1886 (G.S. S. 256) bezeichnet mit W.

5. Provinzialordnung für die Rheinprovinz v. 1. Juni 1887 (G.S. S. 252) bezeichnet mit Rh.

6. Provinzialordnung für Schleswig-Holstein v. 27 Mai 1888 (G.S. S. 194), bezeichnet mit Schl.H.

7. Für die Provinz Posen:

Gesetz über die allgemeine Landesverwaltung und die Zuständigkeit der Verwaltungs- und Verwaltungsgerichtsbehörden in der Provinz Posen vom 19. Mai 1889 (G.S S. 108) Art. V A Nr. 1 und

Verordnung, betreffend die Verwaltung des provinzialständischen Verbandes der Provinz Posen v. 5. November 1889 (G.S. S. 177) §§. 21—35. (Haase Kreis- und Provinzialverfassung der Provinz Posen, Ergänzungsband zu Brauchitsch Berlin 1889.)

8. Für die Beamten der Bezirksverbände der Regierungsbezirke Cassel und Wiesbaden gelten §§. 69, 93 Abs. 3 der Hessen-Nassauischen Provinzialordnung v. 8. Juni 1885 (G.S. S. 247), abgedruckt

unter C. (Besondere Bestimmungen für die Beamten der Bezirksverbände Cassel und Wiesbaden.)

9. Für die Beamten des Lauenburgischen Kommunalverbandes bleiben, soweit nicht K.B.G. §§ 1—7 in Betracht kommen, die Bestimmungen des Art. V. V. v. 24 August 1882 (G.S. S. 348), sowie des §. 20 Abs. 2 des Lauenburgischen Gesetzes v. 7. Dezember 1872 (Offizielles Wochenblatt S. 325) auch fernerhin in Kraft.

A. Die Provinzen des Preußischen Staates außer Posen.

1. Allgemeine Bestimmungen.

§. 41. (A. H. W. Rh. Schl.-H.) VII. Der Provinziallandtag beschließt über die Einrichtung von Provinzialämtern, er bestimmt die Zahl, die Besoldung sowie die Art der Anstellung der Beamten und wählt den Landesdirektor (Landeshauptmann),*) die demselben nach §. 93 zugeordneten oberen Beamten, sowie die sonstigen im Provinzialstatute zu bezeichnenden leitenden Beamten einzelner Verwaltungszweige.

§. 38. (H.-N.) VIII. Der Kommunallandtag beschließt über die Einrichtung von Bezirksämtern, er bestimmt die Zahl, die Besoldung, sowie die Art der Anstellung der Beamten und wählt den Landesdirektor, die demselben nach §. 66 zugeordneten oberen

*) H „die Mitglieder des Landesdirektoriums".

Beamten, sowie die sonstigen im Bezirksstatute zu bezeichnenden leitenden Beamten einzelner Verwaltungszweige.

§. 60. (A. H. W. Rh. Schl.-H.) III. Der Provinzialausschuß hat die Provinzialbeamten zu ernennen, soweit die Ernennung derselben nicht dem Provinziallandtage vorbehalten ist (§. 41), und deren Geschäftsführung zu leiten und zu beaufsichtigen.

§. 58. (H.-N.) Der Landesausschuß hat die Bezirksbeamten zu ernennen, soweit die Ernennung derselben nicht dem Kommunallandtage vorbehalten ist (§ 38), und deren Geschäftsführung zu leiten und zu beaufsichtigen.

Sechster Abschnitt.

Von den Provinzialbeamten.

2. Landesdirektor (Landeshauptmann).

§. 87. (A. W. H. Rh Schl.-H. §. 60 H.-N.) Zur Wahrnehmung der laufenden Geschäfte der kommunalen Provinzialverwaltung[1]) wird ein Landesdirektor (Landeshauptmann) bestellt, welcher von dem Provinziallandtage[2]) auf mindestens sechs bis höchstens zwölf Jahre zu wählen ist.

Der Landesdirektor (Landeshauptmann) bedarf der Bestätigung des Königs. Wird die Bestätigung versagt, so schreitet der Provinziallandtag[2]) zu einer

[1]) H.-N. Bezirksverwaltung.
[2]) H.-N. Kommunallandtag(es).

neuen Wahl. Wird auch diese Wahl nicht bestätigt, so kann der Minister des Innern die kommissarische Verwaltung der Stelle auf Kosten des Provinzialverbandes[1]) anordnen Dasselbe findet statt, wenn der Provinziallandtag[2]) die Wahl verweigert oder den nach der ersten Wahl nicht Bestätigten wieder wählt.

Die kommissarische Verwaltung dauert so lange, bis die Wahl des Provinziallandtages,[2]) deren wiederholte Vornahme ihm jeder Zeit zusteht, die Bestätigung erlangt hat.

Der Provinzialausschuß[3]) ist berechtigt, zur Uebernahme der kommissarischen Verwaltung geeignete Personen in Vorschlag zu bringen.

Landesdirektorium.

§. 87. H. Zur Wahrnehmung der laufenden Geschäfte der kommunalen Provinzialverwaltung wird ein aus drei Oberbeamten (Landesdirektor, erster und zweiter Schatzrath) bestehendes Landesdirektorium bestellt, dessen Mitglieder von dem Provinziallandtage auf mindestens sechs bis höchstens zwölf Jahre zu wählen sind.

Der Landesdirektor bedarf der Bestätigung des Königs. Wird die Bestätigung versagt, so schreitet

[1]) H.-N. Bezirksverbandes.
[2]) H.-N. Kommunallandtag(es).
[3]) H.-N. Landesausschuß.

der Provinziallandtag zu einer neuen Wahl. Wird auch diese Wahl nicht bestätigt, so kann der Minister des Innern die kommissarische Verwaltung der Stelle auf Kosten des Provinzialverbandes anordnen. Dasselbe findet statt, wenn der Provinziallandtag die Wahl verweigert oder den nach der ersten Wahl nicht Bestätigten wieder wählt. Die kommissarische Verwaltung dauert so lange, bis die Wahl des Provinziallandtages, deren wiederholte Vornahme ihm jeder Zeit zusteht, die Bestätigung erlangt hat.

Der Provinzialausschuß ist berechtigt, zur Uebernahme der kommissarischen Verwaltung geeignete Personen in Vorschlag zu bringen.

§. 88. (A. W. Rh. Schl.H.) §. 61. (H.-N.) Für den Fall einer Behinderung des Landesdirektors, sowie im Falle der Erledigung der Stelle desselben bestellt der Provinzialausschuß[1]) einen Stellvertreter bis zur Aufnahme der Geschäfte durch den Landesdirektor, beziehungsweise bis zum Eintritte einer kommissarischen Verwaltung nach Maßgabe des §. 87.[2])

Weder der kommissarische Vertreter, noch der Stellvertreter des Landesdirektors sind als solche stimmberechtigte Mitglieder des Ausschusses.

§. 88. (H.) Im Falle der Behinderung des Landesdirektors, sowie im Falle der Erledigung der

[1]) H.-N. Landesausschuß.

[2]) H.-N. §. 60.

Stelle desselben vertritt der erste Schatzrath den Landesdirektor bis zur Aufnahme der Geschäfte durch diesen beziehungsweise bis zum Eintritte einer kommissarischen Verwaltung nach Maßgabe des §. 87.

§. 89. (A. W. Rh. Schl.H.) §. 62. (H.=N.) Der Landesdirektor (Landeshauptmann) wird von dem Oberpräsidenten in sein Amt eingeführt und vereidigt.

§. **89.** (H.) Die Mitglieder des Landesdirektoriums werden von dem Oberpräsidenten in ihr Amt eingeführt und vereidigt.

§. 90. (A. W. H. Rh. Schl.H.) Der Landesdirektor[1]) (Landeshauptmann) führt unter der Aufsicht des Provinzialausschusses die laufenden Geschäfte der kommunalen Provinzialverwaltung. Er[2]) bereitet die Beschlüsse des Provinzialausschusses vor und trägt für die Ausführung derselben Sorge.

Er[2]) ist der Dienstvorgesetzte sämmtlicher Provinzialbeamten.

Der Landesdirektor[1]) vertritt den Provinzialverband nach Außen in allen Angelegenheiten, insbesondere auch da, wo die Gesetze eine Spezialvollmacht verlangen. Er[2]) verhandelt Namens des Provinzialverbandes mit Behörden und Privatpersonen, führt den Schriftwechsel und zeichnet alle Schriftstücke.

---

[1]) H. „das Landesdirektorium".

[2]) H. „Es".

§. 63. (H.-N.) Der Landesdirektor führt unter der Aufsicht des Landesausschusses die laufenden Geschäfte der kommunalen Bezirksverwaltung. Er bereitet die Beschlüsse des Landesausschusses vor und trägt für die Ausführung derselben Sorge.

Er ist der Dienstvorgesetzte sämmtlicher Beamten des Bezirksverbandes.

Der Landesdirektor vertritt den Bezirksverband nach außen in allen Angelegenheiten, insbesondere auch da, wo die Gesetze eine Spezialvollmacht verlangen. Er verhandelt Namens des Bezirksverbandes mit Behörden und Privatpersonen, führt den Schriftwechsel und zeichnet alle Schriftstücke.

3. Andere obere Beamte.

§. 93. (A. W. H. Rh. Schl.H.) Dem Landesdirektor[1]) (Landeshauptmann) können nach näherer Bestimmung des Provinzialstatuts zur Mitwirkung bei Erledigung der Geschäfte der gesammten oder einzelner Zweige der kommunalen Provinzialverwaltung noch andere vom Provinziallandtage zu wählende obere Beamte mit berathender oder beschließender Stimme zugeordnet werden. Sie werden von dem Landesdirektor in ihre Aemter eingeführt und vereidigt.

Werden dem Landesdirektor[1]) obere Beamte mit beschließender Stimme zugeordnet, so hat das Provinzialstatut auch darüber Bestimmung zu treffen, welche der durch dieses Gesetz dem Landesdirektor[1]) allein überwiesenen Geschäfte von demselben unter Mitwirkung jener Beamten zu erledigen sind.

§. 66. (H.-N.) Dem Landesdirektor können nach näherer Bestimmung des Bezirksstatuts zur Mitwirkung bei Erledigung der Geschäfte der gesammten oder einzelner Zweige der kommunalen Bezirksverwaltung noch andere vom Kommunallandtage zu wählende obere Beamte mit berathender oder beschließender Stimme zugeordnet werden. Sie werden von dem Landesdirektor in ihre Aemter eingeführt und vereidigt.

Werden dem Landesdirektor obere Beamte mit beschließender Stimme zugeordnet, so hat das Bezirksstatut auch darüber Bestimmung zu treffen, welche der durch dieses Gesetz dem Landesdirektor allein überwiesenen Geschäfte von demselben unter Mitwirkung jener Beamten zu erledigen sind.

4. Bureau-, Kassen- rc. Beamte der kommunalen Provinzialverwaltung.

§. 94. (A. H. W. Rh. Schl.H.) H.-N. §. 67. Die Stellen der zur Wahrnehmung der Bureau-, Kassen- und sonstigen Geschäfte der kommunalen Provinzialverwaltung[2]) erforderlichen Beamten werden von dem Provinziallandtage[3]) nach Zahl, Diensteinnahme

---

[1]) H. Landesdirektorium.
[2]) H.-N. Bezirksverwaltung.
[3]) H.-N. Kommunallandtage.

und Art der Besetzung (auf Lebenszeit, auf Zeit, auf Kündigung) auf Vorschlag des Provinzialausschusses[1]) durch den Haushalts=Etat bestimmt.

Die Besetzung dieser Stellen erfolgt vorbehaltlich der Bestimmung des §. 41 durch den Provinzialausschuß.[1]) Die Beamten werden von dem Landesdirektor in ihre Aemter eingeführt und vereidigt. Sie erhalten ihre Geschäftsinstruktionen von dem Provinzialausschusse.[1])

5. Beamte der Provinzialinstitute 2c.

§. 95. (A. H. W. Rh. Schl.H.) H.-N. §. 68. Ueber die an den einzelnen Provinzialinstituten und in der Provinzial=Chaussee= und Wegeverwaltung anzustellenden Beamten sowie über die Art der Anstellung derselben wird durch die für jene Institute und jenen Verwaltungszweig zu erlassenden Reglements beziehungsweise die für dieselben festzustellenden Etats bestimmt.

Bis zum Erlaß neuer Reglements bleiben die bestehenden Reglements in Geltung.

6. Dienstliche Verhältnisse der Provinzialbeamten.

§. 96. (A. H. W. Rh. Schl.H.) Sämmtliche Provinzialbeamte haben die Rechte und Pflichten mittelbarer Staatsbeamten. Die besonderen dienstlichen Verhältnisse derselben werden durch ein von dem

[1]) H.-N. Landesausschuſſe(s).

Provinzial-Landtage zu erlassendes Reglement geordnet.

§. 120 Abs. 3 (A. H. W. Rh. Schl.H.) H.-N. §. 93 Abs. 3 Ingleichen bedarf das in §. 96*) vorgeschriebene Reglement über die dienstlichen Verhältnisse der Provinzialbeamten der Genehmigung des Ministers des Innern in betreff der Grundsätze über die Anstellung, Entlassung und Pensionirung der Beamten.

§. 97. (A. H. W. Rh. Schl.H.) H.-N. §. 70. Hinsichtlich der Besetzung der Stellen von Provinzialbeamten mit Militärinvaliden gelten die in Ansehung der Städte erlassenen gesetzlichen Vorschriften.

I. Besondere Bestimmungen für die Provinz Posen.

1. Gesetz über die allgemeine Landesverwaltung und die Zuständigkeit der Verwaltungs- und Verwaltungsgerichtsbehörden in der Provinz Posen vom 19. Mai 1889. (G.S. S. 108.)

Artikel V. A. Nr. 2.

2. Zur Wahrnehmung der laufenden Geschäfte der provinzialständischen Verwaltung wird ein Landesdirektor bestellt, welcher von dem Provinzialausschusse auf mindestens sechs bis höchstens zwölf Jahr zu wählen ist und der Bestätigung des Königs bedarf. Der Landesdirektor vertritt den provinzial-

*) H.-N. §. 69.

ständischen Verband nach außen in allen Angelegenheiten, insbesondere auch da, wo die Gesetze eine Spezialvollmacht verlangen. Er ist der Dienstvorgesetzte sämmtlicher Provinzialbeamten.

2. Verordnung, betreffend die Verwaltung des provinzialständischen Verbandes der Provinz Posen vom 5. November 1889. (G.S. S. 177.)

II. Von den Provinzialbeamten.

21. Der nach Artikel V. A. Ziffer 2 zur Wahrnehmung der laufenden Geschäfte der provinzialständischen Verwaltung zu bestellende Landesdirektor ist auf zwölf Jahre zu wählen.

22. Für den Fall einer Behinderung des Landesdirektors, sowie im Falle der Erledigung der Stelle desselben bestellt der Provinzialausschuß einen Stellvertreter bis zur Aufnahme der Geschäfte durch den Landesdirektor, beziehungsweise bis zum Eintritt einer kommissarischen Verwaltung nach Maßgabe des Artikels V. A. Ziffer 3 des Gesetzes (v. 19. V. 1889. Siehe Zusatz).

Der vom Provinzialausschusse bestellte Stellvertreter des Landesdirektors bedarf der Bestätigung des Ministers des Innern und ist, ebenso wie der kommissarische Stellvertreter, auch zur Stellvertretung des Landesdirektors in dessen Eigenschaft als Mitglied des Provinzialausschusses berufen.

Zusatz: Gesetz vom 19. Mai 1889 Artikel V. A. Nr. 3.

Abs. 1. Wird in den Fällen .... zu (Nr.) 2 die Bestätigung versagt, so schreitet der .... Provinzialausschuß zu einer neuen Wahl. Wird auch diese Wahl nicht bestätigt, so kann der Minister des Innern die kommissarische Verwaltung der Stelle auf Kosten des provinzialständischen Verbandes anordnen. Dasselbe findet statt, wenn der .... Provinzialausschuß die Wahl verweigert oder den nach der ersten Wahl nicht Bestätigten wiederwählt.

Abs. 3. Die kommissarische Verwaltung dauert so lange, bis die Wahl .... des Provinzialausschusses, deren wiederholte Vornahme jederzeit zulässig ist, die Bestätigung erlangt hat.

V. v. 5. November 1889. §. 23. Der Landesdirektor wird von dem Oberpräsidenten in sein Amt eingeführt und vereidigt.

24. Der Landesdirektor führt unter der Aufsicht des Provinzialausschusses die laufenden Geschäfte der kommunalen Provinzialverwaltung. Er bereitet die Beschlüsse des Provinzialausschusses vor und trägt für die Ausführung derselben Sorge.

Er ist nach Art. V. A. Ziffer 2 des Gesetzes der Dienstvorgesetzte sämmtlicher Provinzialbeamten und vertritt, gemäß jener Bestimmung, den Provinzialverband nach Außen in allen Angelegenheiten, insbesondere auch da, wo die Gesetze eine Spezialvollmacht verlangen. Er verhandelt Namens des Provinzialverbandes mit Behörden und Privatpersonen, führt den Schriftwechsel und zeichnet alle Schriftstücke.

27. Dem Landesdirektor werden zur Mitwirkung bei Erledigung der Geschäfte der provinzialständischen Verwaltung zwei obere Beamte mit berathender Stimme zugeordnet, von denen der eine zum Richteramte oder zum höheren Verwaltungsdienste (Landesrath), der andere zu den höheren Staatsämtern im Baufache (Landesbaurath) befähigt sein muß. Auch können demselben, nach näherer Bestimmung eines Provinzialstatutes, für die Geschäfte der gesammten oder einzelner Zweige der provinzialständischen Verwaltung noch andere obere Beamte (Landesräthe) mit berathender Stimme zugeordnet werden.

Die Anstellung dieser Beamten erfolgt auf Lebenszeit. Sie werden von dem Landesdirektor in ihre Aemter eingeführt und vereidigt.

28. Die Stellen der zur Wahrnehmung der Büreau-, Kassen- und sonstigen Geschäfte der kommunalen Provinzialverwaltung erforderlichen Beamten werden von dem Provinziallandtage nach Zahl, Diensteinnahme und Art der Besetzung (auf Lebenszeit, auf Zeit, auf Kündigung) auf Vorschlag des Provinzialausschusses durch den Haushaltsetat bestimmt.

Die Besetzung dieser Stellen erfolgt durch den Provinzialausschuß. Die Beamten werden von dem

Landesdirektor in ihre Aemter eingeführt und vereidigt. Sie erhalten ihre Geschäftsinstruktionen von dem Provinzialausschusse.

29. Ueber die an den einzelnen Provinzialinstituten und in der Provinzial-Chaussee- und Wegeverwaltung anzustellenden Beamten, sowie über die Art der Anstellung derselben wird durch die für jene Institute und jenen Verwaltungszweig zu erlassenden Reglements bezw. die für dieselben festzustellenden Etats bestimmt.

Bis zum Erlasse neuer Reglements bleiben die bestehenden Reglements in Geltung.

30. Sämmtliche Provinzialbeamte haben die Rechte und Pflichten mittelbarer Staatsbeamten. Die besonderen dienstlichen Verhältnisse derselben werden durch ein von dem Provinziallandtage zu erlassendes Reglement geordnet.

31. Hinsichtlich der Besetzung der Stellen von Provinzialbeamten mit Militärinvaliden gelten die in Ansehung der Städte erlassenen gesetzlichen Vorschriften.

C. Besondere Bestimmungen für die Beamten der Bezirksverbände Cassel und Wiesbaden.

Hessen-Nassauische Provinzialordnung vom 8. Juni 1885 (G.S. S. 247).

69. Sämmtliche Beamte des Bezirksverbandes haben die Rechte und Pflichten mittelbarer Staatsbeamten. Die besonderen dienstlichen Verhältnisse derselben werden durch ein von dem Communallandtage zu erlassendes Reglement geordnet.

93. Abs. 3. Ingleichen bedarf das in §. 69 vorgeschriebene Reglement über die dienstlichen Verhältnisse der Beamten des Bezirksverbandes ... der Genehmigung des Ministers des Innern in Betreff der Grundsätze über die Anstellung, Entlassung und Pensionirung der Beamten.

D. Besondere Bestimmungen für Beamte des Lauenburgischen Communalverbandes.

Verordnung, betreffend die Vertretung des Lauenburgischen Landescommunalverbandes vom 24. August 1882. (G.S. S. 343).

Art. V. Abs. 2. Jedoch verbleibt es bei den Vorschriften des §. 20 Abs. 2 des Lauenburgischen Gesetzes vom 7. Dezember 1872 über die Einrichtung der ständischen Landesverwaltung (Offizielles Wochenblatt S. 325) bezüglich der Pensionirung, Wittwen- 2c. Versorgung und Gewährung von Wartegeldern für die zur Zeit im Dienste des Landescommunalverbandes stehenden Beamten ...

Abs. 3. Desgleichen bewendet es bei den bisherigen Bestimmungen über das Erforderniß der Bestätigung des Direktors der Lauenburgischen Gelehrtenschule und der höheren Beamten, ...

Abs. 5. Die dienstlichen Verhältnisse der Kreisbeamten sind durch ein vom Kreistage zu erlassendes Reglement zu ordnen. Dieses, sowie die sonst für einzelne Verwaltungszweige und Einrichtungen zu erlassenden Reglements bedürfen der ministeriellen Genehmigung.

Zusatz zu Art. V d. Verordnung vom 24. August 1882. Lauenburgisches Gesetz vom 7. Dezember 1872 über die Einrichtung der ständischen Landesverwaltung. (Offizielles Wochenblatt S. 325.)

20 Abs. 2. Sämmtliche Landesbeamte haben die Rechte und Pflichten mittelbarer Staatsbeamten. Bezüglich der Pensionirung, Wittwen- 2c. Versorgung und Gewährung von Wartegeldern, sowie hinsichtlich der Disziplinarbefugnisse und Verpflichtungen finden bis zu anderweitiger gesetzlicher Regelung diejenigen Bestimmungen Anwendung, welche vom 1. Januar 1873 für die Beamten im Staatsdienste im Allgemeinen oder in den betreffenden Dienstzweigen in Geltung stehen. Dabei soll jede nach den Vorschriften des gegenwärtigen Gesetzes erfolgende lebenslängliche Anstellung im Landesdienst im Sinne des (Lauenburgischen) Pensionsgesetzes vom 24. Februar 1858 so angesehen werden, als wenn sie von Uns Allerhöchstselbst erfolgt wäre.*) Die besonderen dienstlichen

*) Die Lauenburgischen Landescommunalbeamten sind bezüglich der Pensionirung und der Hinterbliebenenversorgung jetzt vollständig den Provinzialbeamten gleichgestellt.

Verhältnisse jedes Landesbeamten werden durch die vom Landschafts-Kollegium auszuführenden Bestallungen geregelt.

XII. Gemeindeforstbeamte.

(K.B.G. §§. 23, 1—7.)

Vorbemerkung.

Das Recht der Gemeindeforstbeamten ist in einer großen Anzahl von Spezialgesetzen enthalten, die nur lokales Interesse haben. Es ist hier nur insoweit mit angeführt worden, als es durch das Kommunalbeamtengesetz abgeändert ist.

1. Für Städte.

Z.G. **§. 16** Abs. 2. Hinsichtlich der Verwaltung der Gemeindewaldungen bewendet es bei den bestehenden Bestimmungen.

2. Für Landgemeinden.

Z.G. **§. 30** Abs. 2 wörtlich wie vorher §. 16 Abs. 2.

Anm. Brauchitsch, Verwaltungsgesetze, 15. Auflage, Bd. I, Anm. 41 zu Z.G. §. 16 Abs. 2, S. 244.

Vgl. für die östlichen Provinzen G. über die Verwaltung der den Gemeinden gehörigen Holzungen vom 14. August 1876 (G.S. S. 373); für Hannover

V. vom 21. Oktober 1815, G. vom 10. Juli 1859 (Hann. G.S. S. 725), V. vom 30. Oktober 1860 (Hann. G.S. S. 164), Verwaltungsordnung vom 1. September 1830, Hann. St.O. §. 119; für Westfalen und die Rheinprovinz V., betreffend die Verwaltung der den Gemeinden zc. gehörigen Forsten in Westfalen und der Rheinprovinz, vom 24. Dezember 1816 G.S. 1817 S. 57); für Kurhessen V. vom 30. Mai 1711 und vom 29. Juni 1821, Kurh. G.O. §. 68; für Nassau Edikt vom 9. November 1816 (Nass. V. Bl. S. 166), Amtsverwaltungsgesetz vom 24. Juni 1854 (Nass. V.Bl. S. 160) §. 9 Nr. 3 und 10, H.N. Kr.O. §. 116 Abs. 2; für die vorm. Großh. Hss. Landestheile V. vom 16. Januar 1811 und vom 23. Dezember 1823; für die vorm. Landgr. Hss. Landestheile G., betr. die Forstorganisation vom 6. Februar 1835 (Archiv S. 126); für die vorm. Bayr. Landestheile Bayr. Forstgesetz vom 28. Mai 1825; für Frankfurt a. M. Kabinetsordre des Fürsten Primas vom 7. März 1807, außerdem Ges. vom 12. Oktober 1897 (G.S. S. 411) betr. die Forstschutzbeamten der Gemeinden zc. im Regierungsbezirke Wiesbaden mit Ausschluß des vormals Landgräflich Hessen-Homburgischen Gebietes und des Stadtkreises Frankfurt a M.; für Hohenzollern-Hechingen V. vom 14. Juni 1837 und 25. September 1848; für Hohenzollern-Sigmaringen V. vom 1. Mai 1822 und 5. Juli 1827. Für Schleswig-Holstein: L.G.O. vom

4. Juli 1892 §. 69 (G.S. S. 154). — Die Begründung zu §. 31 des Entwurfs vom 18. Dezember 1882 (A.H. Drucks. Nr. 44) enthält eine gedrängte Darstellung der den Gesetzen über die Verwaltung der Gemeindewaldungen in den einzelnen Landestheilen zu Grunde liegenden Systeme.

Vom Kommunalbeamtengesetz (siehe den Text Seite 70 ff.) **kommen zur Anwendung:**

A. Für Forstbeamte der Landgemeinden, Amtsverbände, Zweckverbände.

23, 1–7, 18. Für ländliche Forstbeamte in Rheinland und Westfalen tritt an Stelle des §. 18 Abs. 2 §. 6 V. vom 24. Dezember 1816. Außerdem richtet sich die Pensionirung dieser letzteren Forstbeamten gemäß K.B.G. §. 23 Nr. 3 nach den Vorschriften des K.B.G. §§. 12, 13, 15.

B. Für Forstbeamte der rheinischen Bürgermeistereien und der westfälischen Aemter.

23, 19, 1–7, 11–13, 15.

C. Für städtische und Kreisforstbeamte.

23, 1–7, 11–13, 15, 17; für Kreisforstbeamte außerdem noch **§. 21.**

Für städtische Forstbeamte in Rheinland und Westfalen tritt an Stelle des **K.B.G. §. 11 V.** vom 24. Dezember 1816 §. 6.

D. Für Forstbeamte des Lauenburgischen Landeskommunalverbandes sowie der Bezirksverbände Cassel und Wiesbaden sowie der Provinzen

22, 1—7.

E. Unberührt bleiben:

(K.B.G. §. 23 Nr. 2.)

1. V. vom 24. Dezember 1816 (G.S. 1817 S. 57).
2. §. 15 Ges. vom 14. August 1876 (G.S. S. 373).
3. Ges. vom 12. Oktober 1897 (G.S. S. 411)

nachstehend abgedruckt.

A. Oestliche Provinzen.

Städteordnung vom 30. Mai 1853 (G.S. S. 261).

55. Die in Bezug auf die Behandlung der Gemeindewaldungen für die einzelnen Landestheile erlassenen Gesetze und Bestimmungen bleiben in Kraft, bis ihre Abänderung in gesetzlichem Wege erfolgt sein wird.

Landgemeindeordnung vom 3. Juli 1891 (G.S. S. 233).

69 Abs. 2. Hinsichtlich der Verwaltung der Gemeindewaldungen bewendet es bei den bestehenden Bestimmungen, im Besonderen dem Gesetze vom 14. August 1876[1]) (G.S. S. 373).

---

[1]) Letztgenanntes Gesetz ist auch für die Städte maßgebend.

Gesetz, betreffend die Verwaltung der den Gemeinden und öffentlichen Anstalten gehörigen Holzungen in den Provinzen Preußen,[1]) Brandenburg, Pommern, Posen, Schlesien und Sachsen.

Vom 14. August 1876.

1. Die Verwaltung der Holzungen der Gemeinden .... unterliegt der Oberaufsicht des Staates nach Maßgabe dieses Gesetzes.

Holzungen, welche sich in staatlicher Verwaltung befinden, werden von diesem Gesetze nicht berührt.

7. Die Eigenthümer der im §. 1 Abs. 1 bezeichneten Holzungen sind verpflichtet, für den Schutz und die Bewirthschaftung derselben durch genügend befähigte Personen ausreichende Fürsorge zu treffen.

10. Wenn ein Waldeigenthümer einer ihm nach §. 7 dieses Gesetzes obliegenden Verpflichtung trotz geschehener Aufforderung nicht nachkommt, so ist der Regierungspräsident befugt, die zur Erfüllung der Verpflichtung erforderlichen Handlungen durch einen Dritten ausführen zu lassen, den Betrag der Kosten vorläufig zu bestimmen und im Wege der Exekution von dem Verpflichteten einzuziehen.

15. Dieses Gesetz tritt mit dem 1. Januar 1877 in Kraft. Alle demselben entgegenstehenden Bestimmungen, insbesondere die Verordnung vom 24. De-

---

[1]) Jetzt Ost- und Westpreußen (Ges. vom 19. März 1877 G.S. S. 107).

zember 1816, soweit sie für die Provinz Sachsen gilt, sind von diesem Zeitpunkte ab aufgehoben.

Anm. Die Verordnung vom 24. Dezember 1816 (G.S. 1817 S. 57), welche nach §. 23 Nr. 2 des Kommunalbeamtengesetzes im Uebrigen durch letzteres unberührt bleiben soll, bleibt aber auch nach Inkrafttreten des Kommunalbeamtengesetzes für die Provinz Sachsen aufgehoben.

B. Westliche Provinzen (Rheinland und Westfalen).

Rheinische St.O. vom 15. Mai 1856.

51. Bei Verwaltung der Gemeindewaldungen sind die Verordnung vom 24. Dezember 1816 und die in Gemäßheit derselben erlassenen Reglements zu beachten.

Rheinische Landgemeindeordnung vom 23. Juli 1845.

99. Bei Verwaltung der Waldungen sind die Verordnung vom 24. Dezember 1816 und die in Gemäßheit derselben erlassenen oder noch zu erlassenden Reglements zu beachten.

Westfälische Städteordnung vom 19. März 1856.

54. Bei Verwaltung der Gemeindewaldungen sind die Verordnung vom 24. Dezember 1816 und die in Gemäßheit derselben erlassenen und zu erlassenden Reglements zu beachten.

Westfälische Landgemeindeordnung vom 19. März 1856.

55. (Wörtlich wie Westfäl. Städteordnung §. 54.)

Verordnung, die Verwaltung der den Gemeinden[1]) gehörigen Forsten in den Provinzen Westfalen, Kleve, Berg und Nieder-Rhein betreffend.

Vom 24. Dezember 1816 (G.S. 1817 S. 57).

(Kleve, Berg und Niederrhein sind jetzt zu einer Provinz, der Rheinprovinz vereinigt.)

3. Die Gemeinden sind verpflichtet, die in ihrem Besitz befindlichen Forstländereien

1. nach den von dem Regierungspräsidenten genehmigten Etats zu bewirthschaften;
2. solche Wälder und beträchtliche Holzungen, die nach ihrer Beschaffenheit und Umfang zu einer forstmäßigen Bewirthschaftung geeignet sind, durch gehörig ausgebildete Forstbediente administriren zu lassen.

6. Ganz vorzüglich aber werden sie, mit Hinsicht auf Oertlichkeit und die individuelle Beschaffenheit der Kommunal- und Instituts-Waldungen, bestimmen, ob zu deren, dem im §. 4 angedeuteten Zwecke entsprechenden Bewirthschaftung die Anstellung eines eigenen Forstbedienten unumgänglich erforderlich sei, oder ob solche ebenso gut und zweckmäßig durch die Gemeindeglieder ausgeführt oder nach den Wünschen der Gemeinden und öffentlichen Anstalten gegen eine angemessene Remuneration einem benachbarten

---

[1]) Gilt für Stadt- und Landgemeinden.

Königlichen Forstoffizianten übertragen werden könne. Wenn der Regierungspräsident die Annahme eines eigenen gehörig ausgebildeten Forstbedienten nach den Umständen nothwendig findet, so steht den Gemeinden und öffentlichen Anstalten die Wahl eines qualifizirten Sachverständigen zu. Sie haben aber dabei vorzugsweise auf die bisher schon angestellt gewesenen Forstbedienten, die zur Versorgung bestimmten Subjekte des Jägerkorps und die mit Versorgungsansprüchen entlassenen freiwilligen Jäger, wenn solche übrigens die erforderlichen Eigenschaften dazu besitzen, Rücksicht zu nehmen. Die gewählten Subjekte sind dem Regierungspräsidenten vorzustellen, welcher ihre Prüfung durch Sachverständige zu veranstalten und sie, wenn sie tüchtig und geschickt befunden worden, als Kommunal- oder Institutsbeamte zu bestätigen hat, worauf solche in den ihnen übertragenen Posten eingewiesen werden können.

Anm. Durch die in §. 23 Nr. 2 des Kommunalbeamtengesetzes ausgesprochene Aufrechterhaltung der Verordnung vom 24. Dezember 1816 wird die Geltung des §. 11 al. 1 des Kommunalbeamtengesetzes für die städtischen Forstbeamten in Rheinland und Westfalen zu Gunsten des unbeschränkten Rechtes der Regierungspräsidenten auf zweckentsprechende Gehaltsregulirung ausgeschlossen. (Entsch. d. O.V.G. Bd. 27 S. 77.)

C. Neue Provinzen.

Verordnung, betr. Organisation der Forstverwaltung in den neu erworbenen Gebietstheilen, vom 4. Juli 1867 (G.S. S. 1129).

2. Bei den gesetzlichen Bestimmungen, welche die Rechte und Pflichten der Gemeinden und öffentlichen Anstalten bezüglich der Wahl und Besoldung der Forstbeamten betreffen, behält es für jetzt sein Bewenden

Die hinsichtlich der Anstellung von Anwärtern des Jägerkorps im Forstschutzdienste für die älteren Provinzen maßgebenden Vorschriften sollen jedoch auch in den neuen Landestheilen für sämmtliche Staats-, Gemeinde- und Institutforsten zur Anwendung kommen.

1. Hannover.

Hannoversche Städteordnung vom 24. Juni 1858.

119 Abs. 5. Die weitere Bestimmung über die Oberaufsicht hinsichtlich der Gemeindeforsten bleibt der Provinzialgesetzgebung vorbehalten. Bis zu deren Erlaß bleiben die bisherigen Bestimmungen in Kraft.

Bekanntmachung des Hannoverschen Ministeriums des Innern, betreffend die Regelung der Verhältnisse der Landgemeinden, vom 28. April 1859, (Hann. G.S. S. 409).

15. Die Gemeindeforsten und diejenigen Forsten von Genossenschaften, welche bisher als Gemeindeforsten von der Behörde behandelt worden, sind bis auf Weiteres nach den bisherigen Grundsätzen über die Einwirkung der Behörden zur Erhaltung des Bestandes auch ferner zu behandeln.

Anm. Vergl. die Zusammenstellung der im Königreich Hannover geltenden Vorschriften über die Verwaltung der Forsten, soweit sie nicht zum Königlichen Dominium und zum säkularisirten Klostergut gehören. Hannover bei Carl Meyer 1860.

Siehe auch Begründung der Regierungsvorlage zum Zuständigkeitsgesetz A.H. 1882/83 Drucksachen Nr. 44 S. 48, 49.

2. Schleswig-Holstein.

Landgemeindeordnung vom 4. Juli 1892, (G.S. S. 147).

69. Abs. 2. Hinsichtlich der Verwaltung der Gemeindewaldungen bewendet es bei den bisherigen Bestimmungen.

(Es sind keine gesetzlichen Bestimmungen ergangen.)

3. Regierungsbezirk Wiesbaden ausschließlich des vormals Landgräflich Hessen-Homburgischen Gebietes und des Stadtkreises Wiesbaden.

Gesetz, betreffend die Forstschutzbeamten der Gemeinden .... im Regierungsbezirke Wiesbaden mit Ausschluß des vormals Landgräflich Hessen-Homburgischen Gebietes und des Stadtkreises Frankfurt a. M. Vom 12. Oktober 1897[1]) (G.S. S. 411).

Wir Wilhelm, von Gottes Gnaden König von Preußen 2c.

verordnen, mit Zustimmung beider Häuser des Landtages Unserer Monarchie, für den Regierungsbezirk Wiesbaden mit Ausschluß des vormals Landgräflich Hessen-Homburgischen Gebietes und des Stadtkreises Frankfurt a. M., was folgt:

1. Die Gemeinden und öffentlichen Anstalten sind verpflichtet, für den Schutz ihrer Waldungen durch genügend befähigte Personen ausreichende Fürsorge zu treffen.

2. Diejenigen Gemeinden und öffentlichen Anstalten, deren Waldungen zu klein zur Anstellung eines eigenen Forstschutzbeamten sind, haben sich, soweit die örtlichen Verhältnisse nicht entgegenstehen, mit anderen Wald besitzenden Gemeinden und öffentlichen Anstalten zur gemeinschaftlichen Anstellung eines Forstschutzbeamten zu vereinigen.

Falls über die Bildung gemeinschaftlicher Schutzbezirke eine Verständigung unter den Betheiligten nicht erzielt wird, entscheidet der Regierungspräsident nach Anhörung des Kreisausschusses, wenn mehrere

---

[1]) Neben diesem Gesetze, welches nach §. 23 Nr. 2 des Kommunalbeamtengesetzes unberührt bleibt, gelten nur die §§. 1—7 des Kommunalbeamtengesetzes.

Kreise betheiligt sind, der Kreisausschüsse, sowie, wenn ein Stadtkreis betheiligt ist, des Bezirksausschusses.

Mit Zustimmung der betheiligten Waldbesitzer (Staat, Gemeinden und öffentlichen Anstalten) können vereinzelt liegende Flächen von Staatswald derartigen gemeinschaftlichen Schutzbezirken angeschlossen oder vereinzelt liegende Gemeinde- oder Anstaltswaldungen fiskalischen Schutzbezirken angeschlossen werden.

3. Die Besetzung der Stellen erfolgt:

a) bei Städten durch den Magistrat, oder, wo ein solcher nicht besteht, durch den Bürgermeister nach Anhörung der Stadtverordnetenversammlung,

b) bei Landgemeinden mit kollegialischem Gemeindevorstand durch diesen,

c) bei den übrigen Landgemeinden durch den Bürgermeister nach Anhörung der Gemeindeversammlung (Gemeindevertretung),

d) bei öffentlichen Anstalten durch deren verfassungsmäßige Vertretung.

Wird bei gemeinschaftlichen Schutzbezirken unter den Betheiligten über die Besetzung der Stelle eine Verständigung nicht erzielt, so entscheidet der Regierungspräsident.

4. Die Forstschutzbeamten der Gemeinden und öffentlichen Anstalten bedürfen der Bestätigung durch

den Regierungspräsidenten und sind nach vorwurfsfreier Ablegung einer einjährigen Probedienstzeit auf Lebenszeit anzustellen.

Ausgeschlossen von der Anstellung auf Lebenszeit bleiben diejenigen Beamten, deren Zeit und Kräfte durch die ihnen übertragenen Geschäfte nur nebenbei in Anspruch genommen werden, oder welche nur für ein seiner Natur nach vorübergehendes Geschäft angenommen worden sind.

Darüber, ob eine Forstschutzbeamtenstelle eine solche ist, daß sie die Zeit und Kräfte eines Beamten nur nebenbei in Anspruch nimmt, entscheidet mit Ausschluß des Rechtsweges der Regierungspräsident nach Anhörung des Kreisausschusses, wenn mehrere Kreise betheiligt sind, der Kreisausschüsse, sowie, wenn ein Stadtkreis betheiligt ist, des Bezirksausschusses.

5. Im Staats-, Gemeinde- oder Anstaltsdienste bereits lebenslänglich angestellt gewesene Forstschutzbeamte können von den Gemeinden oder öffentlichen Anstalten ohne Ablegung der sonst erforderlichen Probedienstzeit lebenslänglich angestellt werden.

6. Die Festsetzung der Besoldungen unterliegt in allen Fällen der Genehmigung des Bezirksausschusses.

Dieser entscheidet auch, falls bei gemeinschaftlichen Schutzbezirken über die Festsetzung der Besoldungen eine Verständigung unter den Betheiligten nicht erzielt wird.

Der Regierungspräsident kann verlangen, daß angemessene Besoldungsbeträge bewilligt werden, und im Falle der Weigerung die Eintragung des Betrages in den Haushalts-Etat verfügen. Gegen diese Verfügung steht den betheiligten Gemeinden und Anstalten die Klage beim Oberverwaltungsgerichte offen.

Die Besoldung gemeinschaftlicher Beamten (§. 2) ist von den Waldbesitzern Mangels anderweiter Vereinbarung nach Maßgabe der Fläche der betheiligten Waldungen aufzubringen.

7. Die auf Lebenszeit angestellten Forstschutzbeamten erhalten bei eintretender Dienstunfähigkeit Pension nach den für die unmittelbaren Staatsbeamten geltenden Grundsätzen.

Bei der Berechnung der Dienstzeit zwecks Festsetzung der Pension kommt auch die Zeit in Anrechnung, während welcher der zu pensionirende Forstschutzbeamte als solcher bei anderen Gemeinden oder öffentlichen Anstalten innerhalb des Geltungsbereichs dieses Gesetzes angestellt gewesen ist.

8. Die Pension fällt fort oder ruht insoweit, als der Pensionirte durch anderweite Anstellung im Staats-, Gemeinde- oder Anstaltsdienste ein Einkommen oder eine neue Pension erwirbt, welche mit Zurechnung der ersten Pension sein früheres Einkommen übersteigen.

9. Die Wittwen und Waisen der auf Lebenszeit angestellten Forstschutzbeamten erhalten Wittwen-

und Waisengeld nach den für die Wittwen und Waisen der unmittelbaren Staatsbeamten geltenden Vorschriften unter Zugrundelegung des von dem Beamten im Augenblicke des Todes erdienten Pensionsbetrages.

10. Ueber streitige Pensionsansprüche der Forstschutzbeamten, sowie über streitige Ansprüche der Hinterbliebenen dieser Beamten beschließt, wenn Stadtgemeinden betheiligt sind, der Bezirksausschuß, in allen anderen Fällen der Kreisausschuß und zwar soweit sich der Beschluß darauf erstreckt, welcher Theil des Diensteinkommens bei Feststellung der Pensionsansprüche als Besoldung anzusehen ist, vorbehaltlich der den Betheiligten gegen einander zustehenden Klage im Verwaltungsstreitverfahren, im Uebrigen vorbehaltlich des ordentlichen Rechtsweges.

Der Beschluß ist vorläufig vollstreckbar.

11. Ueber die Thatsache der Dienstunfähigkeit ist entstehendenfalls in dem bezüglich der Entfernung aus dem Amte vorgeschriebenen Verfahren Entscheidung zu treffen, und zwar, wenn Stadtgemeinden betheiligt sind, gemäß §. 91 Absatz 1 Nr. 2 der Städteordnung für die Provinz Hessen-Nassau vom 4. August 1897 (Gesetz-Samml. S. 254), in allen anderen Fällen gemäß §. 115 Nr. 3 der Landgemeindeordnung für die Provinz Hessen-Nassau vom 4. August 1897 (Gesetz-Samml. S. 301).*)

---

*) Siehe unter XVI. Disziplinarverhältnisse.

12. Sämmtliche Gemeinden und öffentlichen Anstalten, welche für ihre Waldungen nach den vorstehenden Bestimmungen pensionsberechtigte Schutzbeamte angestellt haben, werden zu einem Kassenverbande vereinigt, welchem es obliegt, den in Ruhestand versetzten Forstschutzbeamten und den Hinterbliebenen von Forstschutzbeamten die ihnen zustehenden Pensionen und Wittwen- und Waisengelder zu zahlen.

Gehören zu einem gemeinschaftlichen Schutzbezirke fiskalische Waldgrundstücke, so hat der Forstfiskus für diese Flächen dem Kassenverbande beizutreten.

Die zur Bestreitung der Zahlungen von Pensionen und Wittwen- und Waisengeldern erforderlichen Beiträge werden von den zum Verbande gehörigen Waldeigenthümern nach Verhältniß des jeweiligen pensionsberechtigten Diensteinkommens aufgebracht.

Die Beiträge werden von dem Vorstande des Kassenverbandes festgesetzt.

Gegen den Feststellungsbeschluß findet innerhalb zwei Wochen die Beschwerde an den Bezirksausschuß statt.

Im Uebrigen werden die Verhältnisse der Kasse durch ein nach Anhörung des Kommunallandtages des Regierungsbezirkes Wiesbaden von dem Minister des Innern zu erlassendes Regulativ geordnet.

13. Von der Errichtung des Kassenverbandes

(§. 12) kann abgesehen werden, so lange die auf Grund des Beschlusses des Kommunallandtages vom 18. April 1896 und der landesherrlichen Genehmigung vom 12. Juli 1896 begründeten Ruhegehaltskasse und Wittwen- und Waisenkasse für die Kommunalbeamten des Regierungsbezirkes Wiesbaden bestehen und die Zahlung der nach diesem Gesetze an Forstschutzbeamte und deren Hinterbliebene zu gewährenden Pensionen und Wittwen- und Waisengelder übernehmen.

14. Denjenigen Gemeinden, welche anderweit ausreichend für die Pensionirung ihrer Forstschutzbeamten und die Versorgung von deren Wittwen und Waisen gesorgt haben, kann von dem Regierungspräsidenten das Fernbleiben von dem Kassenverbande oder der Wiederaustritt aus demselben gestattet werden, sofern dadurch die Interessen des Kassenverbandes nicht verletzt werden.

15. Die beim Inkrafttreten dieses Gesetzes bereits seit länger als Jahresfrist in derselben Stellung befindlichen Forstschutzbeamten, deren Gesammtjahreseinkommen sich einschließlich der Nebeneinnahmen auf mindestens 400 Mark beläuft, sind, falls sie nicht ausdrücklich darauf verzichten, als lebenslänglich angestellt anzusehen.

16. Dieses Gesetz tritt mit dem 1. April 1898 in Kraft. Gleichzeitig werden die entgegenstehenden Bestimmungen aufgehoben.

Urkundlich unter Unserer Höchsteigenhändigen Unterschrift und beigedrucktem Königlichen Insiegel.

Gegeben Hubertusstock, den 12. Oktober 1897.

D. Gemeinde-Feld- und Forsthüter.

Feld- und Forstpolizeigesetz vom 1. April 1880 (G.S. S. 230).

Feldhüter (Forsthüter) im Sinne dieses Gesetzes sind die von einer Stadtgemeinde, von einer Landgemeinde .... für den Feldschutz (Forstschutz) angestellten Personen.

Die Anstellung der Feldhüter (Forsthüter) bedarf der Bestätigung nach den für Polizeibeamte gegebenen Vorschriften[1]) und soweit solche nicht bestehen .... der Bestätigung des Landraths.

(Außerdem K.B.G. §§. 1—7.)

XIII. Pensionswesen.

(K.B.G. §§. 12, 13, 14.)

Oertel, Städteordnung 3. Auflage 1900, S. 525 ff.

Vorbemerkung.

Dasselbe gesetzliche Pensionsrecht, wie die unmittelbaren Staatsbeamten haben

---

[1]) Siehe Zusatz zu K.B.G. §. 11 Abs. 2 Seite 77, 78.

1. die städtischen Beamten (K.B.G. §. 12 Abs. 1) mit Ausnahme der Magistratsmitglieder. Für letztere gilt K.B.G. §. 14;
2. die Beamten der rheinischen Landbürgermeistereien, der westfälischen Aemter, sowie die Gemeinde-einnehmer dieser Provinzen (K.B.G. §. 19). Auch die besoldeten Landgemeindebeamten in der Provinz Hessen-Nassau (H.-N.L.G.O. §§. 85—87, K.B.G. §. 25 Nr. 2);
3. die Kreiscommunalbeamten (K.B.G. §. 21);
4. die Forstbeamten der Landgemeinden der Rheinprovinz und der Provinz Westfalen.

Für die Pensionirung der ländlichen Forstbeamten der Rheinprovinz und von Westfalen gilt lediglich K.B.G. §. 23 Nr. 3, wodurch das Gesetz

betreffend die Pensionsberechtigung der Gemeindeforstbeamten in der Rheinprovinz vom 11. September 1865 (G.S. S. 989)

und das Gesetz

betreffend die Abänderung einiger Bestimmungen wegen der Pensionirung der Gemeindebeamten in den Landgemeinden der Rheinprovinz vom 21. Juli 1891 (G.S. S. 330)

aufgehoben sind.

An ihre Stelle sind getreten

K.B.G. §§. 12, 13, 15.

Die städtischen Forstbeamten dieser Provinzen fallen unter Nr. 1.

5. Die Forstschutzbeamten der Gemeinden im Regierungsbezirk Wiesbaden mit Ausschluß des vormals Hessen-Homburgischen Gebietes und des Stadtkreises Frankfurt am Main. Ges. v. 12. Okt. 1897 §. 7 (G.S. S. 411)

Außerdem ist

6. den Beamten der Provinzialverbände, der Bezirksverbände Cassel und Wiesbaden, sowie des Lauenburgischen Landescommunalverbandes durch besondere Reglements dieselbe Pensionsberechtigung wie den unmittelbaren Staatsbeamten verliehen.

7. Fakultativ kann die Pensionsberechtigung eingeführt werden durch Beschluß des Kreisausschusses für die Beamten
   a) der Landgemeinden,
   b) der Amtsbezirke,
   c) der Zweckverbände.

K.B.G. §. 18 Abs. 2 und 4.

I. Pensionirung der Magistratsmitglieder.

K.B.G. §. 14 Abs. 1.

Betreffs der .... Pensionirung der Mitglieder des kollegialischen Gemeindevorstandes (Magistrats), sowie in Städten ohne kollegialischen Gemeindevorstand der Bürgermeister und deren Stellvertreter (zweite Bürgermeister, Beigeordnete), bewendet es bei den bestehenden Bestimmungen*) mit der Aenderung, daß die Pension vom vollendeten zwölften Dienstjahre ab bis zum vierundzwanzigsten Dienstjahre alljährlich um 1/60 steigt.

A. Oestliche und Westfälische Städteordnung.

65 Abs. 1. Den (nicht auf Lebenszeit angestellten [Westf. St.O.]) Bürgermeistern und den besoldeten Mitgliedern des Magistrats sind, sofern nicht mit Genehmigung des Bezirksausschusses (Z.G. §. 16 Abs. 3, für Berlin des Oberpräsidenten L.V.G. §. 43 Abs. 3) eine Vereinbarung wegen der Pension getroffen ist, bei eintretender Dienstunfähigkeit, oder wenn sie nach abgelaufener Wahlperiode nicht wieder gewählt werden, folgende Pensionen zu gewähren:

1/4 des Gehalts nach 6jähriger Dienstzeit,
1/2 des Gehalts nach 12jähriger Dienstzeit.

Die Pension steigt vom vollendeten zwölften Dienstjahre ab bis zum vierundzwanzigsten Dienstjahre alljährlich um 1/60. (K.V.G. §. 14 Abs. 1.)

Abs. 4. Die Pension fällt fort, oder ruht insoweit, als der Pensionirte durch anderweitige Anstellung im Staats- oder Gemeindedienste ein Einkommen oder eine neue Pension erwirbt, welche mit

*) Gilt nicht für den Bereich der Hannoverschen Städteordnung. Siehe weiter unter G (Besondere Bestimmungen für Hannover).

Zurechnung der ersten Pension sein früheres Einkommen übersteigen.

Streitige Pensionsansprüche der Magistratsmitglieder werden nach K.B.G. §. 7 Abs. 1 erledigt. (Seite 74.)

B. Rheinische Städteordnung.

59 Abs. 1. Den nicht auf Lebenszeit angestellten Bürgermeistern und besoldeten Beigeordneten sind, sofern nicht mit Genehmigung des Bezirksausschusses (Z.G. §. 16 Abs. 3) eine Vereinbarung wegen der Pension getroffen ist, bei eintretender Dienstunfähigkeit, oder wenn sie nach abgelaufener Dienstperiode nicht wieder bestellt werden, folgende Pensionen zu gewähren:

ein Viertel des Gehalts nach sechsjähriger Dienstzeit,

die Hälfte des Gehalts nach zwölfjähriger Dienstzeit.

Die Pension steigt vom vollendeten zwölften Dienstjahre ab bis zum vierundzwanzigsten Dienstjahre alljährlich um $^1/_{60}$. (K.B.G. §. 14 Abs. 1.)

Abs. 4. Die Pension fällt fort oder ruht insoweit, als der Pensionirte durch anderweitige Anstellung im Staats- oder Gemeindedienste ein Einkommen oder eine neue Pension erwirbt, welche, mit

Zurechnung der ersten Pension, sein früheres Einkommen übersteigen.

Streitige Pensionsansprüche des Bürgermeisters und der Beigeordneten werden gemäß K.B.G. §. 7 Abs. 1 behandelt. (Seite 74.)

C. Schleswig-Holsteinische Städteordnung.

78 Abs. 1. Den auf eine bestimmte Amtsperiode angestellten Bürgermeistern und besoldeten Mitgliedern des Magistrats sind, sofern nicht mit Genehmigung des Bezirksausschusses (Z.G. §. 16 Abs. 3) eine besondere Vereinbarung wegen der Pension getroffen ist, bei eintretender Dienstunfähigkeit, oder wenn sie nach abgelaufener Wahlperiode nicht wieder gewählt, beziehungsweise die Bürgermeister und Beigeordneten nicht wieder bestätigt werden, folgende Pensionen zu gewähren:

$^1/_4$ des Gehalts nach 6jähriger Dienstzeit,
$^1/_2$ des Gehalts nach 12jähriger Dienstzeit.

Die Pension steigt vom vollendeten zwölften Dienstjahre ab bis zum vierundzwanzigsten Dienstjahre alljährlich um $^1/_{60}$. (K.B.G. §. 14 Abs. 1.)

Abs. 2. Als pensionsfähiges Gehalt werden nur die fixirten Besoldungsbeträge, einschließlich etwaiger Naturalgenüsse und fester persönlicher Gehaltszulagen, nicht aber Entschädigungen für Dienstunkosten, steigende und fallende Dienstemolumente für besondere Amtsverrichtungen, oder sonstige lediglich accidentielle Dienstgenüsse gerechnet.

Abs. 5. Die Pension fällt fort oder ruht insoweit, als der Pensionirte durch anderweite Beschäftigung oder Anstellung im Staats- oder Gemeindedienste ein Einkommen oder eine neue Pension erwirbt, welche mit Zurechnung der ersten Pension sein früheres Einkommen übersteigen.

Streitige Pensionsansprüche der Magistratsmitglieder fallen unter K.B.G. §. 7 Abs. 1. (Seite 74.)

D. Frankfurter Gemeindeverfassungsgesetz.

72. Den Bürgermeistern und den besoldeten Magistratsmitgliedern sind, sofern nicht mit Genehmigung des Bezirksausschusses (Z.G. §. 16 Abs. 3) eine Vereinbarung wegen der Pension getroffen ist, bei eintretender Dienstunfähigkeit oder wenn sie nach abgelaufener Amtsperiode nicht wiedergewählt, beziehungsweise die Bürgermeister nicht wieder ernannt oder nicht wieder bestätigt werden, folgende Pensionen zu gewähren:

$^1/_4$ des Gehalts nach 6jähriger Dienstzeit,
$^1/_2$ des Gehalts nach 12jähriger Dienstzeit.

Die Pension steigt vom vollendeten zwölften Dienstjahre ab bis zum vierundzwanzigsten Dienstjahre alljährlich um $^1/_{60}$. (K.B.G. §. 14 Abs. 1.)

Die Pension fällt fort oder ruht insoweit, als der Pensionirte durch anderweitige Anstellung im Staats- oder Gemeindedienst ein Einkommen oder eine neue Pension erwirbt, welche mit Zurechnung der ersten Pension sein früheres Einkommen übersteigen.

Streitige Pensionsansprüche der Bürgermeister und Magistratsmitglieder werden nach K.B.G. §. 7 Abs. 1 behandelt. (Seite 74.)

E. Hessen-Nassauische Städteordnung.

70. Den besoldeten Bürgermeistern, Beigeordneten und übrigen Mitgliedern des Magistrats sind, sofern nicht mit Genehmigung des Bezirksausschusses eine Vereinbarung wegen der Pension getroffen ist, bei eintretender Dienstunfähigkeit, oder wenn sie nach abgelaufener Wahlperiode nicht wieder gewählt werden, folgende Pensionen zu gewähren:

ein Viertel der Besoldung nach sechsjähriger Dienstzeit,

die Hälfte der Besoldung nach zwölfjähriger Dienstzeit.

Die Pension steigt vom vollendeten zwölften Dienstjahre ab bis zum vierundzwanzigsten Dienstjahre alljährlich um $^1/_{60}$. (K.B.G. §. 14 Abs. 1.)

72. Die Pension fällt fort, oder ruht insoweit, als der Pensionirte durch anderweitige Anstellung im Staats- oder Gemeindedienste ein Einkommen oder eine neue Pension erwirbt, welche mit Zurechnung der ersten Pension sein früheres Einkommen übersteigen.

74. Betrifft Verfolgung der Pensionsansprüche 2c. Ersetzt durch K.B.G. §. 7 Abs. 1. (Seite 74.)

F. Besondere Bestimmungen für Hannover.

K.B.G. §. 14 Abs. 2.

In der Provinz Hannover findet, unter entsprechender Aufhebung der Vorschrift des §. 64 Abs. 2 der revidirten Städteordnung vom 24. Juni 1858 (Hannoversche Gesetzsammlung S. 141), auch auf die im Absatz 1 gedachten Beamten (Magistratsmitglieder) die Berechnung der Pension nach Maßgabe des §. 8 des Gesetzes vom 31. März 1882, betreffend die Abänderung des Pensionsgesetzes vom 27. März 1872 (Gesetzsammlung 1882 S. 133), Anwendung.

Hannoversche Städteordnung.

64 Abs. 1. Werden besoldete Mitglieder des Magistrats nach §. 44 (H.St.O.) in Ruhestand versetzt, so erhalten sie, wenn ihre Dienstzeit eine zwölfjährige war, die Hälfte, wenn sie eine vierundzwanzigjährige war, zwei Dritttheile der Diensteinnahme aus der Stadtkasse als Ruhegehalt.

Abs. 2. Im Uebrigen kommen hinsichtlich der Pensionirung von besoldeten Magistratsmitgliedern die für Königliche Diener durch das Gesetz über die

Verhältnisse der Königlichen Diener festgestellten Bestimmungen in Anwendung.

Abs. 3. Das gänzliche oder theilweise Aufhören des Ruhegehalts richtet sich nach denselben Vorschriften.

Zusatz zu H.St.O. §. 64 Abs. 1.

H.St.O. §. 44. Die Mitglieder des Magistrats werden auf Lebenszeit gewählt. Jedoch können dieselben auch wider ihren Willen nach Ablauf von je zwölf Jahren nach der Wahl auf Antrag des Magistrats und der Bürgervorsteher vom Minister des Innern in den Ruhestand versetzt werden.

Dieser Antrag erfordert, wenn er sich auf ein besoldetes Magistratsmitglied bezieht, den übereinstimmenden Beschluß des Magistrats und der Bürgervorsteher; wogegen hinsichtlich der unbesoldeten Magistratsmitglieder bei etwa eintretender Meinungsverschiedenheit beider Kollegien das im §. 107 (H.St.O.) bezeichnete Verfahren Anwendung findet.

Das Maß des den Magistratsmitgliedern in solchem Falle zu bewilligenden Ruhegehalts ist nach Maßgabe des §. 64 (H.St.O.) zu bestimmen.

H.St.O. §. 107. Die Berathung in den Versammlungen des Magistrats und der Bürgervorsteher erfolgen gemeinschaftlich.

Jedoch kann vor der Abstimmung auf Anordnung des Vorsitzenden, oder auf Antrag des Wortführers, oder auf einen von zwei andern Bürgervorstehern unterstützten Antrag eines Bürgervorstehers eine abgesonderte Berathung des Magistrats und der Bürgervorsteher eintreten.

Die Abstimmung ist eine abgesonderte. Zunächst erfolgt die Abstimmung der Bürgervorsteher und sodann die des Magistrats.

Bei Gleichheit der Stimmen unter den Bürgervorstehern entscheidet die Stimme des Wortführers.

Ist der Beschluß des Magistrats abweichend von dem der Bürgervorsteher und eine Einigung auch durch eine weitere, jedoch nicht an demselben Tage vorzunehmende Verhandlung nicht zu erreichen, so tritt Beschlußfassung des Bezirksausschusses ein, wenn selbige vom Magistrate oder von den Bürgervorstehern beantragt wird und zugleich die Angelegenheit nicht auf sich beruhen bleiben kann (Z.G. §. 17 Abs. 1). Der Magistrat ist verpflichtet, solche Entscheidung zu erwirken, wenn dies von den Bürgervorstehern beantragt wird, oder wenn die Angelegenheit nicht ruhen bleiben kann.

Vor Einholung der Entscheidung des Bezirksausschusses kann sowohl von dem Magistrate, als von dem Bürgervorsteher-Kollegium zur Herbeiführung einer Verständigung die Einsetzung einer gemeinschaftlichen Kommission verlangt werden.

Zusatz zu H.St.O. §. 64 Abs. 2.

Vorbemerkung: Nur die Berechnung der Pension richtet sich nach §. 8 des Pensionsgesetzes in der Fassung der Novelle vom 31. März 1882.*) Die sonstigen Vorschriften über Pensionirung sind in den §§. 64, 44 H.St.O. enthalten. §. 44 behandelt einen singulären Fall, §. 64 Abs. 2 verweist dagegen auf das

Hannoversche Gesetz über die Verhältnisse der Königlichen Diener vom 24. Juni 1858.

(Hannov. Ges.S. S. 119.)

64. Die Versetzung in Ruhestand mit Ruhegehalt (Pension) kann erfolgen, wenn ein Königlicher Diener wegen Altersschwäche oder anderer körperlicher oder geistiger Gebrechen seinen Dienstpflichten nicht mehr genügen kann, in welchem Falle nach §. 175 des Landesverfassungsgesetzes ein Anspruch auf Ruhegehalt stattfindet. (§. 175 des Hannov. Landesverfassungsgesetzes ist als Zusatz zu §. 70 H.St.O. weiter unten abgedruckt Seite 347.)

65. Dieselbe kann sowohl von Amtswegen, als auf Antrag des Königlichen Dieners erfolgen.

66. Die Dienstunfähigkeit muß durch ein gehörig zu begründendes Zeugniß der Vorgesetzten, sowie geeignetenfalls durch ärztliche Bescheinigung dargethan sein. Auch muß der Königliche Diener,

---

*) Siehe unter II Pensionirung der sonstigen städtischen Beamten. (Seite 348.)

wenn er die Pensionirung nicht beantragt hat, mit seinen etwaigen Einwendungen dagegen gehört werden, mit Ausnahme jedoch des in §. 102 vorgesehenen Falles.

102. (Betrifft Pensionirung derjenigen auf Wartegeld gesetzten Personen, die nach fünf Jahren nicht wieder angestellt werden) für Kommunalbeamte unpraktisch.

H.St.O. §. **65.** Die Zuordnung eines Hülfsarbeiters statt der Versetzung in den Ruhestand kann jedoch nur unter Zustimmung der Bürgervorsteher verfügt werden.

66. Ferner wird die Dienstzeit, in Ermangelung einer entgegenstehenden Vereinbarung, nur von der Zeit an gerechnet, wo das Magistratsmitglied in den Dienst der Stadt getreten ist.

69 Abs. 1. Darüber, ob nach den gesetzlichen Bestimmungen eine Versetzung in den Ruhestand eintreten müsse, entscheidet, in Ermangelung eines Einverständnisses zwischen der Stadt und den Betheiligten der Minister des Innern. Die Pensionirung solcher städtischen Angestellten, welche zum Königlichen Dienste gehörige Geschäfte zu besorgen haben, kann von dem Könige beim Vorhandensein der gesetzlichen Bedingungen auch ohne den Antrag der Stadt oder der Betheiligten angeordnet werden, falls nicht der Magistrat auf andere genügende Weise für die Wahrnehmung der Geschäfte sorgt.

Abs. 2 ist weggefallen.

Anmerkung. Nach Z.G. §§. 20, 21 und Disziplinargesetz vom 21. Juli 1852 §. 95 Abs. 2 (siehe unter XVI Disziplinarverhältnisse) hat, wenn ein Beamter vor dem Zeitpunkte, mit welchem eine Pensionsberechtigung für ihn eingetreten sein würde, dienstunfähig geworden ist, der Bezirksausschuß über die Thatsache der Dienstunfähigkeit in dem für die Entfernung aus dem Amte vorgesehenen Verfahren Entscheidung zu treffen. Im Uebrigen bleibt H.St.O. §. 69 maßgebend.

70. Entlassung der Magistratsmitglieder auf deren Ansuchen (§§. 175 und 176 des Landesverfassungsgesetzes, beziehungsweise §. 43 dieses Gesetzes — H.St.O. —) ertheilt der Magistrat nach Anhörung der Bürgervorsteher.

(§. 43 H.St.O. betrifft nur die unbesoldeten Senatoren.)

Zusatz zu H.St.O. §. 70. Hannov. Landesverfassungsgesetz vom 6. August 1840.

(Hannov. G.S. S. 141.)

175. Diejenigen Königlichen Diener, welche wegen Altersschwäche, oder anderen körperlichen oder geistigen Gebrechen ihren Dienstpflichten nicht mehr Genüge leisten können, und daher in den Ruhestand gesetzt werden müssen, sollen eine ihren Dienstjahren und ihrer Diensteinnahme angemessene Pension erhalten.

176. Keinem Königlichen Civildiener soll die nachgesuchte Entlassung vom Amte verweigert werden.

Indeß muß er sich vor dem wirklichen Austritte aus dem Dienste, auf Verlangen seiner vorgesetzten Behörde, aller ihm deshalb obliegenden Verbindlichkeiten vollständig entledigen.

II. Pensionirung der sonstigen städtischen Beamten ausschließlich der Magistratsmitglieder.

(Die Hannoverschen städtischen Beamten unterliegen hier den gleichen gesetzlichen Bestimmungen, wie die städtischen Beamten der anderen Provinzen, Freytag, Kommentar zum K.B.G. S. 82.)

1. Bestimmungen des Communalbeamtengesetzes.

K.B.G. §. 12 Abs. 1.

Die städtischen Beamten[1]) erhalten bei eintretender Dienstunfähigkeit — sofern nicht mit Genehmigung des Bezirksausschusses[2]) ein Anderes festgesetzt ist — Pension nach den für die Pensionirung der Staatsbeamten geltenden Grundsätzen, wobei

---

[1]) Mitglieder des kollegialischen Gemeindevorstandes (Magistrats), sowie in Städten ohne solchen die Bürgermeister und deren Stellvertreter (zweite Bürgermeister, Beigeordnete) gehören nicht dazu (K.B.G. §. 14). Ebensowenig die auf Probe, zu vorübergehenden Dienstleistungen oder zur Vorbereitung angestellten städtischen Beamten, sowie solche Personen, welche ein städtisches Amt nur als Nebenamt oder als Nebenthätigkeit ausüben, oder ein städtisches Amt führen, das seiner Art oder seinem Umfange nach nur als eine Nebenthätigkeit anzusehen ist. (K.B.G. §. 2.)

[2]) Für Berlin des Oberpräsidenten (L.V.G. §. 43).

Art. III des Gesetzes vom 31. März 1882, betreffend die Abänderung des Pensionsgesetzes vom 27. März 1872 (Gesetz-Samml. 1882 S. 133), insoweit er nicht durch das Gesetz vom 1. März 1891 (Gesetz-Samml. S. 19) abgeändert ist, unberührt bleibt.[1])

2. Gesetz, betreffend die Pensionirung der unmittelbaren Staatsbeamten vom 27. März 1872 (G.S. S. 268) mit den beiden Novellen vom 31. März 1882 (G.S. S. 133) und 30. April 1884 (G.S. S. 126) in der für Communalbeamte geltenden Fassung.

Vorbemerkung.

Die Novelle von 1882 hat die §§. 1 Abs. 3, 8, 16 Abs. 1 und §. 30 Abs. 1 des Pensionsgesetzes geändert und bestimmt, daß diese Aenderungen ausschließlich Anwendung auf unmittelbare Staatsbeamte finden.

Die Novelle von 1884 hat die §§. 10 Nr. 2 und 21—23 geändert.

Eine Novelle vom 20. März 1890 (G.S. S. 43) hat §. 19 Abs. 1 geändert, der aber hier nicht interessirt.

Das Gesetz vom 1. März 1891 (G.S. S. 19) hat die Grundsätze der §§. 8 und 16 Pens.-Ges. in der Fassung

---

[1]) Der Schlußsatz (wobei Art. III u. s. w.) soll lediglich bedeuten, daß §§. 8 und 16 des Pensionsgesetzes vom 27. März 1872 in der durch das Gesetz vom 31. März 1882 geänderten Fassung auch auf städtische Beamte Anwendung finden, nicht aber §. 1 Abs. 3 und 30 Abs. 1 Pens.-Ges. Die Bestimmungen des §. 1 Abs. 3 können aber durch Ortsstatut auch für städtische Beamte eingeführt werden (K.B.G. §. 12 Abs. 3). Auch für Kreisbeamte durch Beschlußfassung des Kreistages, die der Genehmigung des Bezirksausschusses unterliegt (K.B.G. §. 21).

der Novelle von 1882 auch auf mittelbare Staatsbeamte für anwendbar erklärt.

Wir Wilhelm, von Gottes Gnaden König von Preußen ꝛc. verordnen mit Zustimmung beider Häuser des Landtages Unserer Monarchie, was folgt:

1 Abs. 1. Jeder pensionsberechtigte Communalbeamte erhält eine lebenslängliche Pension, wenn er nach einer Dienstzeit von wenigstens zehn Jahren in Folge eines körperlichen Gebrechens oder wegen Schwäche seiner körperlichen oder geistigen Kräfte zu der Erfüllung seiner Amtspflichten dauernd unfähig ist, und deshalb in den Ruhestand versetzt wird.

Abs. 2. Ist die Dienstunfähigkeit die Folge einer Krankheit, Verwundung oder sonstigen Beschädigung, welche der Beamte bei Ausübung des Dienstes oder aus Veranlassung desselben ohne eigene Verschuldung sich zugezogen hat, so tritt die Pensionsberechtigung auch bei kürzerer als zehnjähriger Dienstzeit ein.

Abs. 3 (in der Fassung des Art. I §. 1 Ges. v. 31. März 1882 (G.S. S. 133) und mit den Aenderungen der §§. 12 Abs. 3, 21 des Communalbeamtengesetzes). Eingetretene Dienstunfähigkeit ist nicht Vorbedingung des Anspruchs auf Pension bei denjenigen städtischen Beamten, welche das fünfundsechzigste Lebensjahr vollendet haben, sofern dies durch Ortsstatut festgesetzt ist, bei denjenigen Kreiscommunalbeamten, welche das fünfundsechzigste Lebensjahr vollendet haben, sofern dies durch die, der Genehmigung des Bezirksausschusses unterliegende Beschlußfassung des Kreistages festgesetzt ist.

2. Die unter dem Vorbehalte des Widerrufes oder der Kündigung angestellten Communalbeamten haben einen Anspruch auf Pension nach Maßgabe des §. 12 Abs. 1 des Communalbeamtengesetzes*) und des vorstehenden §. 1.

3—4 sind auf Communalbeamte nicht anwendbar.

5 (K.B.G. §. 2 Abs. 2). Communalbeamte, deren Zeit und Kräfte durch die ihnen übertragenen Geschäfte nur nebenbei in Anspruch genommen, oder welche ausdrücklich nur auf eine bestimmte Zeit oder für ein seiner Natur nach vorübergehendes Geschäft angenommen werden, erwerben keinen Anspruch auf Pension nach den Bestimmungen dieses Gesetzes.

Darüber, ob eine Dienststellung eine solche ist, daß sie die Zeit und Kräfte eines Beamten nur nebenbei in Anspruch nimmt, entscheidet mit Ausschluß des Rechtsweges die dem Beamten vorgesetzte Dienstbehörde (beziehungsweise di'e Aufsichtsbehörde).

Vergl. Anm. 1 zu K.B.G. §. 12 Abs. 1 unter XIII Pensionswesen II, 1 Seite 348.

---

*) Seite 78.

6. Auf Communalbeamte nicht anwendbar.

7. Wird außer dem im zweiten Absatze des §. 1 bezeichneten Falle ein Beamter vor Vollendung des zehnten Dienstjahres dienstunfähig und deshalb in den Ruhestand versetzt, so kann demselben bei vorhandener Bedürftigkeit durch die zur Vertretung der betreffenden Communalverbände berechtigten Behörden eine Pension entweder auf bestimmte Zeit oder lebenslänglich bewilligt werden.

8. in der Fassung des Art. I Ges. v. 31. März 1882 (G.S. S. 133).

Die Pension beträgt, wenn die Versetzung in den Ruhestand nach vollendetem zehnten, jedoch vor vollendetem elften Dienstjahre eintritt, $^{15}/_{60}$ und steigt von da ab mit jedem weiter zurückgelegten Dienstjahre um $^{1}/_{60}$ des in den §§. 10 bis 12 bestimmten Diensteinkommens.

Ueber den Betrag von $^{45}/_{60}$ dieses Einkommens hinaus findet eine Steigerung nicht statt.

In dem im §. 1 Absatz 2 erwähnten Falle beträgt die Pension $^{15}/_{60}$, in dem Falle des §. 7 höchstens $^{15}/_{60}$ des vorbezeichneten Diensteinkommens.

9. Bei jeder Pension werden überschießende Thalerbrüche auf volle Thaler*) abgerundet.

10. Der Berechnung der Pension wird das von dem Beamten zuletzt bezogene gesammte Dienst-

*) Die in der Reichswährung nach Mark berechneten Pensionsbeträge müssen also durch drei theilbar sein.

einkommen, soweit es nicht zur Bestreitung von Repräsentations- oder Dienstaufwandskosten gewährt wird, nach Maßgabe der folgenden näheren Bestimmungen zu Grunde gelegt.

1. Feststehende Dienstemolumente, namentlich freie Dienstwohnung, sowie die anstatt derselben gewährte Miethsentschädigung, Feuerungs- und Erleuchtungsmaterial, Naturalbezüge an Getreide, Winterfutter u. s. w., sowie der Ertrag von Dienstgrundstücken kommen nur insoweit zur Anrechnung, als deren Werth in den Besoldungsetats auf die Geldbesoldung des Beamten in Rechnung gestellt, oder zu einem bestimmten Geldbetrage als anrechnungsfähig bezeichnet ist.

2. in der Fassung des Gesetzes vom 30. April 1884 (G.S. S. 126).

   Dienstemolumente, welche ihrer Natur nach steigend und fallend sind, werden nach den in den Besoldungs-Etats oder sonst bei Verleihung des Rechts auf diese Emolumente deshalb getroffenen Festsetzungen und in Ermangelung solcher Festsetzungen nach ihrem durchschnittlichen Betrage während der drei letzten Etatsjahre vor dem Etatsjahre, in welchem die Pension festgesetzt wird, zur Anrechnung gebracht.

3. Bloß zufällige Diensteinkünfte, wie widerrufliche Tantième, Commissionsgebühren, außerordent-

liche Remunerationen, Gratifikationen und dergleichen kommen nicht zur Berechnung.

4. (Auf Communalbeamte nicht anwendbar.)

5. Wenn das nach den Bestimmungen dieses Paragraphen ermittelte Einkommen eines Beamten insgesammt mehr als 12000 Mark beträgt, wird von dem überschießenden Betrag nur die Hälfte in Anrechnung gebracht.

11. (Auf Communalbeamte nicht anwendbar.)

12. Das mit Nebenämtern oder Nebengeschäften verbundene Einkommen begründet nur dann einen Anspruch auf Pension, wenn eine etatsmäßige Stelle als Nebenamt bleibend verliehen ist.

13. Die Dienstzeit wird vom Tage der Ableistung des Diensteides gerechnet. Kann jedoch ein Beamter nachweisen, daß seine Vereidigung erst nach dem Zeitpunkte seines Eintritts in den Communaldienst stattgefunden hat, so wird die Dienstzeit von diesem Zeitpunkte an gerechnet.

An Stelle der §§. 14 und 15 tritt

K.B.G. §. 12 Abs. 2.

(Siehe Seite 78.)

Anm. 1. Anrechnung der Militärdienstzeit bei Militäranwärtern.

Militärpensionsgesetz vom 27. Juni 1871 §. 107 in der Fassung des Gesetzes vom 22. Mai 1893:

Den im Civilstaatsdienst, sowie im Communal- und Institutendienst xc. angestellten Militäranwärtern und forstversorgungsberechtigten Personen des Jägercorps wird nach

Maßgabe der Bestimmungen in den §§. 48 ff. des Reichsbeamtengesetzes vom 31. März 1873 die Militärdienstzeit bei Ermittelung der Pension als pensionsfähige Dienstzeit in Anrechnung gebracht, wenn und insoweit nach Landesrecht eine Anrechnung der Zeit stattfindet, welche im Civildienst der Erlangung einer festen, mit Anspruch oder Aussicht auf Pension verbundenen Anstellung verbracht wurde.

Landesrechtliche Bestimmungen, welche hinsichtlich der Anrechnung der Militärdienstzeit günstiger sind, bleiben unberührt.

Für die Preußischen Communalbeamten ist die Militärdienstzeit daher stets anzurechnen (Entsch. R.G. v. 27. Febr. 1896. Entsch. Civilsach. Bd. 37 S. 235).

Anm. 2. Anrechnung der Dienstzeit bei Beamten der Bürgermeistereien in der Rheinprovinz und der Aemter in der Provinz Westfalen, sowie der Gemeindeeinnehmer in beiden Provinzen.

K.B.G. §. 19 Nr. 2.

(Siehe Seite 86.)

Anm. 3. Anrechnung der Dienstzeit bei den Forstbeamten der Landgemeinden in der Rheinprovinz und in der Provinz Westfalen.

K.B.G. §. 23 Nr. 3.

(Siehe Seite 87.)

Anm. 4. Anrechnung der Dienstzeit bei den Forstschutzbeamten der Gemeinden und öffentlichen Anstalten im Regierungsbezirke Wiesbaden mit Ausschluß des vormals Landgräflich Hessen-Homburgischen Gebietes und des Stadtkreises Frankfurt a. M.

§. 7 Abs. 2 Ges. v. 12. Oktober 1897 (G.S. S. 411.)

(Abgedruckt unter Nr. XII 3 (Gemeindeforstbeamte.)

16 Absatz 1 in der Fassung des Artikel I. Ges. v. 31. März 1882. (G.S. S. 133.)

Die Dienstzeit, welche vor den Beginn des einundzwanzigsten Lebensjahres fällt, bleibt außer Berechnung.

Abs. 2. Nur die in die Dauer eines Krieges fallende und bei einem mobilen oder Ersatztruppentheile abgeleistete Militärdienstzeit kommt ohne Rücksicht auf das Lebensalter zur Anrechnung.

Abs. 3. Als Kriegszeit gilt in dieser Beziehung die Zeit vom Tage einer angeordneten Mobilmachung, auf welche ein Krieg folgt, bis zum Tage der Demobilmachung.

17. Für jeden Feldzug, an welchem ein Beamter im Preußischen oder im Reichsheer oder in der Preußischen oder Kaiserlichen Marine derart Theil genommen hat, daß er wirklich vor den Feind gekommen oder in dienstlicher Stellung den mobilen Truppen in das Feld gefolgt ist, wird demselben zu der wirklichen Dauer der Dienstzeit Ein Jahr zugerechnet.

Ob eine militärische Unternehmung in dieser Beziehung als ein Feldzug anzusehen ist, und inwiefern bei Kriegen von längerer Dauer mehrere Kriegsjahre in Anrechnung kommen sollen, dafür ist die nach §. 23 des Reichsgesetzes vom 27. Juni 1871 (Reichs-Gesetzbl. S. 275) in jedem Falle ergehende Bestimmung des Kaisers maßgebend.

Für die Vergangenheit bewendet es bei den hierüber durch Königliche Erlasse gegebenen Vorschriften.

18—19 betreffen Anrechnung der Dienstzeit.

Auf Communalbeamte nicht anwendbar.

Siehe §. 14 (K.B.G. §. 12 Abs. 2) Seite 354.

20. Zum Erweise der Dienstunfähigkeit eines seine Versetzung in den Ruhestand nachsuchenden Beamten ist die Erklärung der demselben unmittelbar vorgesetzten Dienstbehörde erforderlich, daß sie nach pflichtmäßigem Ermessen den Beamten für unfähig halte, seine Amtspflichten ferner zu erfüllen.

Inwieweit noch andere Beweismittel zu erfordern, oder der Erklärung der unmittelbar vorgesetzten Behörde entgegen für ausreichend zu erachten sind, hängt von dem Ermessen der Aufsichtsbehörde ab.

Vorbemerkung zu §§. 21—23.

Die Aenderungen dieser §§. durch die Novelle vom 30. April 1884 (G.S. S. 126) kommen für Communalbeamte nicht in Betracht.

21. Die Bestimmung darüber, ob und zu welchem Zeitpunkte der Antrag eines Communalbeamten auf Versetzung in den Ruhestand stattzugeben ist, erfolgt durch die Communalverwaltungsbehörde.[1])

---

[1]) Siehe unter XIV (Gnadenquartal und Gnadenmonate) 1 Anm. *).

Bei denjenigen Communalbeamten, welche durch den König zu ihren Aemtern ernannt[1]) worden sind, ist die Genehmigung des Königs zu ihrer Versetzung in den Ruhestand erforderlich.

22. Die Entscheidung darüber, ob und welche Pension einem Communalbeamten bei seiner Versetzung in den Ruhestand zusteht, erfolgt durch die Communalbehörden:*)

*) 1. Landgemeinden: Gemeindevorsteher und Gemeindeausschuß bezw. Gemeindeversammlung.
2. Amtsverbände: Amtsvorsteher und Amtsversammlung.
3. Westfälische Aemter: Amtmann und Amtsversammlung.
4. Rhein. Bürgermeistereien: Bürgermeister und Bürgermeistereiversammlung.
5. Zweckverbände: Verbandsvorsteher und Verbandsvertretung.
6. Städte: Magistrat und Stadtverordnetenversammlung, bez. in Städten ohne kollegialischen Gemeindevorstand, Bürgermeister und Stadtverordnetenversammlung.
7. Kreise:
8. Bezirksverbände:
9. Provinzen:
} nach den besonderen Bestimmungen der betreffenden Pensionsreglements.

23 ist ersetzt durch K.B.G. §. 7. (Seite 74.)

24. Die Versetzung in den Ruhestand tritt, sofern nicht auf den Antrag oder mit ausdrücklicher Zustimmung des Beamten ein früherer Zeitpunkt

[1]) Siehe Seite 9 Anm. 1.

festgesetzt wird, mit dem Ablauf des Vierteljahres ein, welches auf den Monat folgt, in welchem dem Beamten die Entscheidung über seine Versetzung in den Ruhestand und die Höhe der ihm etwa zustehenden Pension bekannt gemacht worden ist.

Wegen Zwangspensionirung siehe die Anmerkungen zu §. 95 Diszipl.-Ges. unter Nr. XVI (Disziplinarverhältnisse).

25. Die Pensionen werden monatlich im Voraus gezahlt.

26. Das Recht auf den Bezug der Pension kann weder abgetreten noch verpfändet werden.

In Ansehung der Beschlagnahme der Pensionen bleiben die bestehenden Bestimmungen in Kraft. (Jetzt C.P.O. §. 850 Nr. 8. Siehe Seite 23.)

27. Das Recht auf den Bezug der Pension ruht:

1. wenn ein Pensionär das deutsche Indigenat verliert, bis zu etwaiger Wiedererlangung desselben;
2. in der Fassung des K.B.G. §. **13**. Wenn und so lange ein Pensionär im Staats- oder Communaldienst ein Diensteinkommen oder eine neue Pension bezieht, insoweit als der Betrag des neuen Einkommens unter Hinzurechnung der zuvor erdienten Pension den Betrag des dem Beamten vor der Pensionirung bezogenen Diensteinkommens übersteigt.

Anm. zu §. 27. Abs. 1 gilt noch, obgleich er im §. 13 des Communalbeamtengesetzes nicht wiederholt ist. Derselben Ansicht Ledermann, Kommentar z. K.B.G. S. 85 Nr. 11 und Freytag S. 87 l. sowie Kantz-Appelius Seite 141. Vergl. auch §. 19 Ges. v. 20. 5. 82 S. 384. Anderer Ansicht Ebner im Verwaltungsarchiv Band 9 Heft 1, 1900, S. 70 oben.

28. Ein Pensionär, welcher in eine an sich zur Pension berechtigende Stellung des von ihm verlassenen Communaldienstes wieder eingetreten ist (§. 27 Nr. 2), erwirbt für den Fall des Zurücktretens in den Ruhestand den Anspruch auf Gewährung einer nach Maßgabe seiner nunmehrigen verlängerten Dienstzeit und des in der neuen Stellung bezogenen Diensteinkommens berechneten Pension nur dann, wenn die neu hinzutretende Dienstzeit wenigstens ein Jahr betragen hat.

Mit der Gewährung einer hiernach neu berechneten Pension fällt bis auf Höhe des Betrages derselben das Recht auf den Bezug der früher bezogenen Pension hinweg.

Abs. 3 ist für Communalbeamte nicht anwendbar.

29. Die Einziehung, Kürzung oder Wiedergewährung der Pension auf Grund der Bestimmungen in den §§. 27 und 28 tritt mit dem Beginn desjenigen Monats ein, welcher auf das, eine solche Veränderung nach sich ziehende Ereigniß folgt.

Im Falle vorübergehender Beschäftigung im Staats- oder Communaldienste gegen Tagegelder oder eine anderweite Entschädigung wird die Pension für die ersten sechs Monate dieser Beschäftigung unverkürzt, dagegen vom siebenten Monate ab nur zu dem nach den vorstehenden Bestimmungen zulässigen Betrage gewährt.

30. In Ansehung der unfreiwilligen Versetzung in den Ruhestand und des dabei stattfindenden Verfahrens behält es bei den §§. 94 - 96 des Disziplinargesetzes vom 21. Juli 1852 sein Bewenden. (Siehe unter Nr. XVI Disziplinarverhältnisse.)

31. Betrifft Sterbemonate. (Siehe unter XIV Gnadenquartal und Gnaden (Sterbe) monate. Seite 377 ff.

32. Ist die nach Maßgabe dieses Gesetzes bemessene Pension geringer als die Pension, welche dem Beamten hätte gewährt werden müssen, wenn er am 31. März 1872 nach den bis dahin für ihn geltenden Bestimmungen pensionirt worden wäre, so wird diese letztere Pension an Stelle der ersteren bewilligt.[1])

33—36. Auf Communalbeamte nicht anwendbar.

37 veraltet.

38. Das gegenwärtige Gesetz tritt mit dem

---

[1]) Dieselbe Bestimmung ist in Art. II der Novelle vom 31. März 1882 (Pensionirungstermin der 31. März 1882) und in Art. II der Novelle vom 1. März 1891 (Pensionirungstermin der 31. März 1891) enthalten.

1. April 1872 in Kraft.[1]) Mit diesem Zeitpunkte treten, soweit nicht durch §. 32 Ausnahmen bedingt werden, alle den Vorschriften dieses Gesetzes entgegenstehenden Bestimmungen, insbesondere das Pensionsreglement für die Civil=Staatsdiener vom 30. April 1825 und die dasselbe ergänzenden, erläuternden und abändernden Bestimmungen außer Kraft. Wo in den bestehenden Gesetzen und Verordnungen auf dieselben Bezug genommen wird, kommen die Bestimmungen des gegenwärtigen Gesetzes zur Anwendung.

Urkundlich unter Unserer Höchsteigenhändigen Unterschrift und beigedrucktem Königlichen Insiegel.

Gegeben Berlin, den 27. März 1872.

III. Besondere Bestimmungen für Bürgermeister und Beamte der Hessen-Nassauischen Landgemeinden.

K.B.G. §. 25 Abs. 2.

Unberührt bleiben

2. §§. 81—87 der Landgemeindeordnung für die Provinz Hessen=Nassau vom 4. August 1897 (G.S. S. 301), §. 84 indessen mit der Aenderung, daß die Pension vom vollendeten 12. Dienst=

---

[1]) Die Novelle vom 31. März 1882 trat am 1. April 1882 in Kraft.

Die Novelle vom 30. April 1884 am 1. Juli 1884.

Die Novelle vom 1. März 1891 am 1. April 1891.

Vergleiche die Vorbemerkung wegen der Pensionirung der andern Communalbeamten mit Ausnahme der städtischen.

jahre ab bis zum 24. Dienstjahre alljährlich um 1/60 steigt.

H.N.L.G.O. §. 84.

Den besoldeten Bürgermeistern sind, sofern nicht mit Genehmigung des Kreisausschusses eine Vereinbarung wegen der Pension getroffen ist, bei eintretender Dienstunfähigkeit, oder wenn sie nach abgelaufener Wahlperiode nicht wieder gewählt werden, folgende Pensionen zu gewähren:

ein Viertel der Besoldung nach sechsjähriger Dienstzeit,

die Hälfte der Besoldung nach zwölfjähriger Dienstzeit.

K.V.G. §. 25 Nr. 2: Die Pension steigt vom vollendeten 12. Dienstjahr ab bis zum 24. Dienstjahre alljährlich um 1/60.

85. Die auf Lebenszeit angestellten besoldeten Gemeindebeamten erhalten, sofern nicht mit Genehmigung des Kreisausschusses ein Anderes vereinbart worden ist, bei eintretender Dienstunfähigkeit Pension nach den für die unmittelbaren Staatsbeamten geltenden Grundsätzen.

Unberührt bleibt der Artikel III des Gesetzes vom 31. März 1882 (Gesetz-Samml. S. 133), soweit er nicht durch das Gesetz, betreffend die Ausdehnung einiger Bestimmungen des Gesetzes vom 31. März 1882 wegen Abänderung des Pensionsgesetzes vom 27. März 1872 auf mittelbare Staatsbeamte, vom

1. März 1891 (Gesetz-Samml. S. 19) abgeändert ist. (Siehe XIII, II, 1 Pensionirung der städtischen Beamten, Seite 349 Anm. 1).

86. Die Pension fällt fort oder ruht insoweit, als der Pensionirte durch anderweitige Anstellung im Staats- oder Gemeindedienste ein Einkommen oder eine neue Pension erwirbt, welche mit Zurechnung der ersten Pension sein früheres Einkommen übersteigen.

87. Die Wittwen und Waisen der besoldeten Bürgermeister, sowie derjenigen Gemeindebeamten, welche mit Pensionsberechtigung angestellt gewesen sind, erhalten, falls nicht ein Anderes mit Genehmigung des Kreisausschusses vereinbart worden ist, Wittwen- und Waisengeld nach den für die Wittwen und Waisen der unmittelbaren Staatsbeamten geltenden Vorschriften unter Zugrundelegung des von dem Beamten im Augenblicke des Todes erdienten Pensionsbetrages.

Auf das Wittwen- und Waisengeld kommen diejenigen Bezüge in Anrechnung, welche von öffentlichen Wittwen- und Waisenanstalten gezahlt werden, insoweit die Gemeinde die Einkaufsgelder und Beiträge geleistet hat.

88 ist ersetzt durch K.B.G. §. 7 (streitige Pensionsansprüche der Communalbeamten Seite 74).

IV. Pensionskassen für Communalbeamte in Rheinland und Westfalen.

K.B.G. §. 25 Abs. 2. Unberührt bleiben:

1. §. 28 Absatz 2 bis 5 der Kreisordnung für die Provinz Westfalen vom 31. Juli 1886 (G.S. S. 217) und §. 27 Absatz 2 bis 6 der Kreisordnung für die Rheinprovinz vom 30. Mai 1887 (G.S. S. 209), jedoch mit der Maßgabe, daß die Zahlungspflicht der Kassenverbände sich auch auf die den Beamten nach §. 18 zustehenden Pensionen erstreckt.

Westf.Kr.O. §. 28 Abs. 2. Die Amtsverbände und Landgemeinden der Provinz werden zu einem Kassenverbande vereinigt, welchem es obliegt, den in Ruhestand versetzten besoldeten Beamten der Amtsverbände und Landgemeinden die ihnen zustehenden Pensionen zu zahlen.

3. Die zur Bestreitung der Pensionszahlungen erforderlichen Beiträge werden von den Amtsverbänden nnd Landgemeinden nach Verhältniß des jeweiligen Betrags des pensionsberechtigten Diensteinkommens der Beamten aufgebracht.

4. Die Pensionskasse wird durch Organe des Provinzialverbandes unter Aufsicht des Provinzialausschusses verwaltet. Im Uebrigen werden die Verhältnisse der Kasse durch ein nach Anhörung des Provinziallandtags von dem Minister des Innern zu erlassendes Regulativ geordnet.

5. Die Provinzialvertretung ist ermächtigt, einen Theil der gemäß §. 1 Nr. 2 des Gesetzes vom 30. April 1873 (Gesetz-Samml. S. 187) und §. 26 des Gesetzes vom 8. Juli 1875 (Gesetz-Samml. S. 497) zur Bestreitung der Kosten der Amtsverwaltung aus der Staatskasse jährlich zur Verfügung gestellten Summe an die Pensionskasse zu überweisen.

Rh.Kr.O. §. 27. Bildung einer Pensionskasse für die Bürgermeister und die übrigen besoldeten Beamten der Landbürgermeistereien und Landgemeinden.

2. Die Landbürgermeistereien und Landgemeinden der Provinz werden zu einem Kassenverbande vereinigt, welchem es obliegt, den in Ruhestand versetzten besoldeten Beamten der Landbürgermeistereien und Landgemeinden die ihnen zustehenden Pensionen zu zahlen.

3. Die zur Bestreitung der Pensionszahlungen erforderlichen Beiträge werden von den Landbürgermeistereien und Landgemeinden nach Verhältniß des jeweiligen Betrages des pensionsberechtigten Diensteinkommens der Beamten aufgebracht. Diejenigen Landbürgermeistereien, welche im Ehrenamte verwaltet werden, haben hierzu nach Maßgabe eines von dem Kassenvorstande festzusetzenden fingirten Diensteinkommens beizutragen. Gegen den Festsetzungsbeschluß findet innerhalb zwei Wochen die Beschwerde an den Bezirksausschuß statt.

4. Die Pensionskasse wird durch Organe des

Provinzialverbandes unter Aufsicht des Provinzialausschusses verwaltet. Im Uebrigen werden die Verhältnisse der Kasse durch ein nach Anhörung des Provinziallandtages von dem Minister des Innern zu erlassendes Regulativ geordnet.

5. Die Provinzialverwaltung ist ermächtigt, einen Theil der gemäß §. 1 Nr. 2 des Gesetzes vom 30. April 1873 (Gesetz-Samml. S. 187) und §. 26 des Gesetzes vom 8. Juli 1875 (Gesetz-Samml. S. 497) aus der Staatskasse jährlich zur Verfügung gestellten Summe an die Pensionskasse zu überweisen.

6. Im Falle einem definitiv angestellten Bürgermeister auf Grund der Vorschriften des vierten Absatzes des §. 24*) die widerrufliche Verwaltung einer oder mehrerer Landbürgermeistereien übertragen wird, ist derselbe mit dem von den letzteren bezogenen Diensteinkommen pensionsberechtigt.

*) Rh.Kr.O.

V. Gesetz, betreffend die Fürsorge für Beamte in Folge von Betriebsunfällen.

Vom 18. Juni 1887 (G.S. S. 282).

Wir Wilhelm, von Gottes Gnaden König von Preußen 2c.

verordnen, mit Zustimmung der beiden Häuser des Landtages Unserer Monarchie, für den Umfang derselben, was folgt:

1. Unmittelbare Staatsbeamte, welche in reichsgesetzlich der Unfallversicherung unterliegenden Betrieben beschäftigt sind, erhalten, wenn sie in Folge eines im Dienste erlittenen Betriebsunfalls dauernd dienstunfähig werden, als Pension sechsundsechszigzweidrittel Prozent ihres jährlichen Diensteinkommens soweit ihnen nicht nach anderweiter gesetzlicher Vorschrift ein höherer Betrag zusteht.

Personen der vorbezeichneten Art erhalten, wenn sie in Folge eines im Dienste erlittenen Betriebsunfalls nicht dauernd dienstunfähig geworden, aber in ihrer Erwerbsfähigkeit beeinträchtigt worden sind, bei ihrer Entlassung aus dem Dienste als Pension:

1. im Falle völliger Erwerbsunfähigkeit für die Dauer derselben den im ersten Absatze bezeichneten Betrag;
2. im Falle theilweiser Erwerbsunfähigkeit für die Dauer derselben einen Bruchtheil der vorstehend bezeichneten Pension, welcher nach dem Maße der verbliebenen Erwerbsfähigkeit zu bemessen ist.

Steht solchen Personen nach anderweiter gesetzlicher Vorschrift ein höherer Betrag zu, so erhalten sie diesen.

Nach dem Wegfall des Diensteinkommens sind dem Verletzten außerdem die noch erwachsenden Kosten des Heilverfahrens zu ersetzen.

2. Die Hinterbliebenen solcher im §. 1 bezeich-

neten Personen, welche in Folge eines im Dienste erlittenen Betriebsunfalls gestorben sind, erhalten:

1. als Sterbegeld, sofern ihnen nicht nach anderweiter Bestimmung Anspruch auf Gnadenquartal oder Gnadenmonat zusteht, den Betrag des einmonatigen Diensteinkommens beziehungsweise der einmonatigen Pension des Verstorbenen, jedoch mindestens 30 Mark;
2. eine Rente. Dieselbe beträgt:
   a) für die Wittwe bis zu deren Tode oder Wiederverheirathung zwanzig Prozent des jährlichen Diensteinkommens des Verstorbenen, jedoch nicht unter 160 Mark und nicht mehr als 1600 Mark;
   b) für jedes Kind bis zur Vollendung des achtzehnten Lebensjahres oder bis zur etwaigen früheren Verheirathung, sofern die Mutter lebt, fünfundsiebenzig Prozent der Wittwenrente und sofern die Mutter nicht lebt, die volle Wittwenrente;
   c) für Aszendenten des Verstorbenen, wenn dieser ihr einziger Ernährer war, für die Zeit bis zu ihrem Tode oder bis zum Wegfall der Bedürftigkeit zwanzig Prozent des Diensteinkommens des Verstorbenen, jedoch nicht unter 160 Mark und nicht mehr als 1600 Mark; sind mehrere derartig Berech-

tigte vorhanden, so wird die Rente den Eltern vor den Großeltern gewährt.

Die Renten dürfen zusammen sechszig Prozent des Diensteinkommens nicht übersteigen. Ergiebt sich ein höherer Betrag, so haben die Aszendenten nur insoweit einen Anspruch, als durch die Renten der Wittwe und der Kinder der Höchstbetrag der Rente nicht erreicht wird. Soweit die Renten der Wittwe und Kinder den zulässigen Höchstbetrag überschreiten, werden die einzelnen Renten in gleichem Verhältnisse gekürzt.

Steht nach anderweiter gesetzlicher Vorschrift den Hinterbliebenen ein höherer Betrag zu, so erhalten sie diesen.

Der Anspruch der Wittwe ist ausgeschlossen, wenn die Ehe erst nach dem Unfall geschlossen worden ist.

3. Erreicht das Diensteinkommen nicht den von der höheren Verwaltungsbehörde nach Anhörung der Gemeindebehörde für Erwachsene festgesetzten ortsüblichen Tagelohn gewöhnlicher Tagearbeiter (§. 8 des Gesetzes, betreffend die Krankenversicherung der Arbeiter, vom 15. Juni 1883, Reichs-Gesetzbl. S. 73), so ist der letztere der Berechnung zu Grunde zu legen.

Bleibt bei den nicht mit Pensionsberechtigung angestellten Beamten (§. 1) die nach vorstehenden Bestimmungen der Berechnung zu Grunde zu legende

Summe unter dem niedrigsten Diensteinkommen derjenigen Stellen, in welchen solche Beamte nach den bestehenden Grundsätzen zuerst mit Pensionsberechtigung angestellt werden können, so ist der letztere Betrag der Berechnung zu Grunde zu legen.

4. Der Bezug der Pension beginnt mit dem Wegfall des Diensteinkommens, der Bezug der Wittwen- und Waisenrente mit dem Ablauf des Gnadenquartals oder Gnadenmonats, oder, soweit solche nicht gewährt werden, mit dem auf den Todestag des Verunglückten folgenden Tage.

Gehört der Verletzte auf Grund gesetzlicher oder statutarischer Verpflichtung einer Krankenkasse oder der Gemeindekrankenversicherung an, so wird bis zum Ablauf der dreizehnten Woche nach dem Eintritt des Unfalls die Pension und der Ersatz der Kosten des Heilverfahrens um den Betrag der von der Krankenkasse oder der Gemeindekrankenversicherung geleisteten Krankenunterstützung gekürzt. Der Anspruch auf das Sterbegeld (§. 2 Absatz 1 Ziffer 1), und vom Beginn der vierzehnten Woche ab auch der Anspruch auf die Pension und auf den Ersatz der Kosten des Heilverfahrens (§. 1) geht bis zum Betrage des von der Krankenkasse gezahlten Sterbegeldes beziehungsweise bis zum Betrage der von dieser gewährten weiteren Krankenunterstützung auf die Krankenkasse über. Als Werth der freien ärztlichen Behandlung, der Arznei und der Heilmittel

(§. 6 Absatz 1 Ziffer 1 des Krankenversicherungsgesetzes) gilt die Hälfte des gesetzlichen Mindestbetrages des Krankengeldes.

5. Ein Anspruch auf die in den §§. 1 und 2 bezeichneten Bezüge besteht nicht, wenn der Verletzte den Unfall (§. 1) vorsätzlich oder durch ein Verschulden herbeigeführt hat, wegen dessen auf Dienstentlassung oder auf Verlust des Titels und Pensionsanspruchs gegen ihn erkannt oder wegen dessen ihm die Fähigkeit zur Beschäftigung in einem öffentlichen Dienstzweige aberkannt worden ist.

6. Ansprüche auf Grund dieses Gesetzes sind, soweit deren Feststellung nicht von Amtswegen erfolgt, bei Vermeidung des Ausschlusses vor Ablauf von zwei Jahren nach dem Eintritt des Unfalls bei der dem Verletzten unmittelbar vorgesetzten Dienstbehörde anzumelden.

Nach Ablauf dieser Frist ist der Anmeldung nur dann Folge zu geben, wenn zugleich glaubhaft bescheinigt wird, daß die Folgen des Unfalls erst später bemerkbar geworden sind, oder daß der Berechtigte von der Verfolgung seines Anspruchs durch außerhalb seines Willens liegende Verhältnisse abgehalten worden ist.

Jeder Unfall, welcher von Amtswegen oder durch Anmeldung der Betheiligten einer vorgesetzten Dienstbehörde bekannt wird, ist sofort zu untersuchen. Den Betheiligten ist Gelegenheit zu geben, selbst oder durch Vertreter ihre Interessen bei der Untersuchung zu wahren.

Soweit vorstehend nichts Anderes bestimmt ist, finden auf die nach §. 1, und hinsichtlich der Berechnung des Diensteinkommens auch auf die nach §. 2 zu gewährenden Bezüge die für die Betheiligten geltenden Bestimmungen über Pension, auf die nach §. 2 zu gewährenden Renten im Uebrigen die Vorschriften über die Fürsorge für die Wittwen und Waisen der unmittelbaren Staatsbeamten Anwendung.

Die nach §. 1 beziehungsweise 2 dieses Gesetzes zu gewährenden Pensionen beziehungsweise Renten treten an die Stelle derjenigen Pension beziehungsweise derjenigen Wittwen- und Waisengelder, welche den Betheiligten auf Grund anderweiter gesetzlicher Vorschrift zustehen, soweit nicht die letzteren Beträge die nach Maßgabe dieses Gesetzes zu gewährenden Bezüge übersteigen (§. 1 Absatz 1 und §. 2 Absatz 3).

8. Die in den §§. 1 und 2 bezeichneten Personen können einen Anspruch auf Ersatz des durch den Unfall (§. 1) erlittenen Schadens gegen den Staat überhaupt nicht und gegen die Betriebsleiter, Bevollmächtigten oder Repräsentanten, Betriebs- oder Arbeiteraufseher derjenigen Betriebsverwaltung, in deren Dienst sie den Unfall erlitten haben, nur dann geltend machen, wenn durch strafgerichtliches Urtheil

festgestellt worden ist, daß diese den Unfall vorsätzlich herbeigeführt haben.

Der hiernach zulässige Anspruch geht in Höhe der den Entschädigungsberechtigten auf Grund des gegenwärtigen Gesetzes oder anderweiter gesetzlicher Vorschrift (§§. 1 und 2) vom Staat zu zahlenden Beträge auf letzteren über.

9. Die in dem §. 8 bezeichneten Ansprüche können, auch ohne daß die daselbst vorgesehene Feststellung durch strafgerichtliches Urtheil stattgefunden hat, geltend gemacht werden, falls diese Feststellung wegen des Todes oder der Abwesenheit des Betreffenden oder aus einem anderen in der Person desselben liegenden Grunde nicht erfolgen kann.

10. Die Haftung anderer in dem §. 8 nicht bezeichneten Personen, welche den Unfall vorsätzlich herbeigeführt oder durch Verschulden verursacht haben, bestimmt sich nach den bestehenden gesetzlichen Vorschriften. Der hiernach zulässige Anspruch geht in Höhe der den Entschädigungsberechtigten auf Grund des gegenwärtigen Gesetzes oder anderweiter gesetzlicher Vorschrift vom Staat zu zahlenden Beträge auf letzteren über.

11. Communalbeamten und ihren Hinterbliebenen, für welche durch statutarische Festsetzung gegen die Folgen eines im Dienst erlittenen Betriebsunfalls eine den Vorschriften der §§. 1 bis 5 mindestens gleichkommende Fürsorge getroffen ist, stehen gegen den Communalverband, in dessen Dienst der Unfall erlitten ist, weitergehende Ansprüche nicht zu.

Anm. Nach Ledermann Kommentar z. K.B.G. Berlin 1899 bei Guttentag S. 91 ist §. 11 durch das K.B.G. als aufgehoben zu erachten. An seine Stelle tritt §. 7 Abs. 2 in analoger Anwendung.

12. Gegen das Reich stehen den in den §§. 1, 2 und 11 bezeichneten Personen aus Preußischen Landesgesetzen weitergehende Ansprüche als auf die gedachten Bezüge nicht zu.

Derselben Beschränkung unterliegen die Ansprüche dieser Personen gegen andere Bundesstaaten und gegen Communalverbände, sofern für deren Beamte durch die Landesgesetzgebung beziehungsweise durch statutarische Festsetzung gegen die Folgen eines im Dienst erlittenen Betriebsunfalls eine den Vorschriften der §§. 1 bis 5 mindestens gleichkommende Fürsorge getroffen ist und durch die Gesetzgebung des bezüglichen Bundesstaats weitergehende Ansprüche der Beamten und ihrer Hinterbliebenen aus den Landesgesetzen gegenüber dem Reich, sowie den Bundesstaaten und Communalverbänden ausgeschlossen sind.

13. Die in den §§. 1 und 2 des Reichsgesetzes, betreffend die Fürsorge für Beamte und Personen des Soldatenstandes in Folge von Betriebsunfällen, vom 15. März 1886 (Reichs-Gesetzbl. S. 53), aufgeführten Personen, desgleichen die Beamten anderer Bundesstaaten und der Deutschen Communalverbände, sowie deren Hinterbliebene, für welche durch die Landesgesetzgebung beziehungsweise durch statutarische Festsetzung gegen die Folgen eines im Dienst erlittenen Betriebsunfalls eine den Vorschriften der §§. 1 bis 5 mindestens gleichkommende Fürsorge getroffen ist, haben wegen eines Unfalls (§. 1) aus Preußischen Landesgesetzen einen Anspruch auf Ersatz des durch den Unfall erlittenen Schadens nur in Höhe der ihnen danach zukommenden Bezüge sowohl gegen das Reich und den Preußischen Staat, wie gegen diejenigen Preußischen Communalverbände, welche für ihre Beamten die Unfallfürsorge in dem vorgedachten Umfange getroffen haben. Derselben Beschränkung unterliegen die Ansprüche dieser Personen gegen andere Bundesstaaten außer Preußen und die nicht Preußischen Communalverbände unter der Voraussetzung, daß nach den Landesgesetzen des betreffenden Bundesstaats den durch entsprechende Unfallfürsorge sichergestellten Reichs-, Staats- und Communalbeamten, sowie deren Hinterbliebenen weitergehende Ansprüche gegen das Reich, die Bundesstaaten und Communalverbände nicht zustehen.

14. Im Uebrigen finden auf die Ansprüche der in den §§. 11 bis 13 bezeichneten Personen die Bestimmungen der §§. 8 bis 10 entsprechende Anwendung.

15. Dieses Gesetz tritt mit dem Tage der Verkündung in Kraft.

XIV. Gnadenquartal und Gnaden(Sterbe)-monate.

I. Bestimmungen des Communalbeamtengesetzes.

K.B.G. §. 4. Die Hinterbliebenen eines Communalbeamten erhalten für das auf den Sterbemonat folgende Vierteljahr noch die volle Besoldung des Verstorbenen (Gnadenquartal); war der Verstorbene pensionirt, so gebührt ihnen die Pension noch für den auf den Sterbemonat folgenden Monat (Gnadenmonat). Dabei finden die für die unmittelbaren Staatsbeamten geltenden Bestimmungen mit der Maßgabe Anwendung, daß an Stelle der Genehmigung des Verwaltungschefs und der Provinzialbehörde, auf deren Etat die Pension übernommen war, die Genehmigung der Communalverwaltungsbehörde[1]) tritt.

II. Gnadenquartal.

Gesetz vom 6. Februar 1881 (G.S. S. 37), betreffend die Zahlung der Beamtengehälter und Bestimmungen über das Gnadenquartal.

2. Die Hinterbliebenen der .... unter §. 1 des Communalbeamtengesetzes fallenden

---

[1]) Gemeindevorstand, Amtsvorsteher, Amtmann, Landbürgermeister, Vorsteher eines Zweckverbandes, Magistrat, in Städten ohne kollegialischen Gemeindevorstand der Bürgermeister allein, Kreisausschuß, Provinzialausschuß.

Beamten erhalten für das auf den Sterbemonat folgende Vierteljahr noch die volle Besoldung des Verstorbenen (Gnadenquartal) nach Maßgabe der Kabinetsordre vom 15. November 1819 (G.S. 1820 S. 45).

Letztere bestimmt,

daß nur die über das Sterbequartal hinausgehende Besoldung der Hinterbliebenen für dieselben Gnadenbewilligung ist,

daß auf letztere kein Gläubiger des Verstorbenen Anspruch hat,

daß solche der Regel nach nur der Wittwe, den Kindern und Enkeln, ohne Rücksicht, ob sie dessen Erben sind, oder nicht, zusteht.

3. Hat ein verstorbener Beamter (§. 2) eine Wittwe oder eheliche Nachkommen nicht hinterlassen, so kann mit Genehmigung der Communalverwaltungsbehörde (K.B.G. §. 4) das Gnadenquartal außer den in der Kabinetsordre vom 15. November 1819 erwähnten

— armen Eltern, Geschwistern, Geschwisterkindern, den Pflegekindern, deren Ernährer der Erblasser gewesen ist —

auch solchen Personen, welche die Kosten der letzten Krankheit und der Beerdigung bestritten haben, für den Fall gewährt werden, daß der Nachlaß zu deren Deckung nicht ausreicht.

Jedenfalls ist die Communalverwaltungsbehörde befugt, die Vertheilung des Gnadengehalts unter die Hinterbliebenen zu reguliren und dessen Verwendung zu bestimmen (K.O. vom 15. November 1819 a. E. und K.B.G §. 4 a. E.)

III. Gnadenmonate.

Pensionsgesetz vom 27. März 1872.

31. Hinterläßt ein Pensionär eine Wittwe oder eheliche Nachkommen, so wird die Pension noch für den auf den Sterbemonat folgenden Monat gezahlt. An wen die Zahlung erfolgt, bestimmt die Communalverwaltungsbehörde (K.B.G. §. 4).

Die Zahlung der Pension für den auf den Sterbemonat folgenden Monat kann auf Verfügung dieser Behörde auch dann stattfinden, wenn der Verstorbene Eltern, Geschwister, Geschwisterkinder oder Pflegekinder, deren Ernährer er gewesen ist, in Bedürftigkeit hinterläßt, oder wenn der Nachlaß nicht ausreicht, um die Kosten der letzten Krankheit und der Beerdigung zu decken.

An Stelle des letzten Satzes des §. 31 tritt Civilprozeßordnung §. 850 (R.G.Bl. 1898 S. 574): Der Pfändung ist nicht unterworfen:

8. der nach dem Tode der (Communal-) Beamten den Hinterbliebenen zu gewährende Sterbe- oder Gnadengehalt.

Uebersteigen im Falle der Nr. 8 die (Sterbe- oder Gnaden-)Bezüge die Summe von 1500

Mark für ein Jahr, so ist der dritte Theil des Mehrbetrags der Pfändung unterworfen.

Die Bestimmungen der Kabinetsordre vom 15. November 1819, betreffend das Gnadengehalt finden auch auf den Gnadenmonat Anwendung (siehe unter I §§. 2 und 3).

XV. Wittwen- und Waisenversorgung.

Gesetz, betreffend die Fürsorge für die Wittwen und Waisen der unmittelbaren Staatsbeamten. Vom 20. Mai 1882 (G.S. S. 298), geändert durch Gesetze vom 28. März 1888 (G.S. S. 48) und vom 1. Juni 1897 (G.S. S. 169).

Wir, Wilhelm, von Gottes Gnaden König von Preußen rc.

verordnen, mit Zustimmung beider Häuser des Landtages der Monarchie, was folgt:

1—6 sind aufgehoben durch Gesetz vom 28. März 1888 (G.S. S. 48).

7. Die Wittwe und die hinterbliebenen ehelichen oder durch nachgefolgte Ehe legitimirten Kinder von pensionsberechtigten Communal-Beamten[1]) erhalten Wittwen- und Waisengeld nach Maßgabe der nachfolgenden Bestimmungen.

---

[1]) Siehe Vorbemerkung zu XIII. Pensionswesen.

8. (In der Fassung des Gesetzes vom 1. Juni 1897 (G.S. S. 169).

Das Wittwengeld besteht in vierzig vom Hundert derjenigen Pension, zu welcher der Verstorbene berechtigt gewesen ist oder berechtigt gewesen sein würde, wenn er am Todestage in den Ruhestand versetzt wäre.

Das Wittwengeld soll jedoch, vorbehaltlich der im §. 10 verordneten Beschränkung, mindestens zweihundert und sechszehn Mark betragen und zweitausend Mark*) nicht übersteigen (K.B.G. §. 15 Abs. 1 Seite 83).

9. Das Waisengeld beträgt:

1. für Kinder, deren Mutter lebt und zur Zeit des Todes des Beamten zum Bezuge von Wittwengeld berechtigt war, ein Fünftel des Wittwengeldes für jedes Kind;
2. für Kinder, deren Mutter nicht mehr lebt oder zur Zeit des Todes des Beamten zum Bezuge von Wittwengeld nicht berechtigt war, ein Drittel des Wittwengeldes für jedes Kind.

10. Wittwen- und Waisengeld dürfen weder einzeln noch zusammen den Betrag der Pension übersteigen, zu welcher der Verstorbene berechtigt gewesen ist oder berechtigt gewesen sein würde, wenn er am Todestage in den Ruhestand versetzt wäre.

---

*) Es kann aber statutarisch oder reglementarisch höher festgesetzt werden.

Bei Anwendung dieser Beschränkung werden das Wittwen- und Waisengeld verhältnißmäßig gekürzt.

11. Bei dem Ausscheiden eines Wittwen- und Waisengeldberechtigten erhöht sich das Wittwen- oder Waisengeld der verbleibenden Berechtigten von dem nächstfolgenden Monat an insoweit, als sie sich noch nicht im vollen Genuß der ihnen nach den §§. 8 bis 10 gebührenden Beträge befinden.

12 Abs. 1. War die Wittwe mehr als 15 Jahre jünger als der Verstorbene, so wird das nach Maßgabe der §§. 8 und 10 berechnete Wittwengeld für jedes angefangene Jahr des Altersunterschiedes über 15 bis einschließlich 25 Jahre um $^1/_{20}$ gekürzt.

Abs. 2. Auf den nach §. 9 zu berechnenden Betrag des Waisengeldes sind diese Kürzungen des Wittwengeldes ohne Einfluß.

Abs. 3. Art. II Ges. vom 1. Juni 1897 (G.S. S. 169). Nach fünfjähriger Dauer der Ehe wird für jedes angefangene Jahr ihrer weiteren Dauer dem gekürzten Betrage $^1/_{20}$ des nach Maßgabe der §§. 8 und 10 zu berechnenden Wittwengeldes so lange hinzugesetzt, bis der volle Betrag wieder erreicht ist.

13. Keinen Anspruch auf Wittwengeld hat die Wittwe, wenn die Ehe mit dem verstorbenen Beamten innerhalb dreier Monate vor seinem Ableben geschlossen und die Eheschließung zu dem Zwecke erfolgt ist, um der Wittwe den Bezug des Wittwengeldes zu verschaffen.

Keinen Anspruch auf Wittwen- und Waisengeld haben die Wittwe und die hinterbliebenen Kinder eines pensionirten Beamten aus solcher Ehe, welche erst nach der Versetzung des Beamten in den Ruhestand geschlossen ist.

14. Stirbt ein Communalbeamter, welchem, wenn er am Todestage in den Ruhestand versetzt wäre, auf Grund des §. 7 des Pensionsgesetzes vom 27. März 1872 eine Pension hätte bewilligt werden können, so kann der Wittwe und den Waisen desselben von den zur Vertretung des betreffenden Communalverbandes berechtigten Behörden Wittwen- und Waisengeld bewilligt werden.

Abs. 2 auf Communalbeamte nicht anwendbar.

15. Die Zahlung des Wittwen- und Waisengeldes beginnt mit dem Ablauf des Gnadenquartals oder des Gnadenmonats.

16. Das Wittwen- und Waisengeld wird monatlich im Voraus gezahlt. An wen die Zahlung gültig zu leisten ist, bestimmt die Communalverwaltungsbehörde (Seite 377 Anm. 1).[1]

---

[1]) Das Inkrafttreten der Novelle vom 1. Juni 1897 ist zurückdatirt auf den 1. April 1897 (Art. III Ges. vom 1. Juni 1897).

Nicht abgehobene Theilbeträge des Wittwen- und Waisengeldes verjähren binnen vier Jahren, vom Tage ihrer Fälligkeit an gerechnet, zum Vortheile der betreffenden Communalkasse.

17. Das Wittwen- und Waisengeld kann mit rechtlicher Wirkung weder abgetreten noch verpfändet oder sonst übertragen werden.

18. Das Recht auf den Bezug des Wittwen- und Waisengeldes erlischt:

1. für jeden Berechtigten mit Ablauf des Monats, in welchem er sich verheirathet oder stirbt;
2. für jede Waise außerdem mit dem Ablauf des Monats, in welchem sie das 18. Lebensjahr vollendet.

19. Das Recht auf den Bezug des Wittwen- und Waisengeldes ruht, wenn der Berechtigte das Deutsche Indigenat verliert, bis zur etwaigen Wiedererlangung desselben.

20 Abs. 1. Die Bestimmung darüber, ob und welches Wittwen- und Waisengeld der Wittwe und den Waisen eines Beamten zusteht, erfolgt durch die Communalverwaltungsbehörde (siehe §. 16 Abs. 1).

Abs. 2. Ersetzt durch K.B.G. §. 7.

Der Bezirksausschuß beschließt .... über streitige Ansprüche der Hinterbliebenen der Beamten auf .... Wittwen- und Waisengeld. Die Beschlußfassung erfolgt, soweit sie sich auf die Frage erstreckt, welcher

Theil des Diensteinkommens bei Feststellung der Pensionsansprüche als Gehalt anzusehen ist, vorbehaltlich der den Betheiligten innerhalb zwei Wochen bei dem Bezirksausschusse gegen einander zustehenden Klage im Verwaltungsstreitverfahren. Im Uebrigen findet gegen den in erster oder auf Beschwerde in zweiter Instanz ergangenen Beschluß binnen einer Ausschlußfrist von sechs Monaten nach Zustellung desselben die Klage im ordentlichen Rechtswege statt. Die Beschlüsse sind vorläufig vollstreckbar.

21—23. Auf Communalbeamte nicht anwendbar.

24. Dieses Gesetz tritt am 1. Juli 1882 in Kraft.

XVI. Disziplinarverhältnisse.

Brauchitsch Verwaltungsgesetz. 15. Auflage. Berlin 1897. Band I S. 181, 258, 287, 616 ff.

Disziplinargesetz (gilt in der ganzen Monarchie).

Gesetz, betr. die Dienstvergehen der nicht richterlichen Beamten, die Versetzung derselben auf eine andere Stelle oder in den Ruhestand.

Vom 21. Juli 1852. (G.S. S. 465.)

Wir Friedrich Wilhelm, von Gottes Gnaden König von Preußen ꝛc. verordnen, mit Zustimmung der Kammern, was folgt:

1. Das gegenwärtige Gesetz findet unter den darin ausdrücklich gemachten Beschränkungen auf alle in .... mittelbarem Staatsdienste stehenden Beamten Anwendung.

Erster Abschnitt.

Allgemeine Bestimmungen über Dienstvergehen und deren Bestrafung.

2. Ein Beamter, welcher
1. die Pflichten verletzt, die ihm sein Amt auferlegt, oder
2. sich durch sein Verhalten in oder außer dem Amte der Achtung, des Ansehens oder des Vertrauens, die sein Beruf erfordert, unwürdig zeigt, unterliegt den Vorschriften dieses Gesetzes.

3. Ist eine der unter §. 2 fallenden Handlungen (Dienstvergehen) zugleich in den gemeinen Strafgesetzen vorgesehen, so können die durch dieselben angedrohten Strafen nur auf Grund des gewöhnlichen Strafverfahrens von denjenigen Gerichten ausgesprochen werden, welche für die gewöhnlichen Strafsachen zuständig sind.

4. Im Laufe einer gerichtlichen Untersuchung darf gegen den Angeschuldigten ein Disziplinarverfahren wegen der nämlichen Thatsachen nicht eingeleitet werden.

Wenn im Laufe eines Disziplinarverfahrens wegen der nämlichen Thatsachen eine gerichtliche

Untersuchung gegen den Angeschuldigten eröffnet wird, so muß das Disziplinarverfahren bis zur rechtskräftigen Erledigung des gerichtlichen Verfahrens ausgesetzt werden.

5. Wenn von den gewöhnlichen Strafgerichten auf Freisprechung erkannt ist, so findet wegen derjenigen Thatsachen, welche in der gerichtlichen Untersuchung zur Erörterung gekommen sind, ein Disziplinarverfahren nur noch insofern statt, als dieselben an sich und ohne ihre Beziehung zu dem gesetzlichen Thatbestande der Uebertretung, des Vergehens oder des Verbrechens, welche den Gegenstand der Untersuchung bildeten, ein Dienstvergehen enthalten.

Ist in einer gerichtlichen Untersuchung eine Verurtheilung ergangen, welche den Verlust des Amtes nicht zur Folge gehabt hat, so bleibt derjenigen Behörde, welche über die Einleitung des Disziplinarverfahrens zu verfügen hat, die Entscheidung darüber vorbehalten, ob außerdem ein Disziplinarverfahren einzuleiten oder fortzusetzen sei.

6. Spricht das Gesetz bei Dienstvergehen, welche Gegenstand eines Disziplinarverfahrens werden, die Verpflichtung zur Wiedererstattung oder zum Schadenersatze, oder eine sonstige civilrechtliche Verpflichtung aus, so gehört die Klage der Betheiligten vor das Civilgericht, jedoch vorbehaltlich der Bestimmung des §. 100.

7. Ist von dem gewöhnlichen Strafrichter auf

eine Freiheitsstrafe von längerer als einjähriger Dauer, auf eine schwerere Strafe, auf Verlust der bürgerlichen Ehre, auf zeitige Untersagung der Ausübung der bürgerlichen Ehrenrechte, auf immerwährende oder zeitige Unfähigkeit zu öffentlichen Aemtern oder auf Stellung unter Polizeiaufsicht erkannt, so zieht das Straferkenntniß den Verlust des Amtes von selbst nach sich, ohne daß darauf besonders erkannt wird.

8. Ein Beamter, welcher sich ohne den vorschriftsmäßigen Urlaub von seinem Amte entfernt hält oder den ertheilten Urlaub überschreitet, ist, wenn ihm nicht besondere Entschuldigungsgründe zur Seite stehen, für die Zeit der unerlaubten Entfernung seines Dienst-Einkommens verlustig.

9. Dauert die unerlaubte Entfernung länger als acht Wochen, so hat der Beamte die Dienstentlassung verwirkt.

Ist der Beamte dienstlich aufgefordert worden, sein Amt anzutreten oder zu demselben zurückzukehren, so tritt die Strafe der Dienstentlassung schon nach fruchtlosem Ablauf von vier Wochen seit der ergangenen Aufforderung ein.

10. Die Entziehung des Diensteinkommens (§. 8) wird von derjenigen Behörde verfügt, welche den Urlaub zu ertheilen hat. Im Falle des Widerspruchs findet das förmliche Disziplinarverfahren statt.

11. Die Dienst-Entlassung kann nur im Wege

des förmlichen Disziplinarverfahrens ausgesprochen werden. Sie wird nicht verhängt, wenn sich ergiebt, daß der Beamte ohne seine Schuld von seinem Amte fern gewesen ist.

12. Die Einleitung eines Disziplinarverfahrens wegen unerlaubter Entfernung vom Amte und die Dienst-Entlassung vor Ablauf der Fristen (§. 9) ist nicht ausgeschlossen, wenn sie durch besonders erschwerende Umstände als gerechtfertigt erscheint.

13. Die in dem §. 9 erwähnte Aufforderung, so wie alle anderen Aufforderungen, Mittheilungen, Zustellungen und Vorladungen, welche nach den Bestimmungen dieses Gesetzes erfolgen, sind gültig und bewirken den Lauf der Fristen, wenn sie demjenigen, an den sie ergehen, unter Beobachtung der für gerichtliche Insinuationen vorgeschriebenen Formen in Person zugestellt, oder wenn sie in seiner letzten Wohnung an dem Orte insinuirt werden, wo er seinen letzten Wohnsitz im Inlande hatte. Die vereideten Verwaltungsbeamten haben dabei den Glauben der Gerichtsboten.

14. Die Disziplinarstrafen, bestehen in
Ordnungsstrafen,
Entfernung aus dem Amte.

15. Ordnungsstrafen sind:

1. Warung, 2. Verweis, 3. Geldbuße,
4. gegen untere Beamte auch Arreststrafe auf die Dauer von höchstens acht Tagen, welche jedoch

nur in solchen Räumen zu vollstrecken ist, die den Verhältnissen der zu bestrafenden Beamten angemessen sind.

Zu dieser Beamtenklasse werden im Allgemeinen nur gerechnet: Exekutoren, Boten, Kastellane, Diener und die zu ähnlichen, so wie die zu blos mechanischen Funktionen bestimmten Beamten. Außerdem ist das Staats-Ministerium ermächtigt, in der ... Polizei- ... Verwaltung diejenigen Beamten-Kategorieen speziell zu bezeichnen, gegen welche Arreststrafen verhängt werden können.

16. Die Entfernung aus dem Amte kann bestehen:

1. in Versetzung in ein anderes Amt von gleichem Range, jedoch mit Verminderung des Dienst-Einkommens und Verlust des Anspruches auf Umzugskosten, oder mit einem von beiden Nachtheilen. Diese Strafe findet nur auf Provinzialbeamte mit Ausnahme der dem Landesdirektor zugeordneten oberen Beamten Anwendung (§. 98 Nr. 6 P.O.);
2. in Dienst-Entlassung. — Diese Strafe zieht den Verlust des Titels und Pensionsanspruches von selbst nach sich; es wird darauf nicht besonders erkannt, es sei denn, daß vor Beendigung des Disziplinarverfahrens aus irgend einem von dessen Ergebniß unabhängigen Grunde das Amtsverhältniß bereits aufgehört hat und daher auf Dienstentlassung nicht mehr zu erkennen ist.

Gehört der Angeschuldigte zu den Beamten, welche einen Anspruch auf Pension haben, und lassen besondere Umstände eine mildere Beurtheilung zu, so ist die Disziplinarbehörde ermächtigt, in ihrer Entscheidung zugleich festzusetzen, daß dem Angeschuldigten ein Theil des reglementsmäßigen Pensionsbetrages auf Lebenszeit oder auf gewisse Jahre als Unterstützung zu verabreichen sei.

17. Welche der in den §§. 14 bis 16 bestimmten Strafen anzuwenden sei, ist nach der größeren oder geringeren Erheblichkeit des Dienstvergehens mit Rücksicht auf die sonstige Führung des Angeschuldigten zu ermessen, unbeschadet der besonderen Bestimmungen der §§. 8 und 9.

Zweiter Abschnitt.

Von dem Disziplinarverfahren.

18. Jeder Dienstvorgesetzte ist zu Warnungen und Verweisen gegen seine Untergebenen befugt.

19. In Beziehung auf die Verhängung von Geldbußen ist die Befugniß der Dienstvorgesetzten begrenzt, wie folgt:

Die Vorsteher derjenigen Behörden, welche unter den Provinzialbehörden stehen, können gegen die ihnen selbst untergebenen Beamten, so wie gegen die Beamten der ihnen untergeordneten Behörden Geldbußen bis zu 9 Mark verfügen.

Andere Vorgesetzte der unteren Beamten dürfen solche Geldbußen nur insofern verfügen, als ihnen die Befugniß zur Verhängung von Geldbußen durch besondere Gesetze oder auf Grund solcher Gesetze erlassene Instruktionen beigelegt ist.

Die Provinzial-Behörden sind ermächtigt, die ihnen untergeordneten Beamten mit Geldbuße bis zu 90 Mark zu belegen, besoldete Beamte jedoch nicht über den Betrag des einmonatlichen Dienst-Einkommens hinaus.

Gleiche Befugnisse haben die Vorsteher der Provinzial-Behörden in Ansehung der bei letzteren angestellten unteren Beamten.

Die Minister haben die Befugniß, allen ihnen mittelbar untergebenen Beamten Geldbußen bis zum Betrage des monatlichen Diensteinkommens, unbesoldeten Beamten aber bis zur Summe von 90 Mark aufzuerlegen.

Welche Beamten im Sinne dieses Paragraphen zu den unteren zu rechnen sind, wird durch das Staatsministerium bestimmt.

Zusatz zu §. 19 Disz.Ges.

Ordnungsstrafen gegen Bürgermeister, Beigeordnete, Magistratsmitglieder und städtische Gemeindebeamte.

Z.G. §. 20.

1. Gegen die Bürgermeister, Beigeordneten und Magistratsmitglieder, sowie gegen die sonstigen

Gemeindebeamten kann an Stelle der Bezirks-Regierung und innerhalb des derselben bisher zustehenden Ordnungsstrafrechts der Regierungspräsident[1]) Ordnungsstrafen festsetzen. Gegen die Strafverfügungen des Regierungspräsidenten findet innerhalb zwei Wochen die Beschwerde an den Oberpräsidenten, gegen den auf die Beschwerde ergehenden Beschluß des Oberpräsidenten findet innerhalb zwei Wochen die Klage bei dem Oberverwaltungsgerichte statt.[2])

2. Gegen die Strafverfügungen des Bürgermeisters[3]) findet innerhalb zwei Wochen die Beschwerde an

[1]) In Berlin der Oberpräsident (L.V.G. § 42).

[2]) Ebenso H.N.St.O. § 91 Nr. 1. Gegen die Bürgermeister, Beigeordneten und Magistratsmitglieder, sowie gegen die sonstigen Gemeindebeamten kann an Stelle der Bezirksregierung und innerhalb des ihr nach jenem Gesetze zustehenden Ordnungsstrafrechts der Regierungspräsident Ordnungsstrafen festsetzen.

Gegen die Strafverfügungen des Regierungspräsidenten findet innerhalb zwei Wochen die Beschwerde an den Oberpräsidenten, gegen den auf die Beschwerde ergehenden Beschluß des Oberpräsidenten innerhalb zwei Wochen die Klage bei dem Oberverwaltungsgerichte statt.

[3]) Gegen Gemeindebeamte: Warungen, Verweise, Geldstrafen bis 9 Mark, gegen untere Beamte Arreststrafen bis zu drei Tagen (Ö.St.O. § 58, W.St.O. § 58, Schl.-H.St.O. § 61, Frankf.G.V.G. § 65, H.-N.St.O. § 63, Disz.Ges. vom 21. Jul. 1852 §§ 15, 18, 19, 20). Im Geltungsbereiche der Ö.St.O. und W.St.O. sind die Bürgermeister befugt, gegen die Magistratsmitglieder Warnungen und

den Regierungspräsidenten,[1]) und gegen den auf die Beschwerde ergehenden Beschluß des Regierungspräsidenten[1]) innerhalb zwei Wochen die Klage bei dem Oberverwaltungsgerichte statt.

B. Gegen ländliche Gemeindevorsteher (Amtmänner in Westfalen, Bürgermeister in der Rheinprovinz), Schöffen, Mitglieder des kollegialischen Gemeindevorstandes und sonstige ländliche Gemeindebeamte sowie gegen Verbandsvorsteher:

a) Geltungsbereich der östlichen und der Schleswig-Holsteinischen Landgemeindeordnung sowie der Hessen-Nassauischen Landgemeindeordnung.

Ö.L.G.O. Schl.-H.L.G.O. §. 143. H.-N.L.G.O. §. 115. Bezüglich der Dienstvergehen der Gemeindevorsteher, (Bürgermeister, Beigeordneten H.-N.L.G.O.) der Schöffen, der Gutsvorsteher und der Verbandsvorsteher, sowie der sonstigen Beamten der Landgemeinden, Gutsbezirke und Gemeindeverbände kommen die Bestimmungen des Gesetzes vom 21. Juli 1852 (G.S. S. 463) mit folgenden Maßgaben zur Anwendung:

1. Die Befugniß, gegen diese Beamten Ordnungsstrafen zu verhängen steht dem Landrathe, und

---

Verweise als Disziplinarstrafen zu verhängen. (O.V.G. Bd. XVII. S. 443). Die gleiche Befugniß steht den Hannoverschen Magistraten zu (O.V.G. Bd. XXIV S. 413). Nach §§ 74, 75 H.St.O. hat der Bürgermeister das Ordnungsstrafrecht gegenüber den städtischen Beamten. Aber auch der Magistrat kann gegen letztere Warnungen und Verweise erlassen (O.V.G. Bd. XXIV S. 413).

[1]) In Berlin an den Oberpräsidenten (L.V.G. § 42).

im Umfange des den Provinzialbehörden beigelegten Ordnungsstrafrechts[1]) dem Regierungspräsidenten zu.

Gegen die Strafverfügungen des Landraths findet innerhalb zwei Wochen die Beschwerde an den Regierungspräsidenten, gegen die Strafverfügungen des Regierungspräsidenten innerhalb gleicher Frist die Beschwerde an den Oberpräsidenten statt.

2. Gegen den auf die Beschwerde in den Fällen zu 1 in letzter Instanz ergehenden Beschluß des Regierungspräsidenten oder des Oberpräsidenten findet die Klage bei dem Oberverwaltungsgerichte statt.

Zusatz: Ordnungsstrafrecht des Gemeindevorstehers der Guts- und Verbandsvorsteher gegen die ihnen untergeordneten Beamten:

Warnungen und Verweise gemäß §. 18 Disz.Ges.

b) Geltungsbereich der anderen Landgemeindeordnungen.

Z.G. §. 36. Bezüglich der Dienstvergehen der Gemeindevorsteher, Schöffen, Mitglieder des Gemeindevorstandes und sonstigen Gemeindebeamten, sowie der Gutsvorsteher kommen die Bestimmungen des Gesetzes vom 21. Juli 1852 mit folgenden Maßgaben zur Anwendung:

[1] Siehe § 19 Disz.G.

1. die Befugniß, gegen die Gemeindevorsteher (Amtmänner in Westfalen, Bürgermeister in der Rheinprovinz), Schöffen, Mitglieder des kollegialischen Gemeindevorstandes und sonstige Gemeindebeamten, sowie gegen Gutsvorsteher Ordnungsstrafen zu verhängen, steht dem Landrathe, und im Umfange des den Provinzialbehörden beigelegten Ordnungsstrafrechts[1]) dem Regierungspräsidenten zu.

   Gegen die Strafverfügungen des Landrathes findet innerhalb zwei Wochen die Beschwerde an den Regierungspräsidenten, gegen die Strafverfügungen des Regierungspräsidenten innerhalb gleicher Frist die Beschwerde an den Oberpräsidenten statt;
2. gegen die von dem Amtmann in Westfalen oder von dem Bürgermeister in der Rheinprovinz auf Grund des §. 83 der Westfälischen Landgemeindeordnung vom 19. März 1856, bezw. der §§. 83 und 104 der Rheinischen Gemeindeordnung vom 23. Juli 1845 gegen Unterbeamte der Gemeinden, Aemter oder Bürgermeistereien erlassenen Strafverfügungen findet innerhalb zwei Wochen die Beschwerde an den Landrath und gegen den auf die Beschwerde ergehenden Beschluß des Landrathes innerhalb zwei Wochen die Beschwerde an den Regierungspräsidenten statt;

---

[1]) Siehe § 19 Disz.G.

3. gegen den auf die Beschwerde in den Fällen zu 1 und 2 in letzter Instanz ergehenden Beschluß des Regierungspräsidenten, beziehungsweise des Oberpräsidenten findet innerhalb zwei Wochen die Klage bei dem Oberverwaltungsgerichte statt.

Zusatz: Der Amtsvorsteher hat kein Ordnungsstrafrecht gegen die Gemeinde- und Gutsvorstände.

Zusatz zu Z.G. §. 36 Nr. 2.

W.L.G.O. §. 83. In Betreff der Dienstvergehen der Amtmänner, Gemeindevorsteher und Stellvertreter, sowie der sonstigen Amts- und Gemeindebeamten und -Diener, kommen die darauf bezüglichen Gesetze mit der Maßgabe zur Anwendung, daß der Amtmann befugt ist, die Unterbeamten des Amtes, sowie der Gemeinden mit Ordnungsstrafen bis zu neun Mark und die blos zu mechanischen Dienstleistungen angestellten Diener mit Arreststrafen bis zu drei Tagen zu belegen.

Rh.L.G.O. §. 83. Der (Gemeinde-)Vorsteher hat als Organ des Bürgermeisters die Aufsicht über die Unterbeamten und Diener der Gemeinde und über ihre Dienstleistungen zu führen. Bei vorkommenden Dienstvernachlässigungen und Dienstvergehen hat er dem Bürgermeister Anzeige zu machen, welcher zur Erhaltung der nöthigen Disziplin das Recht hat, den Unterbeamten Ordnungsstrafen bis neun Mark und den blos zu mechanischen Dienstleistungen angestellten Dienern auch Arreststrafen bis zu zwei Tagen aufzulegen. Die Ordnungsstrafen fließen zur Ortsarmenkasse (Art 22 Ges. vom 15. Mai 1856, §. 15 Nr. 4 Disz.Ges.).

Rh.L.G.O. §. 104 Abs. 2. In Ansehung der Disziplinarstrafen gegen die Unterbeamten und Diener der Bürgermeister kommen die darauf bezüglichen Vorschriften zur Anwendung (Art. 22 Ges. vom 15. Mai 1856). Dem Bürgermeister stehen gegen diese Beamten die im §. 83 bestimmten Disziplinarbefugnisse zu.

C. Gegen Amtsvorsteher.

Ö.Kr.O. §. 68 (Schl.-H.Kr.O. §. 59). Bezüglich der Dienstvergehen der Amtsvorsteher finden die Bestimmungen des Gesetzes vom 21. Juli 1852, betreffend die Dienstvergehen der nichtrichterlichen Beamten (Gesetz-Samml. S. 465), mit folgenden Maßgaben Anwendung:

1. Ueber die Verhängung von Ordnungsstrafen gegen die Amtsvorsteher beschließt im Umfange des den Provinzialbehörden beigelegten Ordnungsstrafrechtes*) der Kreisausschuß und im Umfange des dem Minister beigelegten Ordnungsstrafrechtes*) der Regierungspräsident.

*) Dis.Ges.. §. 19 Abs. 4 und 6.

Dem Landrathe steht das Recht zur Verhängung von Ordnungsstrafen nicht zu.

Gegen den Beschluß des Kreisausschusses findet innerhalb zwei Wochen die Beschwerde an den Bezirksausschuß, gegen die Strafverfügungen des Regierungspräsidenten innerhalb gleicher Frist die Beschwerde an den Ober-Präsidenten statt.

Gegen den auf die Beschwerde ergehenden Beschluß des Bezirksausschusses beziehungsweise des Ober-Präsidenten findet innerhalb zwei Wochen die Klage bei dem Oberverwaltungsgerichte statt.

D. Gegen Kreisbeamte.

a) Geltungsbereich der östlichen Kreisordnung:

Ö.Kr.O. §. **68** Nr. 1 siehe vorstehend unter C.

Ö.Kr.O. §. **134** Nr. 3. Hinsichtlich der Dienstvergehen der Kreisbeamten finden die Bestimmungen des §. 68 mit der Maßgabe Anwendung, daß das Recht zur Verhängung von Ordnungsstrafen auch dem Landrath zusteht.

Gegen die Strafverfügung des Landraths steht den Kreisbeamten nur die Beschwerde im vorgesetzten Instanzenwege unter Ausschluß des Streitverfahrens gemäß §. 21 Disziplinargesetzes zu.

b) Geltungsbereich der übrigen Kreisordnungen:

Nach Schl.-H.Kr.O. §. 122, Hann. Kr.O. §. 91, Westf.Kr.O. §. 79, H.-N.Kr.O. §. 92, Rh.Kr.O. §. 79

steht den Kreisbeamten gegen die Strafverfügungen des Kreisausschusses und des Landraths das Verwaltungsstreitverfahren gemäß Z.G. §. 36 offen. (Siehe Seite 395).

E. Gegen Provinzialbeamte.

P.O. §. 98. In Betreff der Dienstvergehen der Provinzialbeamten finden die Vorschriften des Gesetzes vom 21. Juli 1852 (G.S. S. 465) mit folgenden Maßgaben Anwendung:

1. Gegen den Landesdirektor (Landeshauptmann), die demselben gemäß §. 93 P.O. zugeordneten oberen Beamten, sowie die sonstigen im Provinzialstatut bezeichneten leitenden Beamten einzelner Verwaltungszweige ist die Festsetzung von Ordnungsstrafen nur in dem auf Entfernung von dem Amte gerichteten Verfahren zulässig.
2. Gegen die übrigen Provinzialbeamten steht die den Ministern und den Provinzialbehörden beigelegte Befugniß zur Verhängung von Ordnungsstrafen dem Landesdirektor zu; jedoch dürfen die von ihm festzusetzenden Geldbußen den Betrag von dreißig Mark nicht übersteigen.

   Außerdem steht
3. den Vorstehern von Provinzialanstalten die Befugniß zu, gegen die ihnen nachgeordneten

Anstaltsbeamten, mit Ausnahme der oberen Anstaltsbeamten, Geldbußen bis zu zehn Mark festzusetzen.

4. Gegen die Disziplinarverfügungen des Landesdirektors und der Vorsteher von Provinzialanstalten findet innerhalb zwei Wochen die Klage bei dem Bezirksausschusse statt.

Fortsetzung des Disziplinargesetzes.

Disz.Ges. §. **20.** Nur diejenigen Dienstvorgesetzten, welche gegen die in §. 15 Nr. 4 bezeichneten Beamten Geldbußen verhängen können, sind ermächtigt, gegen dieselben Arreststrafen zu verfügen. Diejenigen Vorgesetzten, deren Strafgewalt auf Geldbuße bis zu 9 Mark beschränkt ist, dürfen bei den Arreststrafen das Maß von drei Tagen nicht überschreiten.

21. Gegen die Verfügung von Ordnungsstrafen findet nur Beschwerde im vorgeschriebenen Instanzenzuge statt. (Vergleiche Seite 392—401 bes. 399.)

22. Der Entfernung aus dem Amte muß ein förmliches Disziplinarverfahren vorhergehen. Dasselbe besteht in der von einem Kommissar zu führenden Voruntersuchung und in einer mündlichen Verhandlung nach den folgenden näheren Bestimmungen.

An Stelle der §§. 23 und 24 des Disziplinargesetzes treten für Kommunalbeamte nachstehende Bestimmungen.

23. Die Einleitung des Disziplinarverfahrens wird verfügt und die Untersuchungskommission ernannt:

1. gegen Bürgermeister, Beigeordnete und Magistratsmitglieder, sowie gegen die sonstigen städtischen Gemeindebeamten, von dem Regierungspräsidenten oder Minister des Innern (Z.G. §. 20 Nr. 3, H.-N.St.O. §. 91 Nr. 2);
2. gegen Gemeindevorsteher, Bürgermeister und Beigeordnete in Hessen-Nassau, (Amtmänner in der Provinz Westfalen, Bürgermeister in der Rheinprovinz), Schöffen, Mitglieder des kollegialischen Gemeindevorstandes, sonstige Gemeindebeamte und Verbandsvorsteher, gegen Amtsvorsteher und gegen Kreisbeamte, von dem Landrathe oder von dem Regierungspräsidenten (Z.G. §. 36 Nr. 4, Kr.O. §§. 68, 134 Nr. 3, Ö.L.G.O. §. 143, Schl.-H.L.G.O. §. 143, H.-N.L.G.O. §. 115 Nr. 3);
3. rc.;
4. gegen Provinzialbeamte mit Ausschluß des Landesdirektors, der demselben nach P.O. §. 93 zugeordneten oberen Beamten, sowie der sonstigen im Provinzialstatut bezeichneten leitenden Beamten einzelner Verwaltungszweige, von dem Landesdirektor (P.O. §. 98 Nr. 5);
5. gegen den Landesdirektor und die (unter Nr. 4 ausgeschlossenen) oberen Provinzialbeamten, von

dem Minister des Innern (P.O. §. 98 Nr. 5, §. 51, L.V.G. §§. 14, 32).

24. Die entscheidenden Disziplinarbehörden erster Instanz*) sind:

1. der Kreisausschuß (als Kreisverwaltungsgericht) in Ansehung der Gemeindevorsteher, Bürgermeister und Beigeordneten in Hessen-Nassau (Amtmänner in der Provinz Westfalen, Bürgermeister in der Rheinprovinz), der Schöffen und Gutsvorsteher, sowie der sonstigen Beamten der Landgemeinden, der Verbandsvorsteher, der Amtsvorsteher und der Kreisbeamten (Z.G. §. 36 Nr. 4, Kr.O. §. 68 Nr. 2, §. 134 Nr. 3, Ö.L.G.O. §. 143, Schl.-H.L.G.O. §. 143, H.-N.L.G. §. 115 Nr. 3);
2. der Bezirksausschuß in Ansehung der Bürgermeister, Beigeordneten, Magistratsmitglieder, der sonstigen städtischen Gemeindebeamten, des Landesdirektors und der sonstigen Provinzialbeamten (Z.G. §. 20 Nr. 3, H.-N. St.O. §. 91, L.V.G. §. 39, P.O. §. 98 Nr. 5, §. 51);
3. ꝛc.

25—31 finden auf Communalbeamte keine Anwendung.

32. In der Voruntersuchung wird der Ange-

*) Zweite Instanz für 1. und 2. ist das Oberverwaltungsgericht.

schuldigte unter Mittheilung der Anschuldigungspunkte vorgeladen und, wenn er erscheint, gehört; es werden die Zeugen eidlich vernommen und die zur Aufklärung der Sache dienenden sonstigen Beweise herbeigeschafft.

Abs. 2. Die Verrichtungen der Staatsanwaltschaft werden durch einen Beamten wahrgenommen, welchen die Behörde ernennt, von der die Einleitung des Disziplinarverfahrens verfügt wird (siehe §. 23).

Bei der Vernehmung des Angeschuldigten und dem Verhöre der Zeugen ist ein vereideter Protokollführer zuzuziehen.

Ausnahme von §. 32 Abs. 2. In dem Disziplinarverfahren gegen die Provinzialbeamten, dessen Einleitung der Landesdirektor verfügt (das sind die ihm nach §. 93 P.O. zugeordneten oberen, sowie die sonstigen im Provinzialstatut bezeichneten leitenden Beamten einzelner Verwaltungszweige), wird der Vertreter der Staatsanwaltschaft nicht von diesem, sondern vom Minister des Innern ernannt (P.O. §. 98 Nr. 5 Abs. 2).

An Stelle des **§. 33** tritt L.V.G. §. 157.

Durch das gegenwärtige Gesetz werden nicht berührt:

1. zc.;
2. die Bestimmungen des Gesetzes vom 21. Juli 1852, betreffend die Dienstvergehen der nicht richterlichen Beamten zc. (Gesetz-Samml. S. 563); dieselben finden jedoch für das Verwaltungsstreitverfahren mit folgenden Maßgaben Anwendung: die Entscheidung erfolgt auf Grund

mündlicher Verhandlung; das Gutachten des Disziplinarhofs ist nicht einzuholen; das Disziplinarverfahren kann mit Rücksicht auf den Ausfall der Voruntersuchung durch Beschluß der in erster Instanz zuständigen Behörde eingestellt werden; die Erhebung des Kostenpauschquantums findet nicht statt.

Dis.Ges. §. **34.** Wird das Verfahren nicht eingestellt, so wird nach Eingang einer von dem Beamten der Staatsanwaltschaft anzufertigenden Anschuldigungsschrift der Angeschuldigte unter abschriftlicher Mittheilung dieser Anschuldigungsschrift zu einer, von dem Vorsitzenden der Disziplinarbehörde zu bestimmenden Sitzung zur mündlichen Verhandlung vorgeladen.

35. Bei der mündlichen Verhandlung, welche in nicht öffentlicher Sitzung stattfindet, giebt zuerst ein von dem Vorsitzenden der Behörde aus der Zahl ihrer Mitglieder ernannter Referent eine Darstellung der Sache, wie sie aus den bisherigen Verhandlungen hervorgeht.

Der Angeschuldigte wird vernommen.

Es wird darauf der Beamte der Staatsanwaltschaft mit seinem Vor- und Antrage und der Angeschuldigte in seiner Vertheidigung gehört.

Dem Angeschuldigten steht das letzte Wort zu.

36. Wenn die Behörde auf den Antrag des Angeschuldigten oder des Beamten der Staatsanwaltschaft, oder auch von Amtswegen die Vernehmung eines oder mehrerer Zeugen, sei es durch einen Kommissar, oder mündlich vor der Behörde selbst, oder die Herbeischaffung anderer Mittel zur Aufklärung der Sache für angemessen erachtet, so erläßt sie die erforderliche Verfügung und verlegt nöthigenfalls die Fortsetzung der Sache auf einen anderen Tag, welcher dem Angeschuldigten bekannt zu machen ist.

37. Der Angeschuldigte, welcher erscheint, kann sich des Beistandes eines Rechtsanwaltes als Vertheidiger bedienen. Der nicht erscheinende Angeschuldigte kann sich durch einen Rechtsanwalt vertreten lassen. Der Disziplinarbehörde steht es jedoch jederzeit zu, das persönliche Erscheinen des Angeschuldigten unter der Warnung zu verordnen, daß bei seinem Ausbleiben ein Vertheidiger zu seiner Vertretung nicht werde zugelassen werden.

38. Bei der Entscheidung hat die Disziplinarbehörde, ohne an positive Beweisregeln gebunden zu sein, nach ihrer freien, aus dem ganzen Inbegriffe der Verhandlungen und Beweise geschöpften Ueberzeugung zu beurtheilen, in wieweit die Anschuldigung für begründet zu erachten. Die Entscheidung kann auch auf eine bloße Ordnungsstrafe lauten.

Die Entscheidung, welche mit Gründen versehen sein muß, wird in der Sitzung, in welcher die mündliche Verhandlung beendigt worden ist, oder in einer der nächsten Sitzungen verkündigt und eine

Ausfertigung derselben dem Angeschuldigten auf sein Verlangen ertheilt.

39. Ueber die mündliche Verhandlung wird ein Protokoll aufgenommen, welches die Namen der Anwesenden und die wesentlichen Momente der Verhandlung enthalten muß. Das Protokoll wird von dem Vorsitzenden und dem Protokollführer unterzeichnet.

40 fällt weg.

41. Gegen die Entscheidung steht die Berufung sowohl dem Beamten der Staatsanwaltschaft als dem Angeschuldigten offen.

42. Die Anmeldung der Berufung geschieht zu Protokoll oder schriftlich bei der Behörde, welche die anzugreifende Entscheidung erlassen hat. Von Seiten des Angeschuldigten kann sie auch durch einen Bevollmächtigten geschehen.

Die Frist zu dieser Anmeldung ist eine vierwöchentliche, welche mit dem Ablaufe des Tages, an welchem die Entscheidung verkündigt worden ist, und für den Angeschuldigten, welcher hierbei nicht zugegen war, mit dem Ablaufe des Tages beginnt, an welchem ihm die Entscheidung zugestellt worden ist.

43. Zur schriftlichen Rechtfertigung der Berufung steht demjenigen, der dieselbe rechtzeitig angemeldet hat, eine fernere vierzehntägige Frist offen. Diese Frist kann auf den Antrag des Appellanten angemessen verlängert werden. Neue Thatsachen, welche die Grundlagen einer anderen Beschuldigung bilden, dürfen in zweiter Instanz nicht vorgebracht werden.

44. Die Anmeldung der Berufung und die etwa eingegangene Appellationsschrift wird dem Appellaten in Abschrift zugestellt, oder dem Beamten der Staatsanwaltschaft, falls er Appellat ist, in Urschrift vorgelegt. Innerhalb vierzehn Tagen nach erfolgter Zustellung oder Vorlegung kann der Appellat eine Gegenschrift einreichen. Diese Frist kann auf den Antrag des Appellaten angemessen verlängert werden.

45. Nach Ablauf der in dem §. 44 bestimmten Frist werden die Akten der Berufungsinstanz (siehe §. 24 Anm.) eingesandt.

47. Eine jede Entscheidung der Disziplinarbehörde, gegen die kein Rechtsmittel mehr stattfindet und durch welche die Dienstentlassung ausgesprochen ist, bedarf der Bestätigung des Königs, wenn der Beamte vom Könige ernannt oder bestätigt worden ist.

Dritter Abschnitt.

Vorläufige Dienstenthebung.

48. Die Suspension eines Beamten vom Amte tritt kraft des Gesetzes ein:

1. wenn in dem gerichtlichen Strafverfahren seine Verhaftung beschlossen oder gegen ihn ein noch nicht rechtskräftig gewordenes Urtheil erlassen

ist, welches auf den Verlust des Amtes lautet, oder diesen kraft des Gesetzes nach sich zieht;

2. wenn im Disziplinarverfahren eine noch nicht rechtskräftige Entscheidung ergangen ist, welche auf Dienstentlassung lautet.

49. In dem im vorhergehenden Paragraphen unter Nr. 1 vorgesehenen Falle dauert die Suspension bis zum Ablauf des zehnten Tages nach Wiederaufhebung des Verhaftungsbeschlusses oder nach eingetretener Rechtskraft desjenigen Urtheils höherer Instanz, durch welches der angeschuldigte Beamte zu einer anderen Strafe als der bezeichneten verurtheilt wird.

Lautet das rechtskräftige Urtheil auf Freiheitsstrafe, so dauert die Suspension, bis das Urtheil vollstreckt ist. Wird die Vollstreckung des Urtheils, ohne Schuld des Verurtheilten aufgehalten oder unterbrochen, so tritt für die Zeit des Aufenthaltes oder der Unterbrechung eine Gehaltsverkürzung (§. 51) nicht ein. Dasselbe gilt für die im ersten Absatz dieses Paragraphen erwähnte Zeit von zehn Tagen, wenn nicht vor Ablauf derselben die Suspension vom Amte im Wege des Disziplinarverfahrens beschlossen wird.

In dem §. 48 unter Nr. 2 erwähnten Falle dauert die Suspension bis zur Rechtskraft der in der Disziplinarsache ergehenden Entscheidung.

50. Die zur Einleitung der Disziplinar-Untersuchung ermächtigte Behörde kann die Suspension, sobald gegen den Beamten ein gerichtliches Strafverfahren eingeleitet, oder die Einleitung einer Disziplinar-Untersuchung verfügt wird, oder auch demnächst im ganzen Laufe des Verfahrens bis zur rechtskräftigen Entscheidung verfügen.

51. Der suspendirte Beamte behält während der Suspension die Hälfte seines Diensteinkommens. Auf die für Dienstunkosten besonders angesetzten Beträge ist bei Berechnung der Hälfte des Diensteinkommens keine Rücksicht zu nehmen.

Der innebehaltene Theil des Diensteinkommens ist zu den Kosten, welche durch die Stellvertretung des Angeschuldigten verursacht werden, der etwaige Rest zu den Untersuchungskosten zu verwenden. Einen weiteren Betrag zu den Stellvertretungskosten zu leisten, ist der Beamte nicht verpflichtet.

52. Der zu den Kosten (§. 51) nicht verwendete Theil des Einkommens wird dem Beamten nicht nachgezahlt, wenn das Verfahren die Entfernung aus dem Amte zur Folge hat.

Erinnerungen über die Verwendung des Einkommens stehen dem Beamten nicht zu; wohl aber ist ihm auf Verlangen eine Nachweisung über diese Verwendung zu ertheilen.

53. Wird der Beamte freigesprochen, so muß ihm der innebehaltene Theil des Diensteinkommens vollständig nachgezahlt werden.

Wird er nur mit einer Ordnungsstrafe belegt, so ist ihm der innebehaltene Theil, ohne Abzug der Stellvertretungskosten nachzuzahlen, soweit derselbe nicht zur Deckung der Untersuchungskosten und der Ordnungsstrafe erforderlich ist.

54. Wenn Gefahr im Verzuge ist, kann einem Beamten auch von solchen Vorgesetzten, die seine Suspension zu verfügen nicht ermächtigt sind, die Ausübung der Amtsverrichtungen vorläufig untersagt werden; es ist aber darüber sofort an die höhere Behörde zu berichten.

Vierter Abschnitt.

Nähere und besondere Bestimmungen in Betreff der Beamten der Justizverwaltung

55—67.

Fünfter Abschnitt.

Besondere Bestimmungen in Betreff der Gemeindebeamten.

78. Aufgehoben durch Z.G. §. 20 Nr. 3 und §. 36 Nr. 3.

Sechster Abschnitt.

Besondere Bestimmungen in Betreff der Beamten der Militärverwaltung.

79—82.

Siebenter Abschnitt.

Besondere Bestimmungen in Betreff der Entlassung von Beamten, welche auf Widerruf angestellt sind.

Beamte, welche auf Probe, auf Kündigung oder sonst auf Widerruf angestellt sind, können von der

Behörde, welche ihre Anstellung verfügt hat, entlassen werden. Dem auf Grund der Kündigung entlassenen Beamten ist in allen Fällen bis zum Ablaufe der Kündigung sein volles Diensteinkommen zu gewähren.

84 betrifft Referendarien.

85. In Ansehung der Entlassung der Supernumerarien und der sonst zur Erlernung des Dienstes bei den Behörden beschäftigten Personen kommen die darauf bezüglichen besonderen Bestimmungen zur Anwendung.

Achter Abschnitt.

Verfügungen im Interesse des Dienstes, welche nicht Gegenstand eines Disziplinarverfahrens sind.

87. Die nachbenannten Verfügungen, welche im Interesse des Dienstes getroffen werden können, sind nicht Gegenstand des Disziplinarverfahrens.

1. Versetzung in ein anderes Amt von nicht geringerem Range und etatsmäßigem Diensteinkommen, mit Vergütung der reglementsmäßigen Umzugskosten.

   Als eine Verkürzung im Einkommen ist es nicht anzusehen, wenn die Gelegenheit zur Verwaltung von Nebenämtern entzogen wird oder die Beziehung der für die Dienstunkosten besonders ausgesetzten Einnahmen mit diesen Unkosten selbst fortfällt.

2. 2c.

94. §§. 88—92 finden auf Kommunalbeamte keine Anwendung. (§. 93 ist hinter §. 95 abgedruckt.)

95. In Bezug auf die mittelbaren Staatsdiener bleiben die wegen Pensionirung derselben bestehenden Vorschriften in Kraft.

Wenn jedoch mittelbare Staatsdiener vor dem Zeitpunkte, mit welchem eine Pensionsberechtigung für sie eingetreten sein würde, dienstunfähig geworden, so können auch sie gegen ihren Willen nur unter den für Beamte im unmittelbaren Staatsdienste vorgeschriebene Formen (§. 93) in den Ruhestand versetzt werden.

93. Ist ein Beamter vor dem Zeitpunkte, mit welchem die Pensionsfähigkeit für ihn eingetreten sein würde, dienstunfähig geworden, so kann er gegen seinen Willen nur unter Beobachtung derjenigen Formen, welche für die Disziplinar-Untersuchung vorgeschrieben sind, in den Ruhestand versetzt werden.

95 Abs. 2 ist

a) für städtische Beamte, außer Hessen-Nassau erweitert durch Z.G. §. 20 Abs. 2.

In dem bezüglich der Entfernung aus dem Amte vorgesehenen Verfahren ist entstehenden Falls auch über die Thatsache der Dienstunfähigkeit der Bürgermeister, Beigeordneten, Magistratsmitglieder und sonstigen Gemeindebeamten Entscheidung zu treffen.

(Also formelles Disziplinarverfahren, wenn der Beamte

auch nach erreichter Pensionsfähigkeit gegen seinen Willen pensionirt werden soll.)

b) Für städtische Beamte der Provinz Hessen-Nassau.
H.-N.St.O. §. 75.

Ueber die Thatsache der Dienstunfähigkeit der besoldeten Bürgermeister, Beigeordneten, Magistratsmitglieder und sonstigen Gemeindebeamten ist entstehenden Falls in dem durch §. 91 Abs. 1 Nr. 2[1]) bezüglich der Entfernung aus dem Amte vorgeschriebenen Verfahren zu entscheiden.

c) Für ländliche Gemeindebeamte. Z.G. §. 36 Abs. 2.

In dem Verfahren auf Entfernung aus dem Amte ist entstehenden Falls auch über die Thatsache der Dienstunfähigkeit der ländlichen Gemeindebeamten Entscheidung zu treffen.

Ö.L.G.O. und Schl.-H.L.G.O. §. 143 wörtlich gleichlautend.

Ebenso H.-N.L.G.O. §. 115 Nr. 3 Abs. 2 inhaltlich gleich.

d) Zwangspensionirung der Beamten der Kreis- und Provinzialverwaltungen.

Vor erreichter Pensionsfähigkeit siehe Dis.Ges. §. 95 Abs. 2 S. 413.

Gegen die Pensionsverfügung der Anstellungsbehörde (Kreisausschuß bezw. Provinzialausschuß)

[1]) Siehe Diszipl.Ges. §. 23 Nr. 1, §. 24 Nr. 2.

nach erreichter Pensionsfähigkeit ist nur die Beschwerde im Aufsichtswege gegeben. Für Kreisbeamte Ö.Kr.O. §. 177 (Regierungspräsident und Oberpräsident — Beschwerdefrist 2 Wochen). Für Provinzialbeamte P.O. §. 114 (Oberpräsident und Minister des Innern — Beschwerdefrist 2 Wochen).

96. Betrifft Universitätslehrer.

Neunter Abschnitt.

Allgemeine und Uebergangsbestimmungen.

97—99. (Veraltet.)

100. Alle diesem Gesetz entgegenstehenden Bestimmungen sind aufgehoben. Dagegen wird durch dasselbe in der Befugniß der Aufsichtsbehörden, im Aufsichtswege Beschwerden Abhülfe zu verschaffen, oder Beamte zur Erfüllung ihrer Pflichten in einzelnen Sachen anzuhalten und dabei Alles zu thun, wozu sie nach den bestehenden Gesetzen ermächtigt sind, nichts geändert.

100—102. (Veraltet.)

XVII. Strafrechtliche Vorschriften.

Strafgesetzbuch für das Deutsche Reich
vom 15. Mai 1871.

In der Fassung der Bekanntmachung v. 26. Februar 1876.
(R.G.Bl. 1876 S. 39.)

1. Wirkung der Strafe auf das communale Beamtenverhältniß.

31. Die Zuchthausstrafe hat .... die dauernde Unfähigkeit zur Bekleidung öffentlicher Aemter von Rechtswegen zur Folge.

33. Die Aberkennung der bürgerlichen Ehrenrechte bewirkt .... den dauernden Verlust der öffentlichen Aemter ....

34. Die Aberkennung der bürgerlichen Ehrenrechte bewirkt ferner die Unfähigkeit während der im Urtheil bestimmten Zeit

1—2 2c.

3. öffentliche Aemter zu erlangen.

35. Neben einer Gefängnißstrafe, mit welcher die Aberkennung der bürgerlichen Ehrenrechte überhaupt hätte verbunden werden können, kann auf die Unfähigkeit zur Bekleidung öffentlicher Aemter auf die Dauer von einem bis zu fünf Jahren erkannt werden.

Die Aberkennung der Fähigkeit zur Bekleidung öffentlicher Aemter hat den dauernden Verlust der bekleideten Aemter von Rechtswegen zur Folge.

36. Die Wirkung der Aberkennung der bürgerlichen Ehrenrechte überhaupt, sowie der Fähigkeit zur Bekleidung öffentlicher Aemter insbesondere, tritt mit der Rechtskraft des Urtheils ein; die Zeitdauer wird von dem Tage berechnet, an dem die Freiheitsstrafe, neben welcher jene Aberkennung ausgesprochen wurde, verbüßt, verjährt oder erlassen ist.

2. Strafrechtlicher Schutz der Communalbeamten.

113. Wer einen Beamten, welcher zur Vollstreckung von Gesetzen, von Befehlen und Anordnungen der Verwaltungsbehörden oder von Urtheilen und Verfügungen der Gerichte berufen ist, in der rechtmäßigen Ausübung seines Amtes durch Gewalt oder durch Bedrohung mit Gewalt Widerstand leistet, oder wer einen solchen Beamten während der rechtmäßigen Ausübung seines Amtes thätlich angreift, wird mit Gefängniß von vierzehn Tagen bis zu zwei Jahren bestraft.

Sind mildernde Umstände vorhanden, so tritt Gefängnißstrafe bis zu Einem Jahre oder Geldstrafe bis zu eintausend Mark ein.

Dieselben Strafvorschriften treten ein, wenn die Handlung gegen Personen, welche zur Unterstützung des Beamten zugezogen waren, oder gegen Mannschaften der bewaffneten Macht, oder gegen Mannschaften einer Gemeinde-, Schutz- oder Bürgerwehr in Ausübung des Dienstes begangen wird.

114. Wer es unternimmt, durch Gewalt oder Drohung eine Behörde oder einen Beamten zur Vornahme oder Unterlassung einer Amtshandlung zu nöthigen, wird mit Gefängniß nicht unter drei Monaten bestraft.

Sind mildernde Umstände vorhanden, so tritt Gefängnißstrafe bis zu zwei Jahren ein.

115. Wer an einer öffentlichen Zusammenrottung, bei welcher eine der in den §§. 113 und 114 bezeichneten Handlungen mit vereinten Kräften begangen wird, Theil nimmt, wird wegen Aufruhrs mit Gefängniß nicht unter sechs Monaten bestraft.

Die Rädelsführer, sowie diejenigen Aufrührer, welche eine der in den §§. 113 und 114 bezeichneten Handlungen begehen, werden mit Zuchthaus bis zu zehn Jahren bestraft; auch kann auf Zulässigkeit von Polizei-Aufsicht erkannt werden. Sind mildernde Umstände vorhanden, so tritt Gefängnißstrafe nicht unter sechs Monaten ein.

116. Wird eine auf öffentlichen Wegen, Straßen oder Plätzen versammelte Menschenmenge von dem zuständigen Beamten oder Befehlshaber der bewaffneten Macht aufgefordert, sich zu entfernen, so wird jeder der Versammelten, welcher nach der dritten Aufforderung sich nicht entfernt, wegen Auflaufs mit Gefängniß bis zu drei Monaten oder mit Geldstrafe bis zu eintausendfünfhundert Mark bestraft.

Ist bei einem Auflaufe gegen die Beamten oder

die bewaffnete Macht mit vereinten Kräften thätlicher Widerstand oder Gewalt verübt worden, so treten gegen diejenigen, welche an diesen Handlungen Theil genommen haben, die Strafen des Aufruhrs ein.

196. Wenn die Beleidigung gegen eine Behörde, oder einen Beamten, ... während sie in Ausübung ihres Berufs begriffen sind, oder in Beziehung auf ihren Beruf begangen ist, so haben außer den unmittelbar Betheiligten auch deren amtliche Vorgesetzte das Recht, den Strafantrag zu stellen.

3. Vergehen und Verbrechen gegen die öffentliche Ordnung seitens communaler Beamter.

128. Die Theilnahme an einer Verbindung, deren Dasein, Verfassung oder Zweck vor der Staatsregierung geheim gehalten werden soll, oder in welcher gegen unbekannte Obere Gehorsam oder gegen bekannte Obere unbedingter Gehorsam versprochen wird, ist an den Mitgliedern mit Gefängniß bis zu sechs Monaten, an den Stiftern und Vorstehern der Verbindung mit Gefängniß von Einem Monat bis zu Einem Jahre zu bestrafen.

Gegen Beamte kann auf Verlust der Fähigkeit zur Bekleidung öffentlicher Aemter auf die Dauer von Einem bis zu fünf Jahren erkannt werden.

132. Wer unbefugt sich mit Ausübung eines öffentlichen Amtes befaßt oder eine Handlung vornimmt, welche nur kraft eines öffentlichen Amtes vorgenommen werden darf, wird mit Gefängniß bis zu Einem Jahre oder mit Geldstrafe bis zu dreihundert Mark bestraft.

4. Amtsdelikte.

a) Spezialbestimmung.

174. Mit Zuchthaus bis zu fünf Jahren werden bestraft: ....

2. Beamte, die mit Personen, gegen welche sie eine Untersuchung zu führen haben oder welche ihrer Obhut anvertraut sind, unzüchtige Handlungen vornehmen;
3. Beamte, ... welche in Gefängnissen oder in öffentlichen, zur Pflege von Kranken, Armen oder anderen Hülflosen bestimmten Anstalten beschäftigt oder angestellt sind, wenn sie mit den in das Gefängniß oder in die Anstalt aufgenommenen Personen unzüchtige Handlungen vornehmen.

Sind mildernde Umstände vorhanden, so tritt Gefängnißstrafe nicht unter sechs Monaten ein.

b) Verbrechen und Vergehen im Amte.

331. Ein Beamter, welcher für eine in sein Amt einschlagende, an sich nicht pflichtwidrige Handlung Geschenke oder andere Vortheile annimmt, fordert oder sich versprechen läßt, wird mit Geldstrafe bis zu dreihundert Mark oder mit Gefängniß bis zu sechs Monaten bestraft.

332. Ein Beamter, welcher für eine Handlung, die eine Verletzung einer Amts- oder Dienstpflicht enthält, Geschenke oder andere Vortheile annimmt, fordert oder sich versprechen läßt, wird wegen Bestechung mit Zuchthaus bis zu fünf Jahren bestraft.

Sind mildernde Umstände vorhanden, so tritt Gefängnißstrafe ein.

333. Wer einem Beamten .... Geschenke oder andere Vortheile anbietet, verspricht oder gewährt, um ihn zu einer Handlung, die eine Verletzung einer Amts- oder Dienstpflicht enthält, zu bestimmen, wird wegen Bestechung mit Gefängniß bestraft; auch kann auf Verlust der bürgerlichen Ehrenrechte erkannt werden.

Sind mildernde Umstände vorhanden, so kann auf Geldstrafe bis zu eintausendfünfhundert Mark erkannt werden.

334. Ein Richter, Schiedsrichter, ... welcher Geschenke oder andere Vortheile fordert, annimmt oder sich versprechen läßt, um eine Rechtssache, deren Leitung oder Entscheidung ihm obliegt, zu Gunsten oder zum Nachtheile eines Betheiligten zu leiten oder zu entscheiden, wird mit Zuchthaus bestraft.

Derjenige, welcher einem Richter, Schiedsrichter zu dem vorbezeichneten Zwecke Geschenke oder andere Vortheile anbietet, verspricht oder gewährt, wird mit

Zuchthaus bestraft. Sind mildernde Umstände vorhanden, so tritt Gefängnißstrafe ein.

335. In den Fällen der §§. 331 bis 334 ist im Urtheile das Empfangene oder der Werth desselben für dem Staate verfallen zu erklären.

336. Ein Beamter oder Schiedsrichter, welcher sich bei der Leitung oder Entscheidung einer Rechtssache vorsätzlich zu Gunsten oder zum Nachtheile einer Partei einer Beugung des Rechtes schuldig macht, wird mit Zuchthaus bis zu fünf Jahren bestraft.

337. Ersetzt durch §. 67 Personenstandsgesetzes v. 6. II. 75 (R.G.Bl. S. 23.) betrifft nur Geistliche.

338. Ein Personenstandsbeamter, welcher, wissend, daß eine Person verheirathet ist, eine neue Ehe derselben schließt, wird mit Zuchthaus bis zu fünf Jahren bestraft.

339. Ein Beamter, welcher durch Mißbrauch seiner Amtsgewalt oder durch Androhung eines bestimmten Mißbrauchs derselben Jemand zu einer Handlung, Duldung oder Unterlassung widerrechtlich nöthigt, wird mit Gefängniß bestraft.

Der Versuch ist strafbar.

In den Fällen der §§. 106, 107, 167 u. 253[1]) tritt die daselbst angedrohte Strafe ein, wenn die

[1]) Die Paragraphen betreffen: Verhinderung in der Ausübung staatsbürgerlicher Rechte, der Verrichtung des Gottesdienstes bezw. Erpressung.

Handlung von einem Beamten, wenn auch ohne Gewalt oder Drohung, aber durch Mißbrauch seiner Amtsgewalt oder Androhung eines bestimmten Mißbrauchs derselben begangen ist.

340. Ein Beamter, welcher in Ausübung oder in Veranlassung der Ausübung seines Amtes vorsätzlich eine Körperverletzung begeht oder begehen läßt, wird mit Gefängniß nicht unter drei Monaten bestraft. Sind mildernde Umstände vorhanden, so kann die Strafe bis auf Einen Tag Gefängniß ermäßigt oder auf Geldstrafe bis zu neunhundert Mark erkannt werden.

Ist die Körperverletzung eine schwere, so ist auf Zuchthaus nicht unter zwei Jahren zu erkennen. Sind mildernde Umstände vorhanden, so tritt Gefängnißstrafe nicht unter drei Monaten ein.

341. Ein Beamter, welcher vorsätzlich, ohne hierzu berechtigt zu sein, eine Verhaftung oder vorläufige Ergreifung und Festnahme oder Zwangsgestellung vornimmt oder vornehmen läßt, oder die Dauer einer Freiheitsentziehung verlängert, wird nach Vorschrift des §. 230, jedoch mindestens mit Gefängniß von drei Monaten bestraft.

342. Ein Beamter, der in Ausübung oder in Veranlassung der Ausübung seines Amtes einen Hausfriedensbruch (§. 123) begeht, wird mit Gefängniß bis zu Einem Jahre oder mit Geldstrafe bis zu neunhundert Mark bestraft.

343. Ein Beamter, welcher in einer Untersuchung Zwangsmittel anwendet oder anwenden läßt, um Geständnisse oder Aussagen zu erpressen, wird mit Zuchthaus bis zu fünf Jahren bestraft.

344. Ein Beamter, welcher vorsätzlich zum Nachtheile einer Person, deren Unschuld ihm bekannt ist, die Eröffnung oder Fortsetzung einer Untersuchung beantragt oder beschließt, wird mit Zuchthaus bestraft.

345. Gleiche Strafe trifft den Beamten, welcher vorsätzlich eine Strafe vollstrecken läßt, von der er weiß, daß sie überhaupt nicht oder nicht der Art oder dem Maße nach vollstreckt werden darf.

Ist die Handlung aus Fahrlässigkeit begangen, so tritt Gefängnißstrafe oder Festungshaft bis zu Einem Jahre oder Geldstrafe bis zu neunhundert Mark ein.

346. Ein Beamter, welcher vermöge seines Amtes bei Ausübung der Strafgewalt oder bei Vollstreckung der Strafe mitzuwirken hat, wird mit Zuchthaus bis zu fünf Jahren bestraft, wenn er in der Absicht, Jemand der gesetzlichen Strafe rechtswidrig zu entziehen, die Verfolgung einer strafbaren Handlung unterläßt, oder eine Handlung begeht, welche geeignet ist, eine Freisprechung oder eine dem Gesetze nicht entsprechende Bestrafung zu bewirken, oder die Vollstreckung der ausgesprochenen Strafe nicht betreibt, oder eine gelindere als die erkannte Strafe zur Vollstreckung bringt.

Sind mildernde Umstände vorhanden, so tritt Gefängnißstrafe nicht unter Einem Monat ein.

347. Ein Beamter, welcher einen Gefangenen, dessen Beaufsichtigung, Begleitung oder Bewachung ihm anvertraut ist, vorsätzlich entweichen läßt oder dessen Befreiung vorsätzlich bewirkt oder befördert, wird mit Zuchthaus bis zu fünf Jahren bestraft. Sind mildernde Umstände vorhanden, so tritt Gefängnißstrafe nicht unter Einem Monat ein.

Ist die Entweichung durch Fahrlässigkeit befördert oder erleichtert worden, so tritt Gefängnißstrafe bis zu sechs Monaten oder Geldstrafe bis zu sechshundert Mark ein.

348. Ein Beamter, welcher, zur Aufnahme öffentlicher Urkunden befugt, innerhalb seiner Zuständigkeit vorsätzlich eine rechtlich erhebliche Thatsache falsch beurkundet oder in öffentliche Register oder Bücher falsch einträgt, wird mit Gefängniß nicht unter Einem Monat bestraft.

Dieselbe Strafe trifft einen Beamten, welcher eine ihm amtlich anvertraute oder zugängliche Urkunde vorsätzlich vernichtet, bei Seite schafft, beschädigt oder verfälscht.

349. Wird eine der im §. 348 bezeichneten Handlungen in der Absicht begangen, sich oder einem Anderen einen Vermögensvortheil zu verschaffen oder einem Anderen Schaden zuzufügen, so ist auf Zuchthaus bis zu zehn Jahren und zugleich auf Geldstrafe von einhundertfünfzig bis zu dreitausend Mark zu erkennen.

350. Ein Beamter, welcher Gelder oder andere Sachen, die er in amtlicher Eigenschaft empfangen oder in Gewahrsam hat, unterschlägt, wird mit Gefängniß nicht unter drei Monaten bestraft; auch kann auf Verlust der bürgerlichen Ehrenrechte erkannt werden.

Der Versuch ist strafbar.

351. Hat der Beamte in Beziehung auf die Unterschlagung die zur Eintragung oder Kontrole der Einnahmen oder Ausgaben bestimmten Rechnungen, Register oder Bücher unrichtig geführt, verfälscht oder unterdrückt, oder unrichtige Abschlüsse oder Auszüge aus diesen Rechnungen, Registern oder Büchern, oder unrichtige Beläge zu denselben vorgelegt, oder ist in Beziehung auf die Unterschlagung auf Fässern, Beuteln oder Packeten der Geldinhalt fälschlich bezeichnet, so ist auf Zuchthaus bis zu zehn Jahren zu erkennen.

Sind mildernde Umstände vorhanden, so tritt Gefängnißstrafe nicht unter sechs Monaten ein.

352. Ein Beamter, ... welcher Gebühren oder andere Vergütungen für amtliche Verrichtungen zu seinem Vortheile zu erheben hat, wird, wenn er Gebühren oder Vergütungen erhebt, von denen er weiß, daß der Zahlende sie überhaupt nicht oder nur in geringerem Betrage verschuldet, mit Geldstrafe bis zu dreihundert Mark oder mit Gefängniß bis zu Einem Jahre bestraft.

Der Versuch ist strafbar.

353. Ein Beamter, welcher Steuern, Gebühren oder andere Abgaben für eine öffentliche Kasse zu erheben hat, wird, wenn er Abgaben, von denen er weiß, daß der Zahlende sie überhaupt nicht oder nur in geringerem Betrage verschuldet, erhebt, und das rechtswidrig Erhobene ganz oder zum Theil nicht zur Kasse bringt, mit Gefängniß nicht unter drei Monaten bestraft.

Gleiche Strafe trifft den Beamten, welcher bei amtlichen Ausgaben an Geld oder Naturalien dem Empfänger vorsätzlich und rechtswidrig Abzüge macht und die Ausgaben als vollständig geleistet in Rechnung stellt.

357. Ein Amtsvorgesetzter, welcher seine Untergebenen zu einer strafbaren Handlung im Amte vorsätzlich verleitet oder zu verleiten unternimmt, oder eine solche strafbare Handlung seiner Untergebenen wissentlich geschehen läßt, hat die auf diese strafbare Handlung angedrohte Strafe verwirkt.

Dieselbe Bestimmung findet auf einen Beamten Anwendung, welchem eine Aufsicht oder Kontrole über die Amtsgeschäfte eines anderen Beamten übertragen ist, sofern die von diesem letzteren Beamten begangene strafbare Handlung die zur Aufsicht oder Kontrole gehörenden Geschäfte betrifft.

358. Neben der nach Vorschrift der §§. 331, 339 bis 341, 352 bis 355 und 357 erkannten Gefängnißstrafe kann auf Verlust der Fähigkeit zur Bekleidung öffentlicher Aemter auf die Dauer von Einem bis zu fünf Jahren erkannt werden.

359. Unter Beamten im Sinne dieses Strafgesetzes sind zu verstehen alle im'.... mittelbaren Dienste eines Bundesstaats auf Lebenszeit, auf Zeit oder nur vorläufig angestellte Personen ohne Unterschied, ob sie einen Diensteid geleistet haben oder nicht....

Sachregister.

Vorbemerkung: Die provinziell verschiedenen Rechtsverhältnisse der einzelnen Beamtenklassen siehe unter den einzelnen Provinzen, die östlichen Provinzen unter O. Siehe auch Frankfurt a. M., Kassel, Wiesbaden, Lauenburg und Helgoland.

Die angegebenen Ziffern weisen auf die Seitenzahlen hin.

A.

B.

C.

Siehe auch K.

D.

E.

G.

H.

J.

K.

P.

Q.

R.

S.

T.

U.

V.

W.

Herrosé & Ziemsen Wittenberg.

FSC
www.fsc.org
MIX
Papier | Fördert
gute Waldnutzung
FSC® C083411

Kolibri 360 GmbH
Ferdinand-Jühlke-Straße 7
99095 Erfurt, Deutschland
produktsicherheit@kolibri360.de